石黒圭・烏日哲 編著

井伊菜穂子・鎌田美千子・胡芸(艺)群・胡方方・
田佳月・黄均鈞・布施悠子・村岡貴子 著

どうすれば 論文・レポートが 書けるようになるか

学習者から学ぶ ピア・レスポンス 授業の科学

ココ出版

はじめに

　本書は、日本語で本格的な論文を書いたことがない留学生が、ピア・レスポンスによって日本語による論文の書き方をどのように学んでいくのか、その習得過程を明らかにすることを目指した論文集です。

　大学に入ると、論文・レポートなどの学術的な内容を書く必要が生じます。しかし、論文・レポートを書くことは、日本語が堪能であるはずの日本人学生にとっても難しい作業です。ましてや、日本語学習者（以下、学習者）である留学生や、海外の大学で日本語を学ぶ学生にとってはハードルの高い作業です。もちろん、論文・レポートを書くには一定の日本語力が必要になりますが、一定の日本語力があっても、論文・レポートが書けるとはかぎりません。なぜなら、学術的な文章で使われる日本語は特殊な日本語であり、さらに、日本語で書く以上、複雑な内容を日本語で考える必要があるからです。つまり、学術的な日本語を書く「書く力」と、学術的な内容を考える「考える力」が求められるのです。

　しかし、「書く力」も「考える力」も受動的な姿勢では身につきません。教わってできるようにはならないのです。学習者が能動的に学ぶ、いわゆるアクティブ・ラーニングにする仕掛けが重要になります。そこで考えつくのが、ピア・レスポンスです。対話をとおしてピア（仲間）と協力しながら学ぶ学習法をピア・ラーニングと言います

が、ピア・レスポンスはピア・ラーニングの作文版であり、自分が書いた作文を持ちより、数名のグループでたがいの作文を読んで、コメントしあう活動です。自分が書いた文章を目の前の読み手が論評し、協力しながら推敲していきますので、「書く力」も「考える力」も能動的に身につけることができます。

　そんな夢の学習法に見えるピア・レスポンスですが、実際にやってみると、うまくいかないことが多いのです。本書には、姉妹編『どうすれば協働学習がうまくいくか─失敗から学ぶピア・リーディング授業の科学』ココ出版（2018年）があります。姉妹編では、ピア・リーディング、すなわちピア・ラーニングの読解版を扱いましたが、副題の「失敗から学ぶ」に象徴されるように、失敗から学ぶことが多いのです。ピア・レスポンスでは、ピア・リーディングとは異なる失敗があります。本書の副題は「学習者から学ぶ」としましたが、「失敗から学ぶ」コンセプトも健在です。本書の実践をぜひ他山の石としていただければと存じます。

　一方、「学習者から学ぶ」という副題にも大きな意味があります。「書く力」も「考える力」も学習者自身が主体的に学んでいく必要がありますから、授業のデザインを担当する教師としては、ピア・レスポンスのなかで学習者がどのように学んでいるのか、学びの実態を知ることが必須です。

　本書は一見、ピア・レスポンスによって産出・修正された文章の研究に見えるかもしれませんが、実際は、産出・修正の背後にある学習者の行動と心理を可視化する研究です。つまり、本書は、論文・レポートという文章の研究ではなく、論文・レポートを執筆する人間の研究です。ピア・レスポンスが学習者主体の授業形態である以上、そこに参加する学習者の行動と心理を可視化して初めて、授業

の役に立つ実践研究になるのです。

　本書の最大の特徴は、学習者の声を徹底して収集したという点です。グループ・ディスカッションの談話も、学習者の事前・中間・事後のインタビューの談話も、すべて収集・文字化し、分析・考察を施しました。その結果、学習者の声に基づく実証的な記述が本書の柱となっています。本書の調査に快く、そして惜しみなく協力してくださった学習者のみなさまにほんとうに感謝しています。

　本書の内容をお届けしたい第一の読者は、アカデミック・ライティングに携わる国内外の大学の日本語教師の方々です。しかし、それ以外の教育現場にいらっしゃる多くの先生方にも、お読みいただければと存じます。とりわけ、日本語学校の日本語教師の方々、大学等の英語教師の方々、高校等の国語教師の方々、大学の初年次教育担当教員の方々、学部のゼミナール担当教員の方々には、本書の試みや失敗が、日々の教育活動に示唆として働く点が大いにあると確信しています。読者のみなさまが、本書のなかに満ちあふれている、論文・レポートと戦った学習者の声の一つひとつに、耳を、そして心を傾けてくださることを心から願っています。

執筆者を代表して　石黒 圭

目次

第 1 章

ピア・レスポンスの授業設計
学習者はどうすれば研究力が身につくのか

石黒 圭

日本語で論文・レポートを書けるようになりたい。それは、高い志を持って日本に留学した留学生共通の願いです。しかし、どうすれば、学術的に豊かな内容の文章が日本語で書ける研究力が身につくのでしょうか。本章では、そうした研究力の育成にピア・レスポンスの授業が有効であることを、「研究を書く学習者」という表現面、「研究を考える学習者」という内容面、「研究に悩む学習者」という心理面の三つの角度から総合的に分析し、解明するという本書の立場を示します。

1 はじめに

1.1 アカデミック・スキルを育成する

　大学など、日本国内の高等教育機関に留学する留学生が日本語を学ぶ目的は、大きくは二つに分かれるように思われる。一つは、いわゆるサバイバル・ジャパニーズであり、日本での留学生活を楽しむための日常会話能力を身につけたいというものである。授業を英語などで受けられる短期の交換留学生に多く見られる。もう一つは、いわゆるアカデミック・ジャパニーズであり、長期間日本に滞在し、日本語で書いた論文で学位を取得することを目指す学部・大学院正規生に多く見られる。もちろん、現実の留学

生は多様で、こうした単純な二分法では語りえないが、学問がグローバル化する流れのなかで、人文・社会系の学部・大学院生を中心に、高度なアカデミック・ジャパニーズの習得を目指す留学生が数多く存在することは事実である。本書は、こうした留学生のために、日本語教師がどのような授業を設計し、支援できるのかを考える論文集である。

そのために、本書では、あるアカデミック・ジャパニーズ能力育成の授業実践を対象とする。そこでは、受講者のニーズに基づき、日本語で質の高い論文・レポートを書けることが目標に掲げられている。しかし、質の高い論文・レポートを書くには、「はじめに」でも記したように、学術的な内容を豊かに表現できる表現力だけでは不十分で、学術的な内容を論理的に深く考えられる思考力自体が必要になる。したがって、表現力と思考力、この双方の能力を高められるように、アカデミック・ライティングを中心に据えつつも、アカデミック・スキル全般を育成する授業として、本授業の授業設計は行われた。そのときに立てられた授業の柱は、ピア・ラーニング、論文モジュール、実用的なテーマ設定の三つである。以下で順に紹介する。

1.2　ピア・ラーニングを軸とする

一つ目の柱は、協働学習の一種であるピア・ラーニングである。それが選ばれたのは、「考える力」も「書く力」も人から教わるのではなく、自分で獲得しなければ身につかないという授業設計者自身のビリーフによる。

日本のプロ野球チームである横浜ベイスターズの監督に1998年に就任し、就任1年目にチームを38年ぶりのリーグ優勝、日本一に導いたことで知られる名将・権藤博氏はその著書（権藤2010）のなかで、ある逸話を紹介している。権藤氏がアメリカ大リーグの1Aのキャンプを見学し

ているとき、ある選手のバッティング・フォームが目に留まった。そのフォームにはある欠陥があり、その選手はそのために打てないでいたのである。その欠陥に気づいた権藤氏はその選手にあるアドバイスをする。すると、その選手は途端に打ちはじめた。

しかし、その様子を見ていたロサンゼルス・ドジャースのコーチに「なぜ教えたのか」と詰めよられたという。「教えるのは簡単だ。だが教えられたことは直ぐに忘れる。自分で気づいたことこそが身につく。なぜ彼が自分で気づくのを待ってやれないのか」。そのときに受けた衝撃から、権藤氏の指導法が変わった。ドジャースのティーチング・マニュアルの最初のページには、"Don't over teach."「教えすぎるな」と書かれているという。

この逸話には、自ら主体的に学ぶというアクティブ・ラーニングの思想が凝縮されているように思う。とくに、アカデミック・スキルの育成を目的としたピア・ラーニングの場合、非専門家であり、非母語話者である留学生どうしが、思考力と表現力を対話のなかで身につけていくため、試行錯誤のなかで自ら見いだしていく力がつくと考えられる。

ただ、こうした試行錯誤は、学習者に大きな負荷がかかることには注意したい。自らの力をはるかに超えた、出口の見えない努力は誰にとってもつらいものである。誤解してはいけないのは、権藤氏もドジャースのコーチも「教えすぎてはいけない」と言っているだけで、「教えてはいけない」とは言っていない点である。第8章や第11章の学習者の声が示すように、「教えない」ことで学習者の学びが阻害されることもある。大事なのは、教師が学習者の弱点に気づいていること。そして、自ら気づくまで待つことである。ピア・ラーニングは学習者放任の教授法ではない。学習者の弱点に気づけるぐらいの距離で見守る目を大

事にする教授法である。

1.3　論文執筆をモジュール化する

　思考力と表現力によって構成されるアカデミック・スキルが生みだす成果は、論文という形を取る。したがって、アカデミック・スキル育成を目指す授業では、最終的に論文を完成させることが一つの目標になる。しかし、本格的に研究をした経験も、日本語で論文を書いた経験もない学習者に、まとまった論文を書かせるという目標はハードルが高い。したがって、論文の完成に至る道筋を学習者に明確に示すことが重要になる。

　そのときに重要なのは、論文執筆のステップを示すことである。長い論文をまとめて一気に書くことは難しいが、分割して組み合わせていけば書きやすい。つまり、論文を分割したそれぞれのパーツを、論文執筆のステップとして扱えば、まとまった論文が書けるようになるのである。

　じつは、そうした考えは特別なものではなく、大学教育のカリキュラムが前提としているものである。大学教育ではレポートが課されるが、レポートは最終学年で執筆する卒業論文のパーツを構成するものである。そのパーツは、石黒（2012）では次のように示されている。

①問う―目的（Introduction）
②調べる―先行研究（Introduction）
③選ぶ―資料と方法（Material and Method）
④確かめる―結果と分析（Result）
⑤裏づける―考察（Discussion）
⑥まとめる―結論（Conclusion）

　たとえて言うと、卒業論文は、野球の投手がマウンドに上がるようなものである。野球の投手がマウンドに上がる

4

ためには、球速を上げる練習、多様な球種を投げる練習、コントロールの精度を高める練習、9回を投げきるスタミナをつける練習、9人目の野手としての守備力を高める練習、盗塁を防ぐセットポジションの練習が必要である。同じように、卒業論文を書きあげるためには、①問う、②調べる、③選ぶ、④確かめる、⑤裏づける、⑥まとめるという六つの練習が必須であり、レポートはそうした項目別の能力を高める練習なのである。レポートを課す教員は、そうしたことを意識してレポート課題を設定している。したがって、学生の側は、学期末で出されるレポートがこのどれを鍛えるために出されているのかを意識するだけで、レポートの質は格段に上がる。

　上掲の①〜⑥を論文モジュールと呼ぶことにすると、この六つの論文モジュールを組み合わせれば、一つの論文ができあがる。つまり、半期15回の授業のなかで、一つのテーマをめぐり、順に論文モジュールの①〜⑥の各段階を学習者に踏ませれば、研究論文をまとめるのに必要な各ステップをひととおり経験でき、最終的に1本の論文を書くということの難しさと完成させたときの充実感を味わうことができるのである。論文モジュールに基づく授業計画が、本授業の二つ目の柱となっている。

1.4　実用的なテーマを設定する

　本授業の三つ目の柱は実用的なテーマ設定である。研究には言うまでもなく研究のテーマが必要である。しかし、この研究のテーマ選定が難しい。

　まず、一人ひとりの学習者にとって興味のあるテーマでなければならない。あるテーマに興味があるから研究するのであり、興味のないテーマを扱っても研究のモチベーションは上がらない。そのため、学習者が面白いと思える研究テーマを自分で選べる設計にしておかなければならない。

5

つぎに、教室内の学習者が共通して関心が持てるテーマでなければならない。人によって関心のありかは異なるが、全員がある程度理解でき、共通して関心が持てるテーマでなければならない。とくに、ピア・ラーニングでの学びを想定している今回の授業では、全員が無理なく共有できるテーマでないと、議論することが難しい。

　さらに、教師がある程度自信を持って指導できるテーマでなければならない。学術論文は当該分野にたいする一定の知識がないと書けないものであり、また、章の立て方、論述の仕方、引用の仕方、注の付け方など、分野によって作法が異なる。このため、教師の専門とかけ離れているテーマだと、適切な指導ができない可能性もある。

　本授業の受講者は、社会科学系の分野を共通して専攻する留学生であるが、法学・社会学・経済学・商学・国際関係学といった分野の違いにより、専門は多様である。それぞれの専門の研究論文を書かせても、たがいに理解することが難しいことが予想される。そこで、留学生にとって共通の関心事である日本語を対象に、論文を書かせる授業設計になっている。また、担当教員も日本語学を専門としており、適切な指導が可能である。

　対象となる日本語は、録画したゼミ談話である。日本の多くの文科系学部では、3・4年の専門教育課程に入ると、卒業論文の指導につながる授業として、双方向的な少人数制の演習、いわゆるゼミが設けられている。そのため、3年生以上、大学によっては4年生以上であれば、基本的にゼミに所属することになっており、留学生であっても、3・4年生であればゼミに出席し、日本語で学術的な議論を行う必要がある。しかし、ゼミの場でどのように発表・質問・コメントしてよいか、困難を感じている留学生は少なくない。そこで、議論のもととなるゼミの談話そのものを分析すれば、話し言葉でのアカデミック・スキルを身に

つけることにもつながり、研究論文という書き言葉でのアカデミック・スキル習得と合わせて一石二鳥であると考えた。

　なお、対象としたゼミ談話は、2015年9月に収録した日本語教育学系大学院のゼミ合宿のゼミ談話である。ゼミ談話のデータは、映像、音声、文字化資料からなる。ゼミ談話は二つあり、一つは、日本人学生が外国語学習における絵本多読の可能性についての発表で、長さは約15分、もう一つは、学習者が日本語でレポートを書くさいの不安についての発表で、その長さは約17分である。グループのメンバーは異なるが、いずれも8名のメンバーから構成されている。

2 ｜ 分析対象の授業

2.1　各回の授業内容

　分析対象とする授業は、都内の大学で学部教育科目として開講されたピア・ラーニングの授業である。ピア・ラーニングは、ピア、すなわち仲間どうしで協力して行う学習法であり、ペア、あるいは小グループによる学び合いが一般的である。ピア・ラーニングには、読解活動のピア・リーディング、作文活動のピア・レスポンス、聴解活動のピア・リスニングなどがあるが、今回の授業では、各自が書いた作文を持ちよって検討することが多いため、ピア・レスポンスが中心となる。ただし、先行研究を持ちよって紹介する回の授業は、ピア・リーディングに近い。本書では、書いた作文を持ちよって検討した場合はピア・レスポンス、それ以外のものを含めた、話し合いによる協働学習を広く捉える場合はピア・ラーニングと呼び分けるが、本授業の性格上、すべての話し合いが広い意味で文章を書くことにつながるため、後者にたいしてもピア・レスポンス

という語で代表させることもある。

ピア・レスポンスは、持ちよった作文をグループ・ディスカッションのなかで推敲しあう活動であり、池田玲子氏の一連の実践（池田1998, 1999a, 1999bなど）によって日本語教育界で盛んになった。また、アカデミック・スキルとの関連では、神村初美氏の実践（神村2014）が代表的である。

対象とするピア・ラーニングの授業は、2015年9月から2016年1月にかけて日本国内の大学で行われた90分×15回の授業である。データ収集にあたっては、国立国語研究所の研究倫理審査を受け、当該大学のしかるべき部局の許可を得ると同時に、一人ひとりの学習者と同意書を交わしている。

各回の授業内容は表1のとおりである。網掛けされている回は、グループ・ディスカッションが行われた授業である。なお、提出論文とあるのは、宿題として論文提出が求められたときである。

また、表2に表1の網掛け部分のグループ・ディスカッションの詳細を示す。そのうち、第6回と第14回の授業は、交替回数によってグループ数の調整が入った。

第1回の「オリエンテーション」では、どのような内容の授業かという授業の説明が行われた。当該大学の場合、初回の授業は、この授業の概要に紹介し、聴講した学生がその授業を履修するかどうかの判断材料を提供するいわばお試し授業になっている。90分の授業を前半・後半の45分ずつに分け、同じ内容を2回話すことになっている。

第2回の「研究テーマを検討する」では、4ヶ月間続く授業の具体的な内容が紹介され、学習者自身が選ぶ研究テーマが検討された。この授業はゼミ談話を視聴しながら談話分析を行い、それを最後に論文の形で提出してもらう授業であること、論文作成は、テーマ選定、目的、先行研究、資料と分析方法、分析結果、考察、結論、推敲という

段階を経て完成させ、その過程でピア・ラーニングを用いることを説明し、そのうえで、表3の15の分析観点を提示し、このなかから一つ選んでもらうことが予告された。

表1　各回の授業内容

回	授業内容	回	授業内容
1	オリエンテーション	9	分析結果を集計する
2	研究テーマを検討する	10	分析結果をまとめる
3	基本概念に親しむ		提出論文3
4	先行研究を読みあう	11	分析結果と考察を表現する
5	研究テーマを説明する	12	結論と要旨をまとめる
	提出論文1		提出論文4
6	「はじめに」と先行研究を表現する	13	論文を推敲する
	提出論文2		提出論文5
7	分析方法とデータを議論する	14	成果発表の準備をする
8	データベースを作成する	15	成果を発表する

表2　グループ・ディスカッションの詳細

回	授業内容	参加者内訳 （学生,TA,教師）	各回の グループ数	1グループ あたりの人数	グループの 交替回数
3	基本概念に親しむ	16,2,1	5	3～4	交替なし
4	先行研究を読みあう	17,1,0	9	2	2
5	研究テーマを説明する	16,7,1	8	3	1
6	「はじめに」と先行研究を表現する	15,0,1	7～8	2	2
7	分析方法とデータを議論する	15,0,1	8	2	2
11	分析結果と考察を表現する	14,0,1	4	3～4	交替なし
13	論文を推敲する	13,0,1	5	2～3	交替なし
14	成果発表の準備をする	14,0,0	6～7	2	2

表3　ゼミ談話の分析観点

出現位置	分析観点
発話開始部	①ターン取得表現・行動、②配慮・関連表現、③反応・応答表現、④相づち・うなずき、⑤視線・表情
発話継続部	⑥節連鎖表現、⑦接続詞、⑧フィラー、⑨参照・言及表現、⑩非言語表現
発話終結部	⑪ターン終結表現・行動、⑫質問・確認表現、⑬言いさし表現、⑭意図明確化表現、⑮スピーチレベルシフト

分析観点を自分で選んでもらう方式になっているのは、受講生にとってまったく新しい専門分野であるため、分析観点を選択肢で示したほうが、研究が進めやすいと判断されたためである。もちろん、自分で考えられる人は自分で考えてもよいことは事前に伝えられている。

　第3回「基本概念に親しむ」では、談話分析の論文やキーワードに慣れるために、三牧陽子（2008）「第2章　談話を分析する」木村健治・金﨑春幸編『言語文化学への招待』大阪大学出版会（pp.147-161）を受講生が読み、次の語のうちから各自が一つずつ説明する語を選び、五つのグループに分かれ、3〜4名のグループ・ディスカッションでたがいに説明を行った。

表4　取りあげた基本概念

①スピーチレベル	⑤順番取りシステム
②ポジティブ・ポライトネス・ストラテジー	⑥コンテクスト化の合図
③ネガティブ・ポライトネス・ストラテジー	⑦フレーム
④隣接ペア	⑧フッティング

　第4回「先行研究を読みあう」では、表3に掲げた、各自が興味のあるゼミ談話の分析観点を一つ取りあげ、それに関連する先行研究を選んで読み、それをペアになった相手に説明するという活動が行われた。ペアのディスカッションは相手を替えて3回行われた。具体的な先行研究は、表5のとおりである。これによって、自分の分析観点を正式に決め、具体的な分析に入っていける準備を整える。

　取りあげる文献は事前にコピーして配布された。文献は、本来自分で探すべきものであるが、受講者にとって親しみのない分野であるため、自分で先行研究を広げていくための導入として事前配布されている。また、先行研究を広く渉猟していくために、事前配布の論文の参考文献欄を参考にしたり、CiNiiでキーワードを検索したりする方法

表5　ゼミ談話の分析観点と先行研究

分析観点	関連する先行研究
①ターン取得表現・行動	中井陽子（2003）「言語・非言語行動によるターンの受け継ぎの表示」『早稲田大学日本語教育研究』3、pp.23–39
②配慮・関連表現	野田尚史（2014）「配慮表現の多様性をとらえる意義と方法」野田尚史・高山善行・小林隆編『日本語の配慮表現の多様性―歴史的変化と地理的・社会的変異』くろしお出版、pp.3–20
③反応・応答表現	吉田睦（2009）「会話内の質問表現が持つ多義性―応答表現からみる会話構築を中心に」『筑波応用言語学研究』16、pp.87–97
④相づち・うなずき	中島悦子（2011）「第3部　自然談話のあいづち」『自然談話の文法―疑問表現・応答詞・あいづち・フィラー・無助詞』おうふう、pp.144–158
⑤視線・表情	坊農真弓・片桐恭弘（2005）「対面コミュニケーションにおける相互行為的視点―ジェスチャー・視線・発話の協調」『社会言語科学』第7巻第2号、pp.3–13
⑥節連鎖表現	丸山岳彦（2014）「現代日本語の多重的な節連鎖構造について―CSJとBCCWJを用いた分析」石黒圭・橋本行洋編『話し言葉と書き言葉の接点』ひつじ書房、pp.93–114
⑦接続詞	石黒圭（2010）「第7章　講義の談話の接続表現」佐久間まゆみ編『講義の談話の表現と理解』くろしお出版、pp.138–152
⑧フィラー	中島悦子（2011）「第4部　自然談話のフィラー」『自然談話の文法―疑問表現・応答詞・あいづち・フィラー・無助詞』おうふう、pp.178–213
⑨参照・言及表現	渡辺文生（2010）「第9章　講義の談話の引用と参照」佐久間まゆみ編『講義の談話の表現と理解』くろしお出版、pp.169–186
⑩非言語表現	ポリー・ザトラウスキー（2010）「第10章　講義の談話の非言語行動」佐久間まゆみ編『講義の談話の表現と理解』くろしお出版、pp.187–204
⑪ターン終結表現・行動	中井陽子（2003）「言語・非言語行動によるターンの受け継ぎの表示」『早稲田大学日本語教育研究』3
⑫質問・確認表現	中井陽子（2003）「話題開始部で用いられる質問表現―日本語母語話者同士および母語話者／非母語話者による会話をもとに」『早稲田大学日本語教育研究』2、pp.37–54
⑬言いさし表現	白川博之（2008）「『言いさし文』の談話機能」串田秀也・定延利之・伝康晴『「単位」としての文と発話』ひつじ書房、pp.1–25
⑭意図明確化表現	三好理英子（2006）「日本語母語話者の意見陳述における談話」『多摩留学生教育研究論集』5、pp.47–52
⑮スピーチレベルシフト	杉山ますよ（2000）「学生の討論におけるスピーチレベルシフト―丁寧体と普通体の現れ方」『別科論集』大東文化大学別科日本語研修課程、pp.81–102

が指導されている。

　第5回「研究テーマを説明する」では、表3のなかから選んだ各自の分析観点を用いてどのような研究ができそうか、ゼミ談話のスクリプトに見られる言語現象に言及しながら受講生が説明を行った。グループ・ディスカッションは、受講生2名と特別参加の大学院生1名の計3名がグループになり、メンバーを交替して2回行った。教師でもピアでもない特別参加の大学院生が加わることで、議論に厚みが生まれた回であった。

　第6回「『はじめに』と先行研究を表現する」は、「はじめに」と先行研究について書いてきた文章をもとに議論を行うというピア・レスポンスがいよいよ始まった回である。グループ・ディスカッションは、受講生どうしがペアになり、メンバーを交替して3回行った。

　第7回「分析方法とデータを議論する」は、研究方法とデータについてまとめた文章をもとにピア・レスポンスを行った回である。グループ・ディスカッションは、第6回と同様に受講生どうしがペアになり、メンバーを交替して3回行った。

　第8回～第10回は個人作業の回である。第8回「データベースを作成する」では、各自が対象とする現象を映像データや文字化データから抽出し、エクセルなどを用いながらそれをデータベース化する作業を行った。第9回「分析結果を集計する」では、データベース化した現象を分類し、その頻度を集計したり質的に検討したりする作業を行った。第10回「分析結果をまとめる」では、分類・集計結果をもとに各自が主張できる内容をまとめた。しかしながら、第8回～第10回は、扱う対象や個人の能力によって、分析の進捗にかなり差があり、予定どおりに進まなかった受講生が大半であった。そのため、多くの受講生は自宅で分析作業を進めており、なかには、授業時間外に担当

教師のもとにゼミ談話の映像を確認しにきたり研究相談に
訪れたりする受講生も存在した。

　第11回「分析結果と考察を表現する」では、分析結果
と考察についてまとめた文章をもとにピア・レスポンスを
行った。グループ・ディスカッションは、四つのグループ
に分かれ、3〜4名のグループでメンバーを交替せずに行
った（教師が3名からなる二つのグループを移動）。

　第12回「結論と要旨をまとめる」は、個人作業の回で
ある。論文を完成させるために結論と要旨の加筆を行った
回で、出席者はそれぞれ教師との面談を行った。

　第13回「論文を推敲する」では、書きあがった論文を
もとにピア・レスポンスを行った。五つのグループに分か
れ、3名（一つは2名で教師とのペア）のグループでメンバー
を交替せずに行った。

　第14回「成果発表の準備をする」では、最後の授業で
行われる成果発表会のための予行演習を行った。グルー
プ・ディスカッションは、受講生どうしがペアになり、メ
ンバーを交替して3回行った。

　第15回「成果を発表する」では、できあがった論文集
の各自の原稿をもとに、受講生全員が一人ひとり前に立
ち、それぞれ5分程度の研究発表を行った。

2.2　受講生の内訳

　受講生は留学生16名と外来研究員1名であり、個々の
属性は下掲の表6のとおりである。J-CATは200〜250は
JLPTのN2、250〜300は同N1、300〜350はそれ以上
の日本語能力に相当するとされている。

表6　受講生の国籍・専門・身分・日本語能力

番号	国籍	専門	身分	J-CAT
S01	Australia	社会学	交換留学生	303
S02	中国	法学	交換留学生	278
S03	中国	経済学	交換留学生	293
S04	中国	日本語教育学	外来研究員	274
S05	中国	社会学	学部2年	316
S06	中国	社会学	学部2年	313
S07	韓国	社会学	学部2年	305
S08	Australia	社会学	大学院研究生	322
S09	台湾	社会学	交換留学生	251
S10	中国	商学	学部3年	未受験
S11	台湾	商学	学部2年	265
S12	中国	社会学	大学院研究生	280
S13	台湾	社会学	学部2年	349
S14	台湾	社会学	大学院研究生	未受験
S15	韓国	商学	学部3年	326
S16	Serbia	国際関係学	修士1年	275
S17	中国	社会学	交換留学生	239

表7　教師・TAの国籍・専門・身分

番号	国籍	専門	身分
A01	中国	日本語学	大学院生
A02	中国	日本語教育学	大学院生
A03	中国	日本語教育学	大学院生
A04	日本	日本語教育学	大学院生
A05	日本	日本語学・日本語教育学	教師
A06	中国	日本語教育学	大学院生
A07	中国	日本語学	大学院生
A08	日本	日本語学	大学院生
A09	中国	日本語教育学	大学院生

3 ｜ 分析対象となるデータ

本書の分析対象となるデータは、次の四つである。

①学習者の提出作文
②学習者のグループ・ディスカッションの録音

③学習者へのインタビュー・データ（授業開始時・中間
　　時・終了時）
　④その他のデータ

　①学習者の提出作文は、表1にもあるように、第6回、
第7回、第11回、第13回、第14回の5回の授業のなかで
検討できるように、それぞれの授業の直前に提出してもら
っている。
　②学習者のグループ・ディスカッションの録音は、表1
にもあるように、第3回、第4回、第5回、第6回、第7
回、第11回、第13回、第14回の計8回分存在する。文
字起こしは宇佐美（2011）のBTSJに従ったが、本書収録
にさいしては読みやすさを考慮し、BTSJの記号は外して
ある。
　③学習者へのインタビュー・データは、授業開始時、授
業中間時、授業終了時に各学習者にたいし、個別に半構造
化インタビューを行ったものを文字化したものである。質
問内容は下記のとおりである。

【授業開始時】…事前インタビュー（第2回の授業後）
・論文・レポートを日本語で書いたことがありますか。
　また、どのように書きますか。論文・レポートを日本
　語で書くときに困っていることがありますか。
・ゼミで発表したことがありますか。発表のときに困っ
　たことはありましたか。また、準備はどのようにしま
　すか。発表の準備で困っていることがありますか。
・ゼミで質問・コメントをしたことがありますか。ま
　た、それはどのような質問・コメントですか。ゼミの
　質問・コメントで困っていることはありますか。
・アカデミックな内容を学ぶ専門日本語の授業を受講し
　たことがありますか。また、それはどのような授業で

したか。
・この授業は日本語での論文・レポートの書き方、ゼミでの発表・質問・コメントの仕方を学ぶ授業です。この授業にどのようなことを期待しますか。

【授業中間時】…中間インタビュー（第8回の授業後）
・ここまで○○（前半の授業のテーマ）など、論文・レポートを書くための研究の進め方を授業で勉強してきましたが、この授業にどんな印象や感想を持ちましたか。
・ここまで授業を受けて、論文・レポートを日本語で書くときに参考になることはありましたか。また、それはどんなことですか。
・ここまで○○（前半の授業のテーマ）など、ゼミを対象にした発表・質問・コメントの分析方法を学んできましたが、その分析方法についてどんな印象や感想を持ちましたか。
・ここまで授業を受けて、ゼミでの発表・質問・コメントで参考になることはありましたか。また、それはどんなことですか。
・ここまで授業を受けて、この授業はあなたの期待に応えるものだと感じていますか。グループや教師とのディスカッションを中心に、満足している点、不満や疑問に感じている点について教えてください。

【授業終了時】…事後インタビュー（第15回の授業後）
・この授業では、論文・レポートを書くための研究の進め方を勉強してきましたが、この授業にどんな印象や感想を持ちましたか。
・授業を受けるまえ、あなたが論文・レポートを日本語で書くときに困っていたことはどんなことでしたか。また、それは、この授業の受講によって解決されまし

たか。
・この授業をとおして、ゼミを対象にした発表・質問・コメントの分析方法を学んできましたが、日本語でのゼミを分析してみてどんな印象や感想を持ちましたか。
・授業を受けるまえ、あなたがゼミでの発表・質問・コメントで困っていたことはどんなことでしたか。また、それは、この授業の受講によって解決されましたか。
・最後まで授業を受けて、この授業はあなたの期待に応えるものだと感じていますか。とくに、グループや教師とのディスカッションという方法についてどう感じましたか。満足している点、不満や疑問に感じている点について教えてください。
・最後まで授業を受けて、日本の大学で勉強や研究を進めていくうえで、あなたの姿勢や方法が変わりそうですか。また、それはどんなことですか。

　④その他のデータは、分析のために必要におうじて参照したデータである。ゼミ談話の文字化・映像データ、授業中の教師のフィードバックの録音・文字化データ、教師の添削データ、授業中の配布資料（各分析観点に関わる先行研究を含む）などが代表的なものである。
　なお、論文集の内容や、各回のグループ・ディスカッションの談話の文字化データは、「http://l2-communication.ninjal.ac.jp/教室談話研究/留学生ピア・レスポンス/」で公開の予定である。合わせて参照されたい。

4 ｜ 本書の内容

4.1　ピア・レスポンスの捉え方——文章から人間へ
　本書は、日本語で本格的な論文を書いたことがない16

名の留学生と1名の外来研究員を対象に、ピア・レスポンスによって日本語による論文の書き方をどのように学んでいくのか、論文モジュール、グループ・ディスカッション、受講生のインタビューの三つの角度から明らかにすることを目的としている。これによって、ピア・ラーニングを用いてアカデミック・スキル育成を目指す大学等の日本語教師にたいし、有用な提言をすることが可能になる。

　また、本書がデータとしてとくに大事にしたのは、ピア・レスポンスの談話である。これまでの中心的なピア・レスポンス研究が大事してきたのは、ピア・レスポンスのグループ・ディスカッションの成果である作文そのものであった。近年、その潮流は変わり、広瀬（2015）のように、ピア・レスポンスの対話において他者の声に応える過程に推敲や新たな言葉の獲得を位置づけた研究や、朴（2016）のように、ピア・レスポンスの談話そのものに焦点を当てて参加者の社会的役割を検討する研究など、優れた研究が見られるようになった。つまり、「はじめに」で述べたように、本書は、論文・レポートという文章の研究ではなく、論文・レポートを執筆する人間の研究へと研究の重心を移したものである。

　しかし、学習者がグループ・ディスカッションに参加する過程で、①研究の表現面：論文に使われる多様な表現をどのように修正していくのか、②研究の内容面：研究にたいする意識や姿勢をどのように向上させていくのか、③研究の心理面：自己にたいする疑問や不安をどのように克服し、成長していくのかといった総合的な観点から人間としての学習者に光を当て、それをピア・レスポンスの談話データから追求した研究は管見のかぎりない。こうした本書の特徴を図示すると、図1のようになる。

　この図1を踏まえ、本書では、①研究を書く学習者（研究の表現面）、②研究を考える学習者（研究の内容面）、③研

どうすれば論文・レポートが書けるようになるか

究に悩む学習者（研究の心理面）という三つの面に分けて検討する。その後、それら三つの観点を、学習者ではなく教師の面から包括的に議論する。以下では、そうした本書の構成にそって、各章の内容を簡単に紹介する。

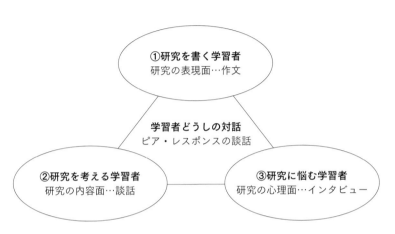

図1　本書の特徴：論文・レポートを執筆する人間としての学習者

4.2　研究を書く学習者——研究の表現面

　烏日哲氏による「第2章　論文作成における表現修正のリソース—学習者は何をきっかけに論文を修正するのか」は、グループ・ディスカッションによって論文の表現がどのように変わったのかについて、修正前の文章と修正後の文章の相違点と、グループ・ディスカッションの談話とを照合させて分析したものである。その結果、学習者は、他者から受けたコメントで修正するだけでなく、他者にたいして行ったコメントで自己修正を行ったり、自己の疑問を他者に積極的に開示してグループ全体の疑問として解決したり、重要な指摘を伝言ゲームのように連鎖させて修正を行ったりするなどの現象が見られた。グループ・ディスカッションは多様な参加者から多様なコメントがもらえるからよいと単純に考えられがちだが、実際のグループ内コミ

ュニケーションは想像以上に豊かである。こうしたこと
は、ピア・レスポンスの談話を丁寧に分析して初めて見え
てくることである。

　鎌田美千子氏による「第3章　論文作成におけるパラフ
レージングの展開―学習者は表現をどのように言い換え改
善するのか」は、推敲には、表面的な浅い推敲と、内容面
まで検討した深い推敲の違いが存在することを、パラフレ
ージング（言い換え）という観点から分析・考察している。
そして、内容に根差した深い推敲には、書き手が他の参加
者の提案を尊重しつつも鵜呑みにせず、前後の文脈を考え
て自分なりの修正案を示すという姿勢があることが示され
ている。こうした自律的で内省的な学習者の姿勢が、ピ
ア・レスポンスを実質化するさいに有効に機能しているこ
とを、鎌田論文は丁寧な分析と考察をとおして見事にあぶ
りだしている。

　村岡貴子氏による「第4章　論文作成における文献引用
法の改善―学習者は先行研究の引用法をどのように学ぶの
か」は、学習者が行っている先行研究の引用の推敲を検討
したものである。引用は「他者の論理的世界の知見を、自
身の論理的世界の中に有意義に位置づける」行為であり、
どこからの引用か、何のための引用かが重要となる。とく
に後者は、引用という行為が自説の位置づけのために行わ
れるという観点から重要であり、ピア・レスポンスはそう
した観点への気づきを促すことが示されている。引用表現
の学術的な正確さ、引用形式の視覚的な見やすさもまた、
ピア・レスポンスの過程で得られる有用な気づきである。

　井伊菜穂子氏による「第5章　論文作成における仲間と
教師のコメント―学習者は誰のどのようなコメントを論文
に反映させるのか」は、書き手が仲間の学習者と教師、ど
ちらのコメントをより修正に反映させるのかを論じたもの
である。結論は予想どおり教師のコメントのほうがより反

映されやすいが、それは教師が修正に反映しやすいように明確にコメントしているためであると分析しており、興味深い。また、学習者のコメントは修正に反映されにくいから意味が薄いということはなく、むしろ学習者どうしで疑問を共有し深めることに役立っており、そのうえで教師のコメントが得られると一層効果が高まることが示唆されている。つまり、学習者と教師、どちらのコメントが大事かではなく、疑問を共有する意味で学習者のコメント、疑問を解決する意味で教師のコメント、それぞれどちらも大事なのである。

4.3　研究を考える学習者──研究の内容面

　胡方方氏による「第6章　話し合いによる研究テーマの深まり―学習者は研究の方向性をどのように固めていくのか」は、テーマを決め、先行研究を読んで理解を深めるという研究の方向性を考える段階でのグループ・ディスカッションを分析したものである。ピア・レスポンスの場合、書かれた文章をめぐって対話をするのが普通だが、この論文では研究の構想をめぐる対話を含めて分析されており、そうした構想段階でもピア・レスポンスが有効であることが示されている。とくに、当初は論文執筆の授業に抵抗感を抱いていた学習者が段階を追って研究に意義を見いだしていく過程は参考になる。また、ゲストの大学院生や教師のディスカッションへの参加が学習者にとってよい刺激になるという指摘も、今後の新たなピア・レスポンスの授業設計を考えるうえで、有益な示唆となるだろう。

　一方、胡芸群氏による「第7章　話し合いによる研究意識の形成―学習者は分析と考察をどのように深めるのか」は、分析や考察をまとめ、最終的な推敲を行うという研究論文を仕上げる段階でのグループ・ディスカッションを分析したものである。分析・考察という段階は、論文作成の

なかでも難度の高い部分であるが、グループで話し合うことで、データ分析の疑問点を共有して修正の手がかりを得たり、分析結果の解釈を検討して新たな意義を獲得したり、考察の難しさを共有して論拠の必要性を認識したり、さらには、研究の価値を検討して研究へのモチベーションを向上させたりしていたという。書き手の研究内容をグループ全体のものとして受け止め、研究の質が向上していく様子が丹念に描きだされている。

4.4　研究に悩む学習者──研究の心理面

　田佳月氏による「第8章　授業参加によるライティング不安の変化─学習者はどのように不安を解消していくのか」は、ピア・レスポンスの授業への参加と、学習者の論文執筆の不安の関係を論じたものである。外国語で論文を書くという作業は大変である。とくに、自分の書いた文章が目標言語の第一言語話者から見て正しいかどうか、第二言語話者にとっては不安が大きい。じつは、学習者どうしのピア・レスポンスでそうした不安は解消されにくいことを田論文は明らかにしている。ピア・レスポンスはそうした「弱点」を抱えた教授法であり、その「弱点」をどう克服するか、あるいはどう生かすかが教師に課せられた課題である。第11章の教師の介入と合わせて読みたい論考である。

　黄均鈞氏による「第9章　授業参加による学習者の社会参加の過程─初めての学習者はピアにどのように参加していくのか」は、日本の大学のグループ・ディスカッションの場に初めて参加した学習者の参加過程を分析したものである。学部や大学院のゼミのような、独特な雰囲気の漂うアカデミックな場に初めて参加すると、私たちは誰でもその雰囲気に戸惑いつつも、それぞれのストラテジーを用いて、その場にできるだけ早くなじもうと努力をする。この

学習者の場合も、自己の未熟さを開示したり、他者の発表の場を自己の発表の場に改変したり、社交のためのスモール・トークを用いたりし、円滑な参加を試みていた。一方、初参加者を迎える経験者も、初参加者の発話をわかりやすく言い換えたり、自己の体験に基づくアドバイスを行ったりするなど、その参加を支援する様子が観察された。こうした姿は教師が教室デザインをするさいの参考になると思われる。

　黄均鈞氏・田佳月氏・胡芸群氏による「第10章　授業参加による学習者の変容―学習者は学術コミュニティの移動の中でどのように成長していくのか」は、1名の中国人留学生を追跡している。この論文が日本語教師に示唆することは、「教室のなかの学習者」ではなく「学習者のなかの教室」という視点の獲得である。教室に集う学習者は、それまで別の教室で学んだ過去を持っていると同時に、この教室で学んだことを将来に生かす歴史的な存在である。また、学習者にとって、今出ている日本語の授業はすべてではなく、専門の授業を優先することも、生活の別の側面を重視することもある相対的な存在である。私たち日本語教師は、学習者の日本語のためにではなく、日本語を学ぶ学習者のために仕事をしている。そのことを思い起こさせてくれる論考である。

4.5　学習者への教師の接し方

　布施悠子氏による「第11章　ディスカッションへの教師の介入―教師は学習者の話し合いにどのように働きかけるのか」は、ピア・レスポンスの授業にたいする教師の関わり方を論じたものである。グループ・ディスカッションは学習者が自律的に行っているため、教師の必要以上の介入はピア・レスポンスのよさを台無しにするが、第8章でも見たように、学習者が日本語の面でも専門性の面でも不安

を抱えて授業に参加している以上、必要なサポートは進んで行う必要がある。布施論文では、グループ・ディスカッションへの教師の関わりは、ファシリテーターとしての関わりと、参加者としての関わりがあるとし、前者は話し合いを活発にする役割が、後者は話し合いの内容を豊かにする役割がある。教師としてはピア・レスポンスにどこまで関わるか、いつも頭を悩まされる問題であるが、少なくとも関わり方は一様ではなく、どのような役割でどのぐらい関わるのかと考えることで、より適切な関わり方が見いだせそうである。

5 まとめ

　本章では、留学生のアカデミック・スキル育成をめぐり、論文・レポートを書くときに必要な表現力と思考力を育てる授業の考え方について、ピア・ラーニングを軸とすること、論文執筆をモジュール化すること、実用的なテーマを設定することの3点から検討した。また、実践した授業の概要と受講生の内訳、本書執筆に用いたデータについてひととおり説明した。さらに、文章という記号から学習者という人間へと、研究の潮流が変化しつつある現状を紹介し、本書が「研究を書く学習者」という表現面、「研究を考える学習者」という内容面、「研究に悩む学習者」という心理面の三つの角度から、学習者どうしの対話というピア・レスポンスの談話を軸に、総合的に分析するという本書の立場を表明し、2章から11章で示される、そうした観点からの分析の内容について簡単に紹介した。

参考文献

池田玲子（1998）「日本語作文におけるピア・レスポンス」『拓殖大学日本語紀要』8, pp.217–240.

池田玲子（1999a）「ピア・レスポンスが可能にすること―中級学習者の場合」『世界の日本語教育』9, pp.29–43.

池田玲子（1999b）「日本語作文推敲におけるピア・レスポンスの効果―中級学習の場合」『言語文化と日本語教育』17, pp.36–47.

池田玲子・舘岡洋子（2007）『ピア・ラーニング入門―創造的な学びのデザインのために』ひつじ書房

石黒圭（2012）『論文・レポートの基本』日本実業出版社

宇佐美まゆみ（2011）「改訂版：基本的な文字化の原則（Basic Transcription System for Japanese: BTSJ）」『談話研究と日本語教育の有機的統合のための基礎的研究とマルチメディア教材の試作（平成15–18年度科学研究費補助金基盤研究B（2））報告書』pp.1–20.

神村初美（2014）『専門日本語教育にピア・ラーニングを用いる研究―大学院の日本語教育専攻における四年間の実践研究を通して』首都大学東京大学院人文科学研究科博士学位論文

権藤博（2010）『教えない教え』集英社

朴恵美（2016）『日本語教育におけるピア・レスポンスの談話の相互性と協働性』一橋大学大学院言語社会研究科博士学位論文

広瀬和佳子（2015）『相互行為としての読み書きを支える授業デザイン―日本語学習者の推敲過程にみる省察的対話の意義』ココ出版

第2章

論文作成における表現修正のリソース
学習者は何をきっかけに論文を修正するのか

烏日哲

アカデミック・ライティング技術の習得を目的としたピア・レスポンスの授業では、学習者はグループ・ディスカッションで話し合われたことを受けて論文を修正していきます。しかし、その修正は、話し合いのどの部分を受けて、どのように行われているのでしょうか。本章では、論文の「はじめに」の部分の執筆に焦点を当て、ピア・レスポンスの談話と提出論文の修正箇所を照合することによって、グループ・ディスカッションの論文推敲への影響について検討します。

1 はじめに

　学部正規生、大学院研究生、大学院正規生のような学部・大学院レベルの留学生にとって、日本語でレポートや論文を書き上げるアカデミック・ライティングの能力は必須である（村岡2012）。しかし、日本語教育における従来の作文教育は、説明文、意見文といった異なる体裁の作文を、1回毎の授業で単発的に指導するスタイルが多く、アカデミック・ライティングを意識し、学術論文に継続的に取り組む教室活動はまだ少ないのが現状である。では、一定の長さを持つ、形式の整った学術論文の執筆を指導するには、どのような授業設計が考えられるのだろうか。

大島（2003）では、学部生を対象にした第2言語学習者と日本語母語話者の大学生向けの授業において、レポート作成のための教室活動として、ピア・レスポンスが推奨されている。ピア・レスポンスとは、学習者同士がお互いの書いたものを、作文の推敲のために、書き手と読み手の立場を交替しながら検討する活動のことである（池田・舘岡 2007）。

　本章は、ピア・レスポンスにおけるグループ・ディスカッションのデータを中心に据え、グループ・ディスカッションにおいて学習者は何をきっかけに論文修正を行うのかを明らかにすることを目的とする。具体的には、学習者が書いた論文の「はじめに」の部分におけるピア・レスポンスに焦点をあて、以下の三つのリサーチ・クエスチョン（RQ）を解明することを目指す。

・RQ1：グループ・ディスカッションにおいて、学習者は何をきっかけに論文を修正するのか。
・RQ2：グループ・ディスカッションを経て、学習者の「はじめに」の部分はどう変わったのか。
・RQ3：RQ1とRQ2の結果から、どのような教育上の課題が考えられるのか。

2 ｜ 先行研究と本研究の位置づけ

　教師をファシリテーターと位置づけ、学習者が自分で書いた原稿を持ち寄り、仲間同士のグループ・ディスカッションで作文の改善を目指すピア・レスポンスという活動型授業が本格化したのは90年代後半であった。近年では、産出過程であるグループ・ディスカッションを対象にする研究でも成果が上がっている（広瀬2012など）。

　ピア・レスポンスが作文の推敲に与える影響について扱

った研究には次のものがある。池田（2000）は、ピア・レスポンスにおいて、学習者が語句の加筆のような表面的な推敲を行うきっかけは、作文に対する仲間からの質問や確認であると述べている。広瀬（2000）は、母語によるインターアクションの内容の分析から、ピア・レスポンスが作文の内容について多く行われていると指摘しながらも、実際に書き直された推敲部分についてはほとんどが表面的な推敲で占められていると報告している。原田（2006）は、ピア・レスポンスが学習者の自己推敲にどのような影響を及ぼすかについて調査した結果、ピア・レスポンスは作文の内容的側面に有効で、言語形式に対してもマイナスの効果が見られなかったのに対し、教師添削は言語形式に対する効果が減退する傾向にあることがわかったと述べている。川上（2009）では、中級レベルの日本語学習者を対象に、内容と構成に的を絞ったピア・レスポンスを取り入れた作文の授業を行い、ピア・レスポンスに対する学習者の反応を調査した。その結果、学習者は作文の文法・語彙・漢字などの形式面に注意が向きやすく、内容と構成について仲間からのレスポンスを積極的に推敲に役立てようとする姿勢が見られないとしている。田中（2011）はピア・レスポンスが推敲作文に与える影響についての従来の研究では分析方法が統一されていないと指摘し、研究手法として、推敲前後の作文を直接比較すること、ピア・レスポンス後の推敲作文を推敲する際には、文章の意味内容に影響を及ぼすかどうかという基準に基づき、アイデア・ユニット（IU）を用いて分析を行うこと、推敲の際のソースをポストインタビューで特定することを提案している。

　一方で、これまでのアカデミック・ライティングの有力な研究は既存の学術論文を対象に分析したものが多く（村岡他2004）、高い成果を上げている。また、前田（2011）は、14回の授業を通して学術論文を書き上げる実践報告

をしており、学習者の論文作成過程で現れる問題について、テーマの焦点化、問題提起の限定など、質的向上を目指す指導が必要であると指摘している。

　こうした先行研究を踏まえ、本章では、ピア・レスポンスによってどのように日本語による論文の書き方を学んでいくのかを明らかにすることを目指す。ピア・レスポンスでグループ・ディスカッションを対象に分析したものは存在するが（朴2015など）、ピア・レスポンスの談話と作文の修正箇所を照合して詳細に分析したものは管見の限りない。本章の研究対象である授業は、グループ・ディスカッションがどのように論文の推敲に影響を与えたかを考察できるように設計されている点で、これまでのピア・レスポンス研究と異なっている。

3 | 分析対象のデータ

　本章の分析対象は、表1の網かけ部分で示した提出論文1、提出論文2、及び6回目の授業のうち、「はじめに」について述べた部分である。5回目の授業の後、宿題の論文執筆が課され、その論文をもとに6回目の授業でグループ・ディスカッションが行われ、授業後、修正した論文の提出が求められている。なお、本章で対象とする学習者は、1）「はじめに」について記述した1回目の論文を提出し、2）授業後に改訂した2回目の論文を提出し、3）6回目の授業当日に出席した者で、計15名である。

表1　本章の分析対象

回	授業内容	回	授業内容
1	オリエンテーション	9	分析結果を集計する
2	研究テーマを検討する	10	分析結果をまとめる
3	基本概念に親しむ	提出論文3	
4	先行研究を読みあう	11	分析結果と考察を表現する
5	研究テーマを説明する	12	結論と要旨をまとめる
提出論文1		提出論文4	
6	「はじめに」と先行研究を表現する	13	論文を推敲する
提出論文2		提出論文5	
7	分析方法とデータを議論する	14	成果発表の準備をする
8	データベースを作成する	15	成果を発表する

4 ｜ 分析結果と考察

　次の表2に、本章で扱う学習者15名のそれぞれの論文で扱った課題と、提出論文1、ピア・レスポンス実施後の提出論文2における最初の部分に該当する「はじめに」の文字数を示す。文字数は本文のみをカウントした。

　表2に示した学習者15名のうち、1回目の提出論文と2回目の提出論文に文字数の変化がほとんどなかったのがS01とS14である。S02とS17に関しては、字数が減少しており、それ以外の学習者は「はじめに」の部分において内容の加筆修正が行われている。文字数が大幅に減少したのはS02であり、その文字数は、1100字から410字まで減っていた。これは1回目の提出論文で「はじめに」に入っていた記述を2回目の提出論文では「先行研究と本研究の位置づけ」の部分に入れたからである。これに関する分析は、第4章を参照されたい。

表2　分析対象者の論文で扱った課題と提出論文の「はじめに」の文字数の変化

学習者	論文で扱った課題	提出論文1	提出論文2	字数の差
S01	配慮表現	268	270	+2
S02	あいづちといいさし表現の関連性	1100	410	-690
S04	接続表現	343	564	+221
S05	留学生発表者の視線の向け方	636	721	+85
S06	多重的節連鎖構造表現	390	494	+104
S07	配慮表現	277	307	+30
S09	非言語表現	295	482	+187
S10	多重連鎖構造	321	702	+381
S11	スピーチレベルシフト	561	627	+66
S12	引用と参照表現	314	476	+162
S13	「ターンの受け継ぎの変化」と「あいづちの定義」の関連性	346	546	+200
S14	言いさし文	523	522	-1
S15	接続表現	201	489	+288
S16	言葉の丁寧さ	823	829	+6
S17	応答表現とゼミ発表の推進の関係	562	489	-73

　本章で議論したいのは、1回目と2回目の提出論文の「はじめに」でなぜこのような違いが生じ、その修正のきっかけとなったグループ・ディスカッションでなにが起きたのかである。本節では、グループ・ディスカッションの談話内容とその前後の提出論文1と提出論文2を照合することで、グループ・ディスカッションが実際どのように行われ、提出論文1がどのように修正されたのかを考察する。

　以下では、何をきっかけに修正したのかに着眼し、「他者から受けたコメントをきっかけに修正する」「他者に行ったコメントをきっかけに自己修正する」「積極的な自己開示をきっかけに修正する」「コメントの連鎖をきっかけに修正する」の四つに分けて見ていくことにする。

4.1　他者から受けたコメントをきっかけに修正する

　グループ・ディスカッションにおいて、他者からコメン

トを受け、それをきっかけに論文を推敲するのが、もっとも一般的なピア・レスポンスの教室活動だと言える。下記の談話例1は、学習者S15とターンの受け継ぎをテーマにしたS13の推敲過程である。S15は「ターン」についての説明を加えることを提案しているが、それが単なる説明ではなく、定義であることを示すために「『ターン』とはなになにか」と表現し直している。

談話例1　S13がS15からコメントを受けている場面

話者	発話内容
S15	そもそも。
S13	留学生。
S15	そもそもあの、あの、たー、ターンっていうのを、ちょっと、せ、説明し、したほうがいいかもしれない。
S13	はい。
S15	なになにっていうのは。
S13	はい。
S15	タ、タ、タ、ターンっていうのは。
S13	わからない人は。
S15	んー。そうだね。《少し間》ターンとはなになにかを（S13：はい）、まずそれをはっきりしたほうが（S13：はい）、いいと思う。

　上記の談話例1を受け、提出論文2では、ディスカッションで指摘された部分が反映され、下線部のようなターンの定義が加えられていた。

S13の1回目提出論文1-a：

> 　この論文の目的は、大学院のゼミの談話におけるターンの受け継ぎの表示について、ターンとして認められないあいづち的な発話の定義と意味の究明によって明らかにすることである。
> 　ゼミを必修科目として扱っている〇〇大学に在籍する留学生はまだしも、欧米教育みたいに積極的な発言や質問を求めない日本の大学で勉強している留学生の多くは学術的な討論、もしくは「日本らしき」グループ談話の進め方を詳しく接触することがなかなかできないのではなかろう。（以下略）

S13の2回目提出論文1-b：

> 　この論文の目的は、大学院のゼミの談話におけるターンの受け継ぎの表示について、ターンとして認められないあいづち的な発話の定義と意味の究明によって明らかにすることである。<u>ターンというのは、とある発言者がしゃべり出した瞬間から話が終わるまでの時間だと定義されることが多い。そしてターンの受け継ぎは前述のような行為の連続だと考えられる。</u>
> 　ゼミを必修科目として扱っている〇〇大学に在籍する留学生はまだしも、欧米教育みたいに積極的な発言や質問を求めない日本の大学で勉強している留学生の多くは学術的な討論、もしくは「日本らしき」グループ談話の進め方を詳しく接触することがなかなかできないのではなかろう。（以下略）

　S13の2回目提出論文1-bからわかるように、S13の1回目の提出論文は研究目的と意義についての記述に限られていたが、修正した論文には、下線部のターンの定義が加えられていた。この授業の学習者は言語学の専門知識を持たない者が大半を占める。このようにいままで触れたことがない専門用語の定義を論文の最初に提示することは、わかりやすさにつながるのではないかと考えられる。このように、学習者はグループ・ディスカッションの相手のコメントをきっかけに推敲を行う傾向がある。

4.2　他者に行ったコメントをきっかけに自己修正する

　以下の談話例2は、学習者S10と応答表現をテーマにしたS17の推敲過程である。S10はS17の研究背景についての記述の必要性について疑問を投げる一方で、S17の記述について「こういう研究の必要性がわかる」と認めている。

談話例2　S17がS10からコメントを受けている場面

話者	発話内容
S10	はじめにのところで、結構、背景↑（S17：うーん）、書いてるんじゃないですか、その、##に。
S17	うん、うん。
S10	日本のこういう現象が起きてるみたいな。

S17	うんうん。
S10	で、僕はあまりそういうの書い、書いてなくてー。
S17	うーん。
S10	あの、果たしてそれって必要なのかなーってあの、全然こう否定してるわけじゃないですけどもー。
S17	うん。
S10	必要なのかなーっていうふうに思っていて。
S17	《少し間》うーん。
S10	ま、たしかにこれを読むとすごい、こういう研究の必要性がわかるんですけど。
S17	うん。
S10	でも、なん、若干なんか長くないですか?<少し笑い>。

　S10は、ディスカッションの相手であるS17の背景の部分が長いことを指摘しながらも、それによって「研究の必要性がわかる」ことを認め（談話例2参照）、自分自身の論文でも、下記のS10の2回目提出論文2-bの下線部のように節連鎖構造の定義を加える修正を行っている。

S10の1回目提出論文2-a：

　この論文の目的は、大学院のゼミの談話における多重連鎖構造について、話し言葉での連鎖構造と相互作用によって明らかにすることである。
　留学生はゼミでのディスカッションを苦労している。なぜなら、ゼミのディスカッションのような学術的口頭発表において、多重連鎖構造の頻度が非常に高くなるのだからだ。そして、延々と続く多重連鎖構造は、話のロジックを混乱させ、聞き手に負担を与えてしまうため、日本語を母国語としない留学生にとってはコミュニケーションの障壁となっているのだ。本稿は、その障壁を日本語のネーティィブスピーカーがどのように会話の相互作用を活用し、多重構造を乗り越えたのかを分析することで、留学生の多重連鎖構造に対する危惧を少しでも解消したいと思う。

S10の2回目提出論文2-b：

　節連鎖構造というのは、二つの文書を繋がる文法構造である。節連鎖構造は、機能別で分類すると、以下のような種類がよく見られる。

> 　節連鎖構造は他の国々の言語においても普遍的に存在するが、日本
> 語においては、連鎖構造が長く続き、非常に長い文書になる現象が特
> 別に注目されている。そして、そのように多数の節連鎖構造で長く続
> く文章は本稿において「多重的節連鎖構造」というふうに定義する。
> 多重的節連鎖構造は文書を延々と長引き、ロジックを混乱させてしま
> う側面があるため、外国人留学生の日本語学習における障害の一つと
> なっている。
> 　この論文の目的は、大学院のゼミの談話における多重連鎖構造につ
> いて、話し言葉での連鎖構造と相互作用によって明らかにすることで
> ある。（以下略）

　談話例2を踏まえ、S10が自分の論文を直す自己修正行為は、いわば「他人のふりを見て我がふりを直す」ことである。これがまさにピア・ラーニングの醍醐味であり、他者との対話によって気づきと学びを深めていくことにつながると考えられる。また、このように重要な概念についての定義が加えられることによって、「はじめに」の部分の学術性が増し、研究目的が明確になると考えられる。

　なお、背景の部分が冗長であると指摘されたS17の2回目の提出論文は、下記のように「はじめに」の部分が他者のコメントをきっかけに字数が減っている。それと同時に、S17の2回目提出論文では研究目的の前に、問題提起に関する記述を加筆している（S17の2回目提出論文3-b下線部参照）。

S17の1回目提出論文3-a：

> 　近年、日本にゼミ（ゼミナールの略称）という高等教育において行
> われた授業科目が注目されている。ゼミは担当教員のご指導のもと
> で、少数の学生がある特定なテーマに関する討論、検討、研究などを
> 行う教育方法としており、留学生教育に用いることもある。しかし、
> 留学生を対象としてのゼミもう設けたが、今大多数のゼミが学部生と
> 大学院生に向け、留学生はこういったゼミに参加する場合、母語話者
> と同じ語力を持つのは不可欠だと思われる。もちろん両親あるい両親
> の一方が日本人、子供のころから日本語を勉強している留学生は母語
> 話者に向けるゼミに参加するのが基本的に問題ないが、実に、そうい
> う背景を持つ留学生を抜けて見れば、大部分の留学生にとっては日本

語語力が中級または上級であっても、ゼミの内容を十分に理解するのが非常に困難である。だから、ゼミを最大限に留学生教育に利用するために、学部生と大学院生に向けるゼミの行い方を分析し、分析の結果から抜粋した点を留学生教育に用いり、その教育方法を改善することは今グロバーリズムの背景での高等教育に非常に重要なことである。

　大学ゼミの行い方への研究においてそれぞれの分野がある。そこで、本稿では大学院のゼミの談話を分析し、特に応答表現という点について、発表者が自分の応答表現と発表の連続性の関係について議論したいと思う。　　　　　　　　　　　　　　　　　　（562字）

S17の2回目提出論文3-b：

　近年、日本にゼミ（ゼミナールの略称）という高等教育において行われた授業科目が注目されている。ゼミは担当教員のご指導のもとで、少数の学生がある特定なテーマに関する討論、検討、研究などを行う教育方法としており、留学生教育に用いることもある。しかし、留学生を対象としてのゼミもう設けたが、実は、留学生の大多数にとっては日本語の語力が中級または上級であっても、ゼミの内容を十分に理解するのが非常に困難である。したがって、ゼミを最大限に留学生教育に利用するために、学部生と大学院生に向けるゼミの行い方を分析し、分析の結果から抜粋した点を留学生教育に用いり、その教育方法を改善することは今グロバーリズムの背景での高等教育に非常に重要なことと思っている。

　大学ゼミの行い方への研究においてそれぞれの分野がある。<u>ゼミ発表の質疑応答にある応答表現は自然的な表現であり、なければならないとわかるが、ゼミ発表の順調に進むことに対してどんな作用があるのだろうか。</u>

　そこで、本稿では大学院のゼミの談話を分析し、特に応答表現という点について、発表者が自分の応答表現と発表の連続性の関係について議論したいと思う。　　　　　　　　　　　　　　　　　　（489字）

4.3　積極的な自己開示をきっかけに修正する

　次ページの談話例3、談話例4、談話例5はS12の一連のグループ・ディスカッションの談話である。そこでは、S12はそれぞれ異なる相手に対して、自分の悩みを打ち明け、積極的に自分の状況を相手に開示している。まず、談話例3からみると、S12は自ら研究テーマについて悩んでいることを明かし、S01の研究目的に関する質問「発話者

の態度」について聞かれると自信なさそうに答えている。

談話例3　S12がS01からコメントを受けている場面

話者	発話内容
S12	《沈黙15秒》えー、わたしの話さないの?
S01	はい?　あ、もう1枚あるんですか?
S12	いいえ、こ、こ、これだけ。
S01	あ。
S12	《沈黙13秒》うん、ちょっと待って正直に言えばわたしも自分の研究テーマについてはちょっと、混乱になっている、ところです。
S01	混乱ですか?<少し笑い>。
S12	うん<少し笑い>あの、ま、なにを研究したいのかは。
S01	そうですね。
S12	うん。《沈黙5秒》[ため息まじりに]えー。
S01	《沈黙1分40秒》ちょっとこの…、「引用のせつぞ、接続形式と、その発話、発話者の態度について」ですがなんか、「発話者の態度」ってどう…?↓
S12	あのたぶんは、あの、引用の内容に賛成するのか。
S01	あー。
S12	あるいはあのー、んーっと自分の、ん、反対するのか、あの。
S01	はい。
S12	あるいはあのー、軽蔑す、するのか。
S01	あー、そうですか。

　S12はこの悩みを次のグループ・ディスカッションへ持ち込み、S09に研究課題に関する悩みを打ち明ける。

談話例4　S12がS09からコメントを受けている場面

話者	発話内容
S12	あの、わたしが自分から説明しますが<少し笑い>。
S09	はい。
S12	正直言えば<少し笑いながら>わたしも、あの、自分がなにを研究したらいいのかがちょっと、混乱しているので。
S09	はい。
S12	あのー、一応、このテーマをつけ、ましたが、でも、たぶん、あの、資料を調べるのも、あの、足りないところがいっぱいあるので、あの…。

これでもまだ終わらず、さらに次のグループ交替のあと、S12は自分のピア・レスポンスが始まってすぐにS15に同じ話題を切り出す。そこで、S15はS12に研究の必要性について書いたほうが説得力のある文章になると助言される。S15はさらに具体的な表現の例を提供するが、S12はそれに答える形で現段階での考え方を述べる。その考えにたいして、S15は賛同する態度を示す。

談話例5　S12がS15からコメントを受けている場面

話者	発話内容
S15	《沈黙22秒》「さ、参照と言及の表現の中から」、んー。
S12	<笑いながら>あまり価値のない、研究です。
S15	いやいやいや、そんなことないっすよ。そ、そりゃあ、価値がないって意見はないと思うんですけど、んー。なんか、お、あ、うん、なになにがやりたいかっていのはすご、すごくわかりますけど。（略）や、なんか、なんでそれを、えーっと、その研究は、なんか、必要さが、必要なのか。
S12	う、き、<笑いながら>必要ないと思います。（略）
S15	必要性がありますよっていうのを、主張したほうが。
S12	あ、そうですね。
S15	すごく説得力のある、な文章になると思うんですよ。
S12	うん。
S15	こういう、こういのがあるから、例えば、これをすることによってー、あの（S12：ええ）、このけ、この、あのー、例えば…、関連性を明らかする、す、明らかにすることによって（S12：うん）、あの、発表ーがま、簡単になったりとか、留学生がー、その、発表をもっとしやすくなる、そういう効果がありますとか。
S12	えー今考えてるのは、特に、ま、留学生。
S15	うん。
S12	ま、外国人なら、あー、たぶん、あの、いつも、この二つの、あの、あの、使い方がよく（S15：んー）、間違っている、から（S15：んー）、あの、相手に。
S15	いいじゃないですか、それ。

　では、S12がこのように研究の意義についての悩みを持ち続け、その課題を解決しようとする姿勢が、論文の修正にどのように反映されたのか。S12の修正前と修正後の提

出論文も用いて確認することにする。

S12の1回目提出論文4-a：

> 　講義や談話をするとき、自分の意思を相手にはっきり伝えるため、あるいは相手を持ち資料の特定なところを注目させるため、発話者はよく引用、参照の表現方式を利用する。引用の基本的な形式の特徴は、引用節と述語動詞が結びついて全体として一つの文を構成していること（砂用1989）。構造として、《引用内容＋引用形式＋述部動詞》（渡辺2010）三つの構成部分を備えているのは常だが、実際の場合によって、さまざまな形式的バリエーションが存在する。それに、発話者の意図と引用内容についての態度が形容内容の接続を決定すると考えられる。
> 　この論文の目的は、大学院のゼミの談話における参照、言及表現の中から、引用の接続形式と発話者の態度との関連性を明らかにすることだ。

S12の2回目提出論文4-b：

> 　講義や談話をするとき、自分の意思を相手にはっきり伝えるため、あるいは相手を持ち資料の特定なところを注目させるため、発話者はよく引用、参照の表現方式を利用する。「引用の基本的な形式の特徴は、引用節と述語動詞が結びついて全体として一つの文を構成していること」（砂用1989）。構造として、《引用内容＋引用形式＋述部動詞》三つの構成部分を備えているのは常である（渡辺2010:169）。そして、引用形式として、よく使われているのは「と」と「って」だと思われている。
> 　この二種の引用形式の機能が近いと思われるが、実際の場合では、「と」と「って」のいずれを用いたことによって、話のニュアンスが違うことがよく感じられる。日本語の中の微妙な差異を区別するのは日本語学習者にとってとても難しいことだと考えられる。この二種の引用形式の機能の区別を明白にすれば、日本語の勉強に役立てると予想できる。
> 　本稿では、大学院のゼミの談話に出てくる「と」と「って」を使う引用と参照表現を比較する。「と」と「って」という二つの表現形式がそれぞれどんな機能があるのかを明らかにするのがこの論文の目的ことである。

　上記のように、S12の論文は主に、2点において修正が見られる。一つは、S15との対話で出た「留学生、外国人ならよく間違う」という研究の必要性についての記述が加筆されている。もう一つは、S01との対話で、S01に質問

された「研究目的」に関する記述である。「引用の接続形式と発話者の態度との関連性」という記述を修正し、引用と参照を表す「『と』と『って』という二つの表現形式がそれぞれどんな機能があるのかを明らかにする」にした。修正後の記述はよりわかりやすく、研究目的がより明確になったと言えよう。

4.4　コメントの連鎖をきっかけに修正する

　上記の談話例を通して、学習者がピア・レスポンスのディスカッションのなかで、どのようなきっかけで自分の論文を修正しているかについて検討してきた。前述したように、今回の授業では、ペアで行われたピア・レスポンスの授業だが、そのコメントが人から人へと受け継がれる「コメントの連鎖」現象が見られた。学習者はお互いの論文を推敲していくだけでなく、別の第三者の論文推敲にも影響を与えるのである。

　今回の授業の特徴は、授業中にグループ交替が行われ、参加者全員が多くのコメントがもらえるように設計されていることである。そのため、次の談話例6に見られる現象のように、学習者は最初のグループのディスカッションで、自分が書き手として得た修正のアイデアを、次のグループのディスカッションで、別の書き手と共有することによって、コメントを連鎖させる傾向が見られた。前掲の談話例2を踏まえて、談話例6をご覧いただきたい。

　S10は談話例2において、S17の研究背景について長いと言いながらも「研究の必要性がわかる」と評価し、そのあとグループを替えてS11とピア・レスポンスを行う（談話例6）。そこで、テーマがスピーチレベルシフトであるS11に対して概念の説明があったらわかりやすいのではないかと進言する。S11が、読者が知っている前提で書いているため用語の説明を行っていない旨を述べると、S10は

その前提を否定する。これに対してS11は納得した返事をしている。

談話例6　S11がS10からコメントを受けている場面

話者	発話内容
S10	《沈黙1分4秒》あと、そのー《少し間》この論文の中で、結構スピーチレベルっていうキーワード出てくるんじゃないですか？
S11	はい。
S10	しかしながら、そのスピーチレベルの、という概念についての説明が《少し間》もし。
S11	あ、そ。
S10	そ、うん。
S11	はいはい。
S10	もしあったら、わかりやすかったなー、というふうに思いました。
S11	はい。
S10	ま、同じたぶん僕の論文の中にもその多重連鎖構造について、ぜん、全部説明してなかったから、ちょっとだめだなと思ってたんで。
S11	や、みんな知ってるぜんたい'前提'で書いたから。
S10	そうだね。でも、実際、<笑い>あんま知らないから。
S11	うん、そうね。

　では、実際S11は論文を修正したのだろうか。以下の提出論文の修正で確認することにする。

S11の1回目提出論文5-a：

> 　この論文の目的は、大学院のゼミの談話における非母語話者のスピーチレベルのシフトについて、丁寧体と普通体の選択に考えられる理由を分類することによって明らかにすることである。（以下略）

S11の2回目提出論文5-b：

> 　この論文の目的は、大学院のゼミの談話における非母語話者のスピーチレベルはどんな条件の時にどのようなシフトが見られるのか、そしてそのシフトが生起することによりどのような効果、働きがあるのか、明らかにすることである。

> スピーチレベルシフトとは文体が変化することを言う。日本語教育
> における丁寧体と普通体の扱いには、最初は丁寧体から教えるのが一
> 般である。（以下省）

　S11の2回目の提出論文5-bで確認できるように、S11
はスピーチレベルシフトの定義について加筆した。つま
り、グループ・ディスカッションにおいて、コメントの連
鎖が起きて、それがS17から始まり、S10を経由し、同様
の内容のコメントがS11に伝わったのである。このよう
に、お互いに同趣旨のコメントを共有し、論文の推敲に生
かすことはピア・レスポンスの優れた点である。

　ただし、共有されたコメントが必ずしも適切でないこと
もある。その場合、好ましくないコメントが学習者間で連
鎖し、固定してしまうおそれもある。学習者の作文に同じ
ような誤った修正が見られた場合は、教師からの適切な指
導が必要になる。

4.5　「はじめに」の部分がどう変わったか

　上記の談話例1〜6のような学習者のディスカッション
の前後に提出された論文を比較するとわかるように、学習
者の「はじめに」の部分の修正においては、主に重要な概
念についての「定義」や研究背景について加筆される傾向
が見られた。

　学習者が「はじめに」の部分の修正において、こぞって
「定義」の説明を加筆する傾向の裏には、以下の二つの理
由が考えられる。一つの理由は、グループ・ディスカッシ
ョンの参加者である学習者は言語学を研究している専門家
ではないため、自分の専門外の論文の推敲において、専門
語についてどうしてもより詳しい説明を求めてしまう傾向
があること。もう一つの理由は、グループ・ディスカッシ
ョンの参加者である学習者にとって、「定義」についての

43

質問はハードルがさほど高くなく、ほかの推敲のポイント
を探すより手っ取り早く、かつ連鎖しやすいことである。

　ピア・レスポンスによって、こうした重要な概念の定義
が加えられることで、「はじめに」の部分の学術性が増
し、研究の目的が明確になる。しかし、その反面、修正パ
ターンの偏りの原因にもなり得る。そこで、次の5節で
は、このような偏りを改善する方法について考える。

5 ｜教育への提言

　前節では、授業参加者がピア・レスポンスの授業の前後
に提出した論文の「はじめに」の部分とグループ・ディス
カッションの談話データを照合しながら、グループでの話
し合いが学習者の論文にどのように影響するのかを検討し
た。その結果、四つの推敲のパターンが観察され、そのい
ずれも学術的文章の執筆にプラスに作用しており、専門外
の学習者でもピア・レスポンスの授業を通して論文修正の
学術性が高まることが明らかになった。特に、他者に行っ
たコメントで自己修正に至るケースや、自己の疑問を他者
に積極的に開示してグループ全体の疑問として解決するケ
ース、さらには、重要な指摘が伝言ゲームのように連鎖す
るケースが役に立つが、これらは気づかれにくい。そこ
で、こうした点を学習者に積極的に伝え、ピア・レスポン
スへのモチベーションを高めることが必要である。

　ただし、前節で述べたように、学習者同士のコメントは
定義を加えることに集中しがちである。定義を加えること
は学術性が増し、専門知識がない読者にとっても読みやす
くなる一方、定義さえ機械的に加えておけばよいという早
合点は、学習者のアカデミック・スキル育成の妨げになる
おそれもある。また、伝言ゲーム的なコメントの連鎖は、
重要なポイントを学習者間で広く共有できるという意味で

論文の推敲に有益である一方、偏った修正のみが共有され、誤った理解が固定化してしまう危険性もある。こうした点を考慮すると、ピア・レスポンスによるアカデミック・ライティングの授業では、教師がある程度関与する必要があると思われる。

　では、ピア・レスポンスの授業において、教師はどのように話し合いに関わるべきなのだろうか。詳しくは、第6章の大学院生や教師のコメントの記述、第11章の教師の介入の記述を参考にしていただきたいが、本章の範囲で言えることは、教師は、グループ・ディスカッションの結果、それぞれの学習者が論文のどの部分をどのように修正してきたのかを確認し、学習者に共通して見られる修正のうち、好ましい修正は進んで評価する一方、問題のある修正は再度改善の必要がある旨を次回の授業でフィードバックすることである。そのさい、マイクロソフトのワードなどの文書作成アプリ等に入っている、複数のテキストを比較する機能等を使って修正前・修正後の文章の相違点を視覚化すると、教師自身の作業もしやすいし、プロジェクターなどで学生たちに提示するときも、修正点を明確に示すことができると思われる。

6 ｜ まとめ

　本章は、グループ・ディスカッションにおいて、学習者は何をきっかけに論文修正を行うのか、グループ・ディスカッションによって論文はどのように修正されていくのかについて明らかにした。以下、冒頭で示した本章のRQへの答えを示す。

・RQ1：グループ・ディスカッションにおいて、学習者は
　　　　何をきっかけに論文を修正するのか。

グループ・ディスカッションにおいて、学習者の論文修正を促したきっかけは以下の４点にある。

　　きっかけ１：他者から受けたコメントをきっかけに修正
　　　　　　　する
　　きっかけ２：他者に行ったコメントをきっかけに自己修
　　　　　　　正する
　　きっかけ３：積極的な自己開示をきっかけに修正する
　　きっかけ４：コメントの連鎖をきっかけに修正する

・RQ2：グループ・ディスカッションを経て、学習者の
　　　　「はじめに」の部分はどう変わったのか。

　学習者の「はじめに」の部分の修正においては、主に重要な概念についての定義が加えられる傾向が見られた。こうした重要な概念の定義が加えられることで、「はじめに」の部分の学術性が増し、研究の目的が明確になる傾向が見られた。一方で、定義の加筆に修正が集中し、定義以外の修正が疎かになったり、修正が固定化したりしがちであった。

・RQ3：RQ1とRQ2の結果から、どのような教育上の課
　　　　題が考えられるのか。

　ピア・レスポンスによる論文の修正には、他者のコメントによる修正だけでなく、他者に行ったコメントによる自己修正、積極的な自己開示による修正、コメントの連鎖による修正など、多様な修正があることを学習者に示し、ディスカッションのモチベーションを高める必要がある。また、修正が固定化し、決まった部分に修正が集中したり、修正が機械的なものになったりしないよう、ディスカッシ

ョンに教師が適度な介入を行う必要もある。

参考文献

池田玲子（2000）「推敲活動の違いによる推敲作業の実際」『お茶の水女子大学人文科学紀要』53, pp.203–213.

池田玲子・舘岡洋子（2007）『ピア・ラーニング入門―創造的な学びのデザインのために』ひつじ書房

大島弥生（2003）「日本語アカデミック・ライティング教育の可能性―日本語非母語・母語話者双方に資するものを目指して」『言語文化と日本語教育　増刊特集号　第二言語習得・教育の研究最前線』pp.198–224.

川上麻里（2009）「内容と構成に的を絞ったピア・レスポンス」『ICU日本語教育研究』6, pp.63–72.

田中信之（2011）「日本語教育におけるピア・レスポンスの研究―有効性と自律性の観点から」金沢大学人間社会環境研究科博士学位論文

原田三千代（2006）「中級学習者の作文推敲課程に与えるピア・レスポンスの影響―教師添削との比較」『日本語教育』131, pp.3–12.

朴恵美（2015）「ピア・レスポンス活動における質問の機能」『一橋大学国際教育センター紀要』6, pp.109–121.

広瀬和佳子（2000）「母語によるピア・レスポンス（peer response）が推敲作文に及ぼす効果―韓国人中級学習者を対象とした3ヶ月間の授業実践をとおして」『言語文化と日本語教育』19, pp.24–37.

広瀬和佳子（2012）「教室での対話がもたらす『本当にいいたいこと』を表現することば―発話の単声機能と対話機能に着目した相互行為分析」『日本語教育』152, pp.30–45.

前田真紀（2011）「超級アカデミック・ライティング―2010年度春学期実践報告」『東京外国語大学留学生日本語教育センター論集』37, pp.183–194.

村岡貴子・米田由喜代・大谷晋也・後藤一章・深尾百合子・因京子（2004）「農学・工学系日本語論文の『緒言』における接続表現と論理展開」『専門日本語教育研究』66, pp.41–48.

村岡貴子（2012）「研究留学生のための専門日本語ライティング教育の可能性」鎌田美千子・曹紅荃・歌代崇史・村岡貴子（編）、仁科喜久子（監）『日本語学習支援の構築―言語教育・コーパス・システム開発』pp.77–90.　凡人社

第2章　論文作成における表現修正のリソース

第3章
論文作成における
パラフレージングの展開
学習者は表現をどのように言い換え改善するのか

鎌田美千子

　自分が書いた文章を読み返して修正しながら表現意図をさらに明確にしていくこと、すなわち推敲は、ライティングに欠かせないプロセスの一つです。ピア・レスポンスでのグループ・ディスカッションは、一人ではなかなか気がつかないことに気づくきっかけになり、推敲に役立てられます。では、実際にピア・レスポンスのグループ・ディスカッションを通して、個々の表現は一体どのように言い換えられ、改善されていくのでしょうか。本章では、ピア・レスポンスに見られるパラフレージング（言い換え）に注目し、教育上の課題を考察します。

1 　はじめに

　ピア・レスポンスのグループ・ディスカッションにおいて、文章の書き手は、他の参加者から表現上の誤りや、わかりにくい表現等の指摘を受ける。指摘とともに新たな表現が提案される場合もあれば、「この表現は使わない」というような違和感だけが伝えられる場合もある。また、提案された表現は、書き手にそのまま受け入れられる場合もあれば、書き手や他の参加者によってさらに言い換えられていく場合もある。

　このようにグループ・ディスカッションは多様である一

方で、グループ・ディスカッション中の発言には共通して個々の学習者がこれまでに体得してきた「日本語」が反映されており、仮に教育上の課題があるとすれば、その発言にも表れるものと思われる。また、書き手が他の参加者から必ずしも適切ではない指摘や修正案を受けた談話例にも着目することで教育的示唆が得られると思われる。

本章では、以下のリサーチ・クエスチョン（RQ）を設定し、グループ・ディスカッションにおけるパラフレージングの展開を分析することを通して教育上の課題について考察することを目的とする。

・RQ1：学習者は、グループ・ディスカッションで表現をどのように言い換えて文章を改善しようとしていたか。
・RQ2：RQ1の結果から、どのような教育上の課題があると考えられるか。

なお、本章では、ピア・レスポンスのグループ・ディスカッション中に書き手と他の参加者が、推敲を目的として、ある表現を別の表現に言い換える言語行動を「パラフレージング」と呼ぶ。通訳訓練法の一つに「パラフレージング」というものがあるが、本章での「パラフレージング」は、これとは異なる。

2 ｜ 先行研究と本研究の位置づけ

本章では、ピア・レスポンスにおける表現面に注目する。関連する先行研究では、次のような知見が示されている。

上級学習者を対象にした影山（2001）は、ピア・レスポンスと教師からのフィードバックを組み合わせて取り組ん

だ作文を分析し、ピア・レスポンス後は内容に関する推敲が多く、教師からのフィードバック後には表現面に関する推敲が多くなされるという結果を示している。

　中級学習者を対象にした原田（2006）は、ピア・レスポンス後の推敲と教師による添削後（訂正箇所を下線で示す方法）の推敲を比較した結果から、ピア・レスポンスは内容面に有効であり、教師による添削は表現面に関する推敲に有効であることを明らかにしている。

　これらの研究から示唆されることは、ピア・レスポンスは、表現面の検討よりも内容面の検討に適しているということである。他にも広瀬（2000）、池田（2002）をはじめ、同様の見解を示す教育研究が少なくない。

　確かに学習者間のディスカッションでの指摘は、教師からのフィードバック及び添削に比べて確実ではないことがある。しかし、実際に学習者間のディスカッションで文章中の表現について話し合われることは、ごく一般的であり、表現面に着目したコメントも広く見受けられる。仮に学習者間のディスカッションが文章の改善につながらないとしたら、どのような問題が関係しているのだろうか。また、改善につながるディスカッションがなされているとすれば、それはどのようなものなのだろうか。

　内田（1989, 1995）によると、推敲過程は、（1）表現意図と表現のずれの感覚・意識化、（2）修正案の探索、（3）修正案の生成、（4）修正案の評価、の各段階を行きつ戻りつしながら進む。ピア・レスポンスでは、これら一連の認知的活動を他の参加者とともに行えることから、学習者は他者の視点から自身の文章を再考する機会を得ることができる。同時に、より有効な学習活動としてピア・レスポンスが機能するには、書き手の自律的な姿勢と内省的な思考が必要なのではないだろうか。鈴木（2016）は、社会文化的アプローチに基づく第二言語習得研究で最も強調され

ることとして「第二言語習得が他者とのやりとりに起源があること、学習者は言語を通して間接的に自分自身に働きかけること」(p.83) の二つを挙げた上で、協働学習における内化のプロセスに注目し、学習者の自分自身への語りかけの機会の重要性を指摘している。この点から考えると、他の参加者から確実ではない修正案を受けたとしても書き手自身のパラフレージングにより文章を改善できるのではないだろうか。

　本章では、このような観点からピア・レスポンスのグループ・ディスカッションでパラフレージングがどのように展開しているのかを分析し、改善につながらなかったディスカッションと、改善につながったディスカッションを比較することを通して、前述したRQを明らかにする。

3 ｜ 分析対象のデータ

3.1　授業

　分析対象としたデータは、本授業の第13回「論文を推敲する」で行われたピア・レスポンスのグループ・ディスカッションの文字化資料と、その授業の前後に学習者が書いた文章である。表1に授業全体の流れと分析対象とした授業の位置づけを示す。分析対象とした第13回のピア・レスポンスでは、第12回までに取り組んできた各自の論文について話し合われた。グループ・ディスカッションにあてられた時間は35分であった。

3.2　学習者

　分析対象とした第13回の授業には、日本語で本格的な論文を書いたことがない学習者13名（日本語能力：N1相当以上、学年：学部2年生5名、学部3年生1名、交換留学生4名、大学院生1名、研究生1名、研究員1名、出身：中国・台湾、韓国、

表1　本章の分析対象

回	授業内容	回	授業内容
1	オリエンテーション	9	分析結果を集計する
2	研究テーマを検討する	10	分析結果をまとめる
3	基本概念に親しむ	\multicolumn{2}{c}{提出論文3}
4	先行研究を読みあう	11	分析結果と考察を表現する
5	研究テーマを説明する	12	結論と要旨をまとめる
\multicolumn{2}{c}{提出論文1}	\multicolumn{2}{c}{提出論文4}
6	「はじめに」と先行研究を表現する	13	論文を推敲する
\multicolumn{2}{c}{提出論文2}	\multicolumn{2}{c}{提出論文5}
7	分析方法とデータを議論する	14	成果発表の準備をする
8	データベースを作成する	15	成果を発表する

豪州、セルビア）が出席し、1グループ原則3名の計5グループに分かれてグループ・ディスカッションを行った。ただし、第5グループは、授業者1名と学習者1名の計2名の編成となり、ピア・レスポンスの形態ではなかったため、分析の対象から除外した。

3.3　取り上げる談話例

　本章では、グループ・ディスカッションでなされた表現面のパラフレージングのうち、特徴的な四つの談話例を取り上げる。談話例1〜3は、論文の文体についてである。留学生への日本語教育では、日本語の基礎として学んだ話しことば中心の表現から学術的な文章に見合った表現への移行が学習事項の一つとされている。グループ・ディスカッションでもこの点に注目されていた。談話例4は、語の意味の明確化についてである。推敲では、文章中の不明瞭な箇所を書き手自身が認識し意味を明確にしていくことが基本となる。分析では、他者からの指摘を受けて自身の文章を再考する様子に着目した。四つの談話例の概要は、次の通りである。

- 談話例1（論文の文体1）
  書き手：S04（中国、研究員）
  他の参加者：S02（中国、交換留学生）
  　　　　　　　S16（セルビア、大学院生）
  ディスカッション前の表現：だから
  ディスカッション後の表現：したがって
  グループ：第3グループ

- 談話例2（論文の文体2）
  書き手：S12（中国、研究生）
  他の参加者：S05（中国、学部2年生）
  　　　　　　　S11（台湾、学部2年生）
  ディスカッション前の表現：なんなのか
  ディスカッション後の表現：なにか
  グループ：第1グループ

- 談話例3（論文の文体3）
  書き手：S12（中国、研究生）
  他の参加者：S05（中国、学部2年生）
  　　　　　　　S11（台湾、学部2年生）
  ディスカッション前の表現：に出てくる
  ディスカッション後の表現：における
  グループ：第1グループ

- 談話例4（語の意味の明確化）
  書き手：S16（セルビア、大学院生）
  他の書き手：S02（中国、交換留学生）
  　　　　　　　S04（中国、研究員）
  ディスカッション前の表現：批判も行った
  ディスカッション後の表現：反論をした
  グループ：第3グループ

次節では、まず4.1に全体的な傾向について述べる。次に4.2及び4.3で、学習者が文章中の表現をどのように言い換えて文章を改善しているのか、あるいは改善できていないのかを分析する。文章の改善につながらなかったディスカッションについて4.2に、改善につながったディスカッションについて4.3に述べる。続く4.4では両者を比較し、その違いからグループ・ディスカッションとパラフレージングとの関係について考察する。

4 分析結果と考察

4.1　全体的な傾向

　各グループのディスカッションでパラフレージングがなされた談話数とディスカッション中の全発話数を表2に示す。談話数は、ディスカッションの参加者によって指摘された表現が別の表現に言い換えられていく一連の発話のまとまりを1回として計量した。具体的には、例えば談話例1に示した談話を1回とした。発話数は、宇佐美（2015）による「基本的文字化の原則（BTSJ）2015年度改訂版」に従い、計量した。

　パラフレージングがなされた発話数は、第2グループが2で、それ以外のグループは9であった。各グループの全発話数には差が見られた。四つのグループの全ディスカッションを個々に見ると、参加者全員によって修正案が次々

表2　パラフレージングがなされた談話数及び全発話数

	談話数	全発話数
第1グループ	9	446
第2グループ	2	284
第3グループ	9	624
第4グループ	9	400

と出されることもあれば、書き手と参加者1名のみのやりとりで進んでいくこともあった。以下、談話例1から談話例4までを順に述べていく。

4.2　文章の改善につながらなかったディスカッション

　談話例1は、論文の文体に関するものである。グループ・ディスカッションでは、S04が書いた論文の「1. はじめに」について話し合われている。1-aにグループ・ディスカッション前の文章を示し（下線・太字は筆者、以下同様）、1-bにグループ・ディスカッション後の文章を示す。書き手S04は、グループ・ディスカッション前の文章中の接続詞「だから」（1-a、下線部）をグループ・ディスカッション後の文章で接続詞「したがって」（1-b、下線部）に修正している。当該表現「だから」は、日本語の授業や学習書では話しことばの表現として広く扱われており、談話例1のグループ・ディスカッションでもこの点について話し合われている。

グループ・ディスカッション前のS04の論文 1-a：

---

1. はじめに
　接続表現は談話の上で重要な役割を果たしている。話し手は接続表現によって、自分の意見をわかりやすく説明し、聞き手はそれによって、次の来る言葉を推測できるからである。
〈略〉
　そこで、本文は以下の2点を明らかにすることを目的に、大学院生のゼミにおける接続表現の実態の調査・分析を行うことにしたい。
(1) 大学院のゼミにはどんな接続表現がよく出現されるのか。
(2) 大学院のゼミは先生、発表者、質問者からなっているが、それぞれ身分ごとにどんな接続表現が用いられるのか。
　普通留学生は自分の国で日本語その言葉だけを勉強し、ゼミで論文を発表するチャンスがほとんどない。**だから**、日本の大学院に入って、ゼミでどのようにはっきりと意見を発表したり、発表者と議論したりするのか大変悩んでいる。以上の2点が明らかになれば、発表者はどの接続表現に注意を向けて、相手の重要情報をつかむのか、また、どの接続表現を使って、わかりやすく自分の意見を伝えるのかに役立てるのではないかと思う。

グループ・ディスカッション後のS04の論文1-b：

1. はじめに
　接続表現は談話の上で重要な役割を果たしている。話し手は接続表現によって、自分の意見をわかりやすく説明し、聞き手はそれによって、次の来る言葉を推測できるからである。
〈略〉
そこで、本文は以下の2点を明らかにすることを目的に、大学院生のゼミにおける接続表現の実態の調査・分析を行うことにしたい。
(1) 大学院のゼミにはどんな接続表現がよく出現するのか。
(2) 大学院のゼミは先生、発表者、質問者からなっているが、それぞれ立場ごとにどんな接続表現が用いられるのか。
　普通留学生は自分の国で日本語その言葉だけを勉強し、ゼミで論文を発表するチャンスがほとんどない。**したがって**、日本の大学院に入って、ゼミでどのようにはっきりと意見を発表したり、発表者と議論したりするのか大変悩んでいる。以上の2点が明らかになれば、発表者はどの接続表現に注意を向けて、相手の重要情報をつかむのか、また、どの接続表現を使って、わかりやすく自分の意見を伝えるのかに役立てるのではないかと思う。

談話例1　S04の原稿に対するグループ・ディスカッション

話者	発話内容	備考
S04	は、じゃ、次は問題。	
S16	はい。	
S04	点は？	
S16	はい、問題というか、なんか、き、今まで気づいたのがー、こ、ここに、あの、「<u>だから</u>」ー、って書いてあるんだけど、「<u>だから</u>」ーはちょっと話し言葉で、なんかその代わりに「<u>したがって</u>」。	①
S04	あ、「<u>したがって</u>」ですよね。	②
S16	とか、はい。そういうこと。	
S04	はいはい。	

　談話例1のグループ・ディスカッションでは、書き手S04がS16から「だから」が話しことばであるという指摘を受け、修正案として「したがって」が提示されている（談話例1、①）。S04もこの修正案を即座に「あ、『したがって』ですよね」（談話例1、②）と承諾している。一般的に、接続詞「したがって」には、十分に述べた内容を直後の文でまとめる働きがあるのに対して（石黒2004）、ここ

では、そうした観点からの検討がなされないまま、短いやりとりでこの表現に関するディスカッションを終えている。コメントしたS16もコメントを受けたS04も話しことばの「だから」に対応する接続詞は何かという観点でのみ考え、「したがって」に言い換えるだけでは前後の文のつながりに問題が生じることに気づいていない。ディスカッション後の文章では、「だから」（1-a、下線部）を「したがって」（1-b、下線部）に置き換える形での修正にとどまっていた。

4.3　文章の改善につながったディスカッション

4.3.1　論文の文体

　次に示す談話例2も論文の文体に関するものである。グループ・ディスカッションでは、S12が書いた論文の「三、研究の資料と分析の方法」の文章について話し合われている。2-aにグループ・ディスカッション前の文章を示し、2-bにグループ・ディスカッション後の文章を示す。書き手S12は、グループ・ディスカッション前の文章中の「なんなのか」（2-a、下線部）をグループ・ディスカッション後の文章では自分で言い換えた表現「なにか」（2-b、下線部）に修正している。当該表現「なんなのか」は、前述した談話例1の「だから」ほどではないが、日本語の授業や学習書では話しことばの表現として扱われており、談話例2のグループ・ディスカッションでも書き手S12は、他の参加者からこの表現について指摘を受けている。

グループ・ディスカッション前のS12の論文2-a：

> 三、研究の資料と分析の方法
> 　研究の資料は、2015年9月に、神奈川県の三浦半島のホテルで行われた都内の大学院の某ゼミナールの84分程度の談話の二つを文

字化したものである。

〈略〉

　そして、その文字化データから、「と」と「って」を使う引用、参照表現を抽出し、そこから、この二種の引用形式は談話の中でどういう形で出てきたのか、それぞれ果たした役割が**なんのか**ということを記録し、比較分析を行った。

グループ・ディスカッション後のS12の論文2-b：

2、研究の資料と分析の方法
　研究の資料は、2015年9月に、神奈川県の三浦半島のホテルで行われた都内の大学院の某ゼミナールの40分程度の談話の二つを文字化したものである。

〈略〉

　そして、その文字化データから、「と」と「って」を使う引用、参照表現を抽出し、そこから、この二種の引用形式は談話の中でどういう形で出てきたのか、それぞれ果たした役割が**なにか**ということを記録し、比較分析を行った。

談話例2　S12の原稿に対するグループ・ディスカッション

話者	発話内容	備考
S05	《沈黙3秒》あー、「それが<u>なんなのか</u>」と、「<u>なんなのかについて</u>」、な、「<u>なんなのか</u>」《少し間》「<u>なんなのか</u>」、むしろ、<u>丁寧ではない言葉、というよりも、方言、方言気味ですね</u>。	①
S12	んー。	
S05	「役割が<u>なんなのか</u>」。	
S12	《少し間》あー。	
S05	方言。	
S12	よく使うんだけど。はあ。	
S05	いやあ、まあ、実際、こういうのもありますけど、私も。	
S12	はい。	
S05	よく、自分がよく使う表現があります。なんか。	
S12	じゃあ、「<u>なにか</u>」？	②
S05	そうですね。	
S12	「<u>なにか</u>」。	
S11	「<u>なにか</u>」《少し間》え、「<u>役割がなにか</u>」？	③
S12	んー。	

第3章　論文作成におけるパラフレージングの展開

S05	ま、「役割が」。	
S11	「<u>どのような役、割</u>」、なん。	④
S12	「<u>割を果たしているのか?↓</u>」。	
S11	は、んー、なのか、「<u>役割なのか</u>」でもいい。	⑤
S12	あー。	
S05	実際、「<u>なにか</u>」にしても、「<u>ないか</u>」にしても、ま、間違いではないか。	
S12	んー。	
S11	あ、「<u>役割がなにか</u>」、あーそう。	⑥
S12	じゃ、考えさせていただきます。	⑦

　談話例2のグループ・ディスカッションでは、書き手
S12が論文に用いた「なんなのか」といった表現にS05が
注目し、それに対して「丁寧ではない言葉、というより
も、方言、方言気味ですね」(談話例2、①)といったコメ
ントを述べている。当該表現「なんなのか」を「方言気
味」とするのは正しいとは言えないが、この指摘を受けて
書き手S12は、ディスカッションの中で「なんなのか」を
「なにか」(談話例2、②)と自ら言い換え、修正できてい
る。だが、他の参加者S11が「役割がなにか?」(談話例
2、③)と聞き返し、さらに「どのような役割」(談話例2、
④)、「役割なのか」(談話例2、⑤)等の提案が続いていく。
そして、S05と書き手S12とのやりとりを聞いたS11は、
「あ、『役割がなにか』、あーそう。」(談話例2、⑥)と納得
するが、書き手S12は、「考えさせていただきます」(談話
例2、⑦)と判断を保留にする形で、この表現に関するグ
ループ・ディスカッションを終えている。グループ・ディ
スカッション後の文章では、S12が自分で言い換えた表現
「なにか」に修正していた(2-b、下線部)。このような書き
手自身の自己修正及び修正の保留は、次の談話例3にも見
られる。
　談話例3も論文の文体に関するものである。グループ・

ディスカッションでは、S12が書いた論文の要約部分について話し合われている。3-aにグループ・ディスカッション前の文章を示し、3-bにグループ・ディスカッション後の文章を示す。書き手S12は、グループ・ディスカッション前の文章中の「出てくる」（3-a、下線部）をグループ・ディスカッション後の文章では自分で言い換えた表現「における」（3-b、下線部）に修正している。当該表現「出てくる」は、日本語の授業や学習書等で典型的な話しことばとして扱われている定番の表現ではないが、ここでは他の参加者から別の表現への修正を促す指摘がなされている。

グループ・ディスカッション前のS12の論文3-a：

> 　「と」と「って」は談話の中でよく使われる引用形式である。本稿は、大学院のゼミの談話**に出てくる**「と」と「って」を使う引用と参照表現の使い頻度と接続の内容をそれぞれ比較した。結果として、「と」が「って」より丁寧であることが分かった。

グループ・ディスカッション後のS12の論文3-b：

> 　「と」と「って」は談話の中でよく使われる引用形式である。本稿は、大学院のゼミの談話**における**「と」と「って」を使う引用と参照表現の使い頻度と接続の内容をそれぞれ比較した。結果として、「と」が「って」より丁寧であることが分かった。

談話例3　S12の原稿に対するグループ・ディスカッション

話者	発話内容	備考
S11	じゃ、要旨のところに関しては、え、「<u>出てくる</u>」はー、もっと丁寧な話し方あるんじゃないかなーと思います。	①
S12	はい。	
S11	なん…か、私も思いつ、ついてないんですけど、「<u>出てくる</u>」。	
S05	「<u>出てくる</u>」ね。	
S12	《沈黙3秒》んー。	
S11	ま、これでも。	
S12	うん。	
S11	いいと思います。ええ。	

S12	「談話…《少し間》における」↑。	②
S05	いや、「談話、談話に<u>出てくる</u>…談話《少し間》使われる」 ↑<少し笑い>。	③
S12	《少し間》ま。	
S05	いやいや、「<u>使われる</u>」じゃないな…ああ、でもたしかに 「<u>出てくる</u>」は、ま、丁寧ではないといえばたしかに丁寧 ではないですけど<笑い>。	④
S12	あとで考え直します、はい。	⑤

　談話例3のグループ・ディスカッションでは、書き手
S12が論文に用いた「出てくる」といった表現にS11が注
目し、「もっと丁寧な話し方（が）ある」（談話例3、①）とい
ったコメントを述べている。丁寧か否かといった観点での
検討はここでは必要ないと思われるが、書き手S12は、そ
の影響を受けずに「における」（談話例3、②）と自ら言い換
え、修正できている。これに対して、もう一人の参加者で
あるS05が「出てくる…談話《少し間》使われる」（談話例
3、③）と修正案を示しながらも即座に「いやいや、『使わ
れる』じゃないな」（談話例3、④）と述べ、「『出てくる』
は、ま、丁寧ではないといえばたしかに丁寧ではないです
けど」（談話例3、④）と伝えている。最後に、書き手S12が
「あとで考え直します」（談話例3、⑤）と判断を保留にした
まま、このディスカッションを終えている。
　談話例3の「出てくる」をめぐる一連のパラフレージン
グは、「における」（S12）→「出てくる」（S05）→「使わ
れる」（S05）→「『使われる』じゃない」（S05）と進むも
のの、三者で合意には達していない。しかし、談話例2と
同じく、グループ・ディスカッションで受けた指摘をきっ
かけに、書き手S12自身は、自己修正し、それに対して他
の参加者から別の表現を提案されても、グループ・ディス
カッション後の文章では自分で言い換えた表現「におけ
る」に修正していた（3-b、下線部）。談話例2と同様に、グ
ループ・ディスカッションでの他者からの指摘をそのまま

受け入れるのではなく、能動的に自身の推敲に活かしていることがわかる。

4.3.2　語の意味の明確化

　次に示す談話例4は、語の意味の明確化に関するものである。グループ・ディスカッションでは、S16が書いた論文の「3. 研究の資料と分析方法」の文章について話し合われている。4-aにグループ・ディスカッション前の文章を示し、4-bにグループ・ディスカッション後の文章を示す。書き手S16はグループ・ディスカッション前の文章中の「批判も行った」(4-a、下線部)をグループ・ディスカッション後には「反論をした」(4-b、下線部)に修正している。また、それに付随して「反論したり、批判したりすることがある」(4-a、点線部)を「反論することがある」(4-b、点線部)に修正している。

　談話例4のグループ・ディスカッションは、書き手S16が論文に用いた語「批判」をめぐって展開していく。

グループ・ディスカッション前のS16の論文4-a：

> 3. 研究の資料と分析方法
> 　本研究では、発表資料として、2015年9月に、神奈川県の三浦半島のホテルで行われた都内の大学院の某ゼミナールの40分程度の談話を文字化したものを使う。データは2015年10月26日に授業で扱った、文字化された資料である。
> ・仮説：相手のコメントが長いほど、発表者は反論しなくなる。
> 〈略〉
> 　質問者A1との議論において発表者Aも質問者A1も発言をするときにほとんど30秒以上、時に1〜2分程度話している。結果、発表者の反応として中立的な答えがみられる一方、反論も見られる。そして、発表者Aと質問者A2、質問者A3と質問者A4との話にも同じような傾向がみられる。発言の長さに大きな差がなければ、相手が<u>反論したり、批判したりすることがある</u>。さらに、質問者A4は、発表者Aの答えを一回聞いた後に<u>批判も行った</u>。

グループ・ディスカッション後のS16の論文4-b：

3. 研究の資料と分析方法
　本研究では、発表資料として、2015年9月に、神奈川県の三浦半島のホテルで行われた都内の大学院の某ゼミナールの40分程度の談話を文字化したものを使う。データは2015年10月26日に授業で扱った、文字化された資料である。
・仮説：相手のコメントが長いほど、発表者は反論しなくなる。
〈略〉
　質問者A1との議論において発表者Aも質問者A1も発言をするときにほとんど30秒以上、時に1〜2分程度話している。結果、発表者の反応として中立的な答えがみられる一方、反論も見られる。そして、発表者Aと質問者A2、質問者A3と質問者A4との話にも同じような傾向がみられる。発言の長さに大きな差がなければ、相手が<u>反論することがある</u>。さらに、質問者A4は、発表者Aの答えを一回聞いた後に<u>反論をした</u>。

談話例4　S16の原稿に対するグループ・ディスカッション

話者	発話内容	備考
S04	《少し間》あーはい、次は《沈黙6秒》はい、次は、その、4ページのところなんですが。	
	{中略}	
S04	これは、「発表者Aの答えを1回聞いた後に、<u>批判</u>を行った」あまり「<u>批判</u>」は使わないですよね。「<u>批判</u>」、「<u>批判</u>」って、つまり、「<u>批判</u>」ってこういう、なんの意味ですか？「<u>反論</u>」↑、あるいはその。	①
S16	はい。	
S04	《少し間》つ、つまりそのゼミのときは、「<u>批判</u>」という言葉はちょっと。	
S16	はい、や、えーと、その、えー、なんというか。	
S04	「<u>議論</u>」を、したほうがいいじゃないですか？↓。	②
S02	そうですね。	③
S16	えっと、そうですね。「<u>反論</u>」、がもしかしてちがい、近いかもしれないんですけど、その、1回、具体的には書いたかな。	④
S04	その、ゼミはやはりその、意見交換ですよね。	
S02	そうですね。	
S04	「<u>反論</u>」はちょっと、強すぎるじゃないですか？→、これ、この言葉は。	⑤
S16	ちょっと待ってください。	
S02	「<u>批判</u>」↑ですよね。	⑥

S04	そう、そうですよ、「批判」はちょっと、強すぎるような気がしますが。	⑦
S16	[つぶやきながら本文を読む]すいません。	
S02	うん、この、この、私もここにはちょっと、##があると思います<少し笑い>。	
S04	あー、そうですよね、やっぱり。	
S02	んと《少し間》「アドバイス」とか。	⑧
S04	はい、そうですよ、「コメント」とか。それは、「議論」とか。	⑨
S16	えっと、ここで私が言いたいのは、えっと、なんか、指摘されてー、例えばこれがおかしいと指摘されて、でもなんかこう、失礼だから、や、じ、実はそれは違いますよって思ってるんですけど、あのー、こう、えっと、実は、なんか、それに反論しない。で、え、で、だけど、実際に反論するときと反論しないときがある、ということで、それを、えっと、なんかこう明らかにする、研究、なんですよね。	⑩
S04	はい。	
S16	なので、そういう、ふうに、たしかに、あの、「批判」というより、たしかに、あの、「反論」のほうが、「反論」で統一したほうがいいですよね。	⑪
S04	《少し間》はい。	
S16	反論して、で、それがどういうことかというと、別にそれ、なんか、し、「反論」というものが失礼なわけではなくて、ただ自分が正しいと思ってることを、た、あの、述べる、ことであって。	⑫
S04	あー。	
S16	で、相手が言っていること、をそのまま受け入れる、のであれば、それはあまりよ良くない、ことでもあるので、あのー、こう、ゼミの効果とか効率性に。	⑬
S04	はい。	
S16	なんか効果できるじゃないかなーと。	⑭
S04	はい。	
S16	思ったんです。	⑮

　談話例4のグループ・ディスカッションでは、まずS04が「あまり『批判』は使わないですよね」（談話例4、①）と指摘して意味を尋ねながら「反論」（談話例4、①）と言った後、「議論」（談話例4、②）という語にしたほうがよい

と提案し、もう一人の参加者のS02も「そうですね」（談話例4、③）と同意している。しかし、書き手S16は、「『反論』、がもしかしてちがい、近いかもしれないんですけど」（談話例4、④）と伝える。それに対してS04が「反論」は強すぎると異論を唱え（談話例4、⑤）、続けてS02が「『批判』↑ですよね」（談話例4、⑥）と伝えるが、S04は、この「批判」に対しても「ちょっと、強すぎるような気がしますが」（談話例4、⑦）と述べている。そして、S02から「『アドバイス』とか」（談話例4、⑧）、S04から「『コメント』とか」（談話例4、⑨）、「『議論』とか」（談話例4、⑨）と複数の修正案が示されていく。

　書き手S16は、これらの修正案を受け入れずに「ここで私が言いたいのは」（談話例4、⑩）と切り返している。「実際に反論するときと反論しないときがある」（談話例4、⑩）、「『批判』というより、たしかに、あの、『反論』のほうが、『反論』で統一したほうがいい」（談話例4、⑪）と述べている。そして、「『反論』というものが失礼なわけではなくて、ただ自分が正しいと思ってることを、た、あの、述べる、ことであって」（談話例4、⑫）、「相手が言っていること、をそのまま受け入れる、のであれば、それはあまりよ良くない、ことでもあるので」（談話例4、⑬）と、さらに説明を続けている。S16のこれらの発話からは、他者に説明しながら省察的に自身の表現を捉え直している様子がうかがえる。

　談話例4の「批判」をめぐる一連のパラフレージングをまとめると、「反論」（S04）→「議論」（S04）→「反論」（S16）→「批判」（S02）→「アドバイス」（S02）→「コメント」（S04）→「議論」（S04）→「反論」（S16）と進むものの、書き手S16は、前述した談話例2及び談話例3の書き手S12と同様に、他の参加者からの修正案を受け入れることなく、グループ・ディスカッション後の文章では「反

論」を用いていた（4-b、下線部）。その一方で、書き手S16は、談話例2及び談話例3の書き手S12が「考えさせていただきます」（談話例2、⑦）、「あとで考え直します」（談話例3、⑤）と修正の保留を明示的に伝えていたのとは異なり、グループ・ディスカッションの場で自らの考えを積極的に主張していた（談話例4、⑩〜⑮）。

4.4　グループ・ディスカッションにおける表現の改善

　以上、四つの談話例を挙げながら、ピア・レスポンスのグループ・ディスカッションにおけるパラフレージングの展開について述べた。文章の改善につながらなかった談話例1と改善につながった談話例2〜4との違いは、主に次の二点である。

　第一に、グループ・ディスカッションで示された修正案が書き手によってさらに言い換えられているか否かという点である。談話例2及び談話例3では、他の参加者からのコメントが多少ずれたものであっても、書き手自身が新たな表現に言い換えて修正していた。前述した通り、例えば談話例2の「方言気味」（談話例2、①）という指摘も、談話例3の「もっと丁寧な話し方」（談話例3、①）という指摘も厳密には妥当なコメントとは言い難いが、だからといって、書き手がその影響を受けているわけではない。他の参加者からのこのようなコメントであっても書き手に再考を促し、結果として文章を改善することができていた。これは、書き手が自身の文章に基づいて他の参加者からの修正案をさらに言い換えることができたからだと考える。

　第二に、第一の点にも関係するが、書き手が他の参加者からの修正案を鵜呑みにせずに能動的に捉えて精査しているか否かという点である。談話例2及び談話例3の書き手は、他の参加者から出された最初の修正案に対して自ら言い換える一方で、どのように修正するかの判断をその場で

は保留にし、ディスカッション後の文章で自身が言い換えた表現を推敲に反映していた。他方、談話例4の書き手は、他の参加者からの修正案に対してその場で自分の考えを積極的に伝えていた。両者は、この点で異なるが、共通して自己修正が見られた。さらに談話例4の書き手に注目すると、自分が書こうとしていることと表現とのずれを他者に説明すると同時に、この説明は「自分自身へ語りかけ（媒介としての内言）」（鈴木2016: 89）るように間接的に作用し、書き手が自身の文章を深く捉え直していた。反対に、談話例1の書き手は、他の参加者から受けたコメントに納得していても、当該表現「したがって」に先行する文脈と後続する文脈との関係を考えずに修正したため、十分な推敲には至らなかった。この点に関しては、次節でも述べるように、学習者がこれまで受けてきた授業や学習書での扱いの問題が影響していると考えられる。

　上述した違いをふまえて共通して言えることは、グループ・ディスカッションの活発さにはパラフレージングが連動し、そのパラフレージングが学習者の気づきや認識の深まりの契機となって文章の改善に寄与しているという点である。加えて強調しておきたいことは、単にパラフレージングの数が多ければよいということではなく、書き手自身に自己修正の力が必要であるという点である。

　以上の分析結果と考察から明らかになった教育上の課題について次節に述べる。

5 ｜ 教育への提言

5.1　前後の文脈を含めた検討の必要性

　談話例1から、接続詞を話しことばと書きことばの違いのみで捉える学習方法の弊害に留意しなければならないということが示唆された。論文の文体については、留学生を

対象とした日本語の授業や学習書において広く扱われている一方で、その扱いが談話例1のように語の置き換えにとどまるケースが少なくない。授業や学習書で仮に「だから＝したがって」と一対一に対応する語の置き換えとして教示しているとしたら改めるとともに、文章レベルで検討する場を設ける必要がある。

5.2　自律的な姿勢と内省的な思考

　談話例2〜4から、ピア・レスポンスでは学習者の自律的な姿勢と内省的な思考が必要であることが示唆された。例えば他の参加者からのコメントが本筋からずれていた場合に書き手の自律性が不可欠であることは、4.4に述べた通りである。それに加えて、談話例4のように他の参加者からの修正案が書き手の意図と異なれば、書き手は自らの表現意図を振り返るとともに、文章の展開や整合性、因果的なつながり等を再考するきっかけを得るであろう。自律的な書き手のこのような修正は、表現面にとどまらず、内容面にも及び、よりよい推敲につながっていくことが期待される。ピア・レスポンスで重要なことは、他の参加者のパラフレージングを契機に書き手が自身の文章を捉え直すことだと言える。

6 ｜ まとめ

　本章では、ピア・レスポンスのグループ・ディスカッションにおけるパラフレージングの展開を分析し、教育上の課題について考察した。本章でのRQへの答えは、以下の通りである。

・RQ1：学習者は、グループ・ディスカッションで表現をどのように言い換えて文章を改善しようとしていたか。

文章の改善につながったディスカッションでは、他の参加者から提案された表現を書き手がさらに言い換えていた。その一方で、改善につながらなかったディスカッションでは、書き手が新たに言い換えることはなく、他の参加者からの指摘を十分に検討するまでには至らなかった。

・RQ2：RQ1の結果から、どのような教育上の課題があると考えられるか。

　教育上の課題として以下の二点が挙げられる。第一に、論文の文体に関する学習として例えば「だから」と「したがって」のように語を置き換えるだけの学習を見直す必要がある。特に接続詞は、前後の文脈のつながりを含めて検討することの教示が必要である。第二に、他の参加者からのコメントを指摘されたまま受け入れるのではなく、自身の文章の推敲に能動的に役立てられるような自律的な姿勢と内省的な思考の涵養が不可欠である。

付記

本章4.2及び4.3.2は、2019年度日本語教育学会春季大会でのパネルセッション「大学における日本語ライティング教育の課題と可能性─言語スキル養成からライティング支援人材の育成まで」の発表1「大学・大学院でのライティングにおけるパラフレーズと教育上の課題─ピア・レスポンスの事例からの考察」（2019年5月25日、つくば国際会議場）をもとに、その後の考察を加えたものである。

参考文献

池田玲子（2002）「第二言語教育でのピア・レスポンス研究─ESLから日本語教育に向けて」『言語文化と日本語教育2002年5月増刊特集号 第二言語習得・教育の研究最前線─あすの日本語教育への道しるべ』pp.289-310.

石黒圭（2004）『よくわかる文章表現の技術Ⅰ─表現・表記編』明治書院

宇佐美まゆみ（2015）「基本的な文字化の原則（Basic Transcription System for Japanese: BTSJ）2015年改訂版」<https://ninjal-usamilab.info/pdf/

どうすれば論文・レポートが書けるようになるか

btsj/btsj2015.pdf>（2019年6月28日閲覧）

内田伸子（1989）「子どもの推敲方略の発達―作文における自己内対話の過程」『お茶の水女子大学人文科学紀要』42, pp.75–104.

内田伸子（1995）「談話過程」大津由紀雄（編）『認知心理学3　言語』pp.177–191.　東京大学出版会

影山陽子（2001）「上級学習者による推敲活動の実態―ピア・レスポンスと教師フィードバック」『お茶の水女子大学人文科学紀要』54, pp.107–119.

鈴木渉（2016）「社会文化的アプローチに基づく第二言語習得研究―最新の研究動向と教育的示唆」『第二言語としての日本語の習得研究』19, pp.82–97.

原田三千代（2006）「中級学習者の作文推敲過程に与えるピア・レスポンスの影響―教師添削との比較」『日本語教育』131, pp.3–12.

広瀬和佳子（2000）「母語によるピア・レスポンス（peer response）が推敲作文におよぼす効果―韓国人中級学習者を対象とした3ヶ月間の授業活動をとおして」『言語文化と日本語教育』19, pp.24–37.

第4章

論文作成における文献引用法の改善
学習者は先行研究の引用法をどのように学ぶのか

村岡貴子

　論文を書くという学術的な活動では、先行文献を適切に引用することは非常に重要です。これまで、引用の表現や学習者の引用の問題を議論した先行研究はありましたが、学習者がピア・レスポンスによって自身の文章の引用部分を改訂した事例や、その改訂過程については、明らかにされていません。本章では、ピア・レスポンスにおける学習者間のコメントと、具体的な改訂後の文章を関連づけて分析し、学習者が文献引用法をどのように身に付けるかを考察します。

1 ┃ はじめに

　　本章の目的は、日本語の授業におけるピア・レスポンスの活動が、当該の学習者の論文における先行文献引用法の改善にどのように役立っているかを、種々のデータの分析・考察から明らかにすることである。
　　ピア・レスポンスにおいて、多くの学習者は、他者からコメントを受けた後、しばしば自身の文章記述を再考する。その際、受けたコメントの内容や、それが反映された改訂版の論文の記述はどのようなものなのか。それらの関係が明らかになれば、各学習者の批判的な（critical）リーディングの様相や、コメントを受け入れた学習者による推

敲作業の一端がわかり、ライティング教育への示唆が得られると期待できる。

　俯瞰的に捉えれば、ライティング活動には、目的と構成の検討、執筆途上で繰り返される情報と表現の選択のための論理的な思考、それらの言語化としての文章化、および先行研究の知見や他者からのフィードバックを得た上での複数回の推敲が必須（村岡 2018: 53）であり、そのための時間管理も慎重に行う必要がある。一般に、論文執筆者は、自分で文章を推敲した際には、必要な修正箇所に気づかないこともある。そのため、ピア・レスポンス時に他者からコメントを受けて文章を再考することは、執筆者の客観的で批判的な目を養うためにも効果的であると言える。

　本章では、対象とする論文の文章の中で、特に引用が必要な、先行研究を概観して自身の研究を位置づける部分を取り上げ、それらに対するピア・レスポンス上のコメント授受と、それを反映した論文改訂作業の諸相を示すこととする。引用は、論文執筆には必須の作業であるため、以下、2節以降の議論の前提として引用の学習の重要性について述べる。

　引用は、関連研究の概観、依拠する理論や手法の説明、および、先行研究の問題や新たな視点の提供など、執筆者が、自身の研究の位置づけを行うために不可欠なものである。また、先行研究のデータや論拠を引いて論文に説得力を持たせるためにも、引用は有効に働くものである。

　こうした引用の対象、すなわち引用元の情報は、先行研究において他者が命名した専門用語とその解説、図表も含めた各種データ、および関連の根拠や知見が示された記述である。これらの情報は、引用する著者側の論文において、正確で適切な論理展開の中に取り込む必要がある。

　また、引用の際に、データや記述のミスがあれば、自身の論文だけでなく、引用元の著者に対しても多大な不利益

を与えかねない。さらに、脚注や引用文献リストに必要な著者名、論文名、刊行年などの書誌情報の記載漏れも許されないほか、無断転載は剽窃・盗用と判断される。

　上記のような重大な問題を生じさせないよう、論文の執筆者は、きわめて基本的な学習事項として、引用の表現形式に加え、引用の意義や手続きを十分に理解しておく必要がある。また、引用の記述後に、その内容が誤解のない表現と論理展開で過不足なく示されているか否かを、学習者自身が推敲できる能力を養うことも重要である。ピア・レスポンス活動は、その推敲能力の向上へも貢献することが期待される。

　そこで、次の二つのリサーチ・クエスチョン（RQ）を設定する。

・RQ1：学習者の論文に対するピア・レスポンスでは、どのようなコメントが伝えられ、論文の改善に役立てられるのか。
・RQ2：上記のRQ1の考察は、読解とライティングの教育にどのような示唆を与えるのか。

2 ｜ 先行研究と本研究の位置づけ

　本節では、日本語教育学における引用関連の先行研究で、研究が盛んになった2000年以降のものに言及した上で、本章の研究の位置づけを図る。

　これまで、学習者がモデルとする、あるいは、アカデミック・ライティング学習のリソースとなる、専門分野別論文の引用の構造や使用状況について、種々の調査分析が行われてきた（二通2009, 山本・二通2015など）。また、学習者の引用使用の実態調査や課題の分析（矢野2014a, 2014b; 楊2017など）も行われ、直接引用・間接引用の使い分けや、

引用元文章への解釈と、それを自身の文章に組み込む際の問題点など、引用に関わる重要な局面の学習に資する知見が得られている。加えて、引用時の文章内における論理的整合性への言及とともに引用の概念を包括的に捉えた学習者による内省の紹介（村岡2018）も見られる。さらに、引用と結びつけた読解練習や、論理展開の意識化に資する指導方法（向井・中村・近藤2017）についても、検討され始めている。

　このように、引用表現への言語学的分析だけでなく、学習者の文章産出上の課題や内省も含め、引用の学習と教育に寄与する研究が進み、かつ、現状の問題をふまえた指導方法の開発へ、着実に歩を進めている。

　一方、ライティングの際の文献読解とその引用に対する学習者の批判的な視点や、それが推敲段階で文章に反映されていく過程については、具体的な調査分析はほとんど見られない。通常、研究活動で他者から受けた批判や、それを受けた文章改訂作業はきわめて重要で、批判的なコメントの授受こそが研究活動を活性化するものである（村岡2014）。そこで、学習者がピア・レスポンスで得たコメントを自身の論文へ反映させて質向上を目指す過程の一端を、具体的なデータ分析から明らかにできれば、今後の関連研究に一石を投じることになるであろう。こうした問題意識のもと、本章は、ピア・レスポンスが学習者の論文における先行文献引用法の改善にどのように貢献できるかを考察するものである。

3 ┃ 分析対象のデータ

3.1　ピア・レスポンスと論文執筆が課された授業

　分析対象となる授業は、全15回のうち、表1の網かけ部分の6回目である。5回目の授業の後、論文執筆が課さ

れ、その論文をもとに6回目の授業でピア・レスポンスが行われた。なお、それまでの授業において、学習者は先行文献を読み、論文の序論部分の執筆を済ませている。

表1　本章の分析対象

回	授業内容	回	授業内容
1	オリエンテーション	9	分析結果を集計する
2	研究テーマを検討する	10	分析結果をまとめる
3	基本概念に親しむ		提出論文3
4	先行研究を読みあう	11	分析結果と考察を表現する
5	研究テーマを説明する	12	結論と要旨をまとめる
	提出論文1		提出論文4
6	「はじめに」と先行研究を表現する	13	論文を推敲する
	提出論文2		提出論文5
7	分析方法とデータを議論する	14	成果発表の準備をする
8	データベースを作成する	15	成果を発表する

3.2　ピア・レスポンスを行った学習者・教師と文字化データ

　本章でデータを扱う学習者は、1）序論に加え、先行研究について記述した1回目の論文を提出し、2）授業後に改訂した2回目の論文を提出し、3）授業当日に出席し、4）ピア・レスポンスで受けたコメントをふまえ、明らかに論文の改訂を行った者である。授業に出席し、論文を提出した16名の学習者のうち、4）に該当する者を抽出した結果、S01、S02、S04、S05、S06、S07、S12、およびS15、の合計8名であった。

　本章でのピア・レスポンスは、1名の学習者が他の1名とペアを組んで行ったもので、1名につき2、3回分存在する。つまり、全学習者が、自身の論文に対し、2名ないし3名からコメントを受けたことになる。本章ではその談話データを用いる。学習者によっては、上記の2、3名の中に一部、授業担当教師も含まれている。その例においても、教師のコメントが学習者の論文改訂に貢献していたた

め、分析・考察の対象とする。

3.3 ピア・レスポンス前後に提出された論文

　学習者による論文のデータは、3.2の学習者8名が、先行研究を引用した提出論文1と、授業後に改訂した提出論文2の、2回分の文章である（表1）。表2には、学習者8名による2回の論文における、先行研究部分の文字数を示す。文字数は本文のみであり、小見出しと、S02に見られた脚注分は含まない。

表2　分析対象とした各学習者による先行研究部分の文字数の変化

学習者	提出論文1	提出論文2	増減
S01	1225	1253	+28
S02	874	1557	+683
S04	716	869	+153
S05	1400	1564	+164
S06	952	1168	+216
S07	624	771	+147
S12	424	453	+29
S15	461	685	+224
平均文字数	835	1040	+205

　表2の学習者の文字数は全員分、加筆や修正があるため、2回目の方が多い。最も文字数が増加したS02の文字数は874字から1557字へ2倍近くに増加している。これは、先行研究からの引用と議論に関わる相当の加筆が行われた例であり、本章の4節での分析に取り上げる。

　なお、2回の論文とも多くが、先行研究の部分を、第1節の後、セクションを分けた「2. 先行研究と本研究の位置づけ」と題したものである。一方、1回目の論文で、序論の中に研究の目的と背景を述べた後、段落を分けて先行研究を記述したものもあった。その場合、2回目の論文では、第2節に小見出しを付けてセクション分けが見られ、

視覚的にも先行研究の記述であることが明確であった。したがって、先行研究の記述か否かの判断が難しい例はなかったと言える。

3.4 論文改善に反映されたピア・レスポンスに関する補足説明

　ピア・レスポンスでのコメント授受が、論文の改善に反映されたか否かについては、各論文においてさまざまな場合が存在する。以下では、本章で分析対象としない、抽出された二つの例について補足説明を行う。

　まず、ピア・レスポンスの中で、コメントが伝えられ、それに対する明らかな同意と修正の意思を示した発話が音声データとして存在するものの、実際には必ずしも論文にその修正が施されているわけではない。その背景として、学習者が修正箇所を失念したか、訂正の時間管理が不十分であったなどの要因が考えられるが、例がわずかなため割愛する。

　一方で、ピア・レスポンスでの具体的な言及がなかったものの、2回目の論文において学習者が、記述の削除や移動、加筆や修正を行った例もある。それらは、第2回論文の推敲時に執筆者の判断で行われたものと考えられ、ピア・レスポンスの直接的な効果を断定することは難しい。そのような例は本章の目的とは異なるため、分析対象外とする。

　本章では、基本的に、ピア・レスポンスの結果、論文において、他者のコメントを反映させた変更が行われた例を扱う。4節では、ピア・レスポンスの談話例と、各学習者による論文2編における改訂状況を記述し、先行文献の引用法がどのように改善されたのかを分析・考察する。

4 ｜ 分析結果と考察

　本節での分析結果は、1回目の論文から2回目の論文の改訂において、先行研究の記述が、個々の表現レベルでも

構成レベルでも、明らかに追加、削除、移動、変更されたものを対象とする。その上で、具体的な改訂作業が明らかに見られた観点として、①用語の定義づけとその解説、②研究の位置づけの精緻化、③表現の改訂、④形式面の変更、の4点から分析・考察を行う。各々の分析では、2例ずつ示す。

　以下では、順に、ピア・レスポンス中の談話データ、および各2編の論文の該当箇所を示して分析・考察を進める。その際に、談話例データでは、備考欄の番号と談話例内の下線部に言及する。論文の文章例では、下線部分を中心に言及し、その後、談話例とともに議論する。なお、各データ内の文法・表現・表記上の誤用、および読点使用の不統一（読点とコンマの混在）は、分析の対象とはせず、言及しない。

4.1　用語の定義づけとその解説

　談話例1は、学習者S02とS09が、S02の論文の記述に関してコメントの授受を行っている場面である。ここでは、S09が、S02の論文に対し、そのキーワードである「ブレイクダウンの修復」に「あいづち」が果たす役割・機能について説明が必要であると指摘し、S02はそれを受けとめた発話を行っている。以下にはS09の談話例のみを示すが、用語「ブレイクダウン」への解説を求める発話は、S01からも行われていた。

談話例1　S02がS09からコメントを受けている場面

話者	発話内容	備考
S09	「ブレイクタ、タウン 'ダウン' の修復↑に、は、相づちがあまり役に立たないですが、その代わりの、代わりのない重要なわかり '役割'」ってなんなんでしょうと。	①
S02	えーと《少し間》えー、たぶん、これは「ブレイク、ブレイクダウン」の修復の場合は、こ、でもこれはあのー、えーと。	

	{中略}	
S02	談話の成立、これはあの、えーと、ん、話がうまくつか、うまく、いけ、いけないとき、の、こと。	
S09	あーそうですね。	
S02	詳しく説明したほうがいいですね、これは。	②
S09	いえ、その、こちらの、成立に、どんな。	③
S02	あーはい。	
S09	機能が、説明して、ほしいんですが。	④
S02	んーはい。はい、勉強になります。	

　談話例1では、S09が①において、ブレイクダウンの修復に対するあいづちの重要な役割について説明を求め、S02が②において、ブレイクダウン自体の詳しい説明をする必要があると述べている。その後再びS09が③と④で上記のあいづちの機能の説明を求め、S02がそれに応じている。

　談話例1のやり取りを受け、次に示すとおり、S02の最初の論文1-aは1-bのように変更された。なお、論文中には、文献を引用して上付き番号が付され、脚注に文献の書誌情報があったが、本章では、その上付き番号を残して書誌情報の記載を割愛し、脚注内容は1-bの後に記載する。

S02の1回目提出論文1-a：

今までの研究は、あいづちは自然談話を促すことを明らかにした。嶺川由季（2000）[3]に、ブレイクダウンの修復にとって「ハイ」と「エエ」などのあいづちはあまり役に立たないと述べられているが、談話の成立にとってあいづちが代わりのない重要な役割を担っていることを明確に認められている。あいづちの機能だけではなくて、その分類、使われる頻度、場合、対象などについての研究も非常に多い。（後略）

S02の2回目提出論文1-b：

今までの研究は、あいづちは自然談話を促すことを明らかにした。嶺川（2000）[1]に、ブレイクダウン[2]の修復にとって「ハイ」と「エエ」などのあいづちはあまり役に立たないと述べられているが、あいづちが会話の成立にとって代わりのない重要な役割を担っていることを

明確に認められている。また、村田（2000）³はあいづちが『「聞いている」という信号，感情・態度の表示，そしてturn-taking に至るまで』と指摘している。あいづちの機能だけではなく、その分類、使われる頻度、場合、対象などについての研究も非常に多い。例えば、（後略）

S02の2回目提出論文1-bの脚注：

ブレイクダウンというのは、意見が違う、もしくは一方が話し続きにくいことを言うなどのことによって、会話がうまく進められないということである。

　1-aの論文の場合には、「ブレイクダウン」自体の説明がないため、「ブレイクダウン」と「あいづち」の関係も分かりにくいものであった。これに対して、1-bでは、脚注に1-aにはなかった記述として「ブレイクダウン」の定義と、村田（2000）の引用が加えられ、この文脈における「あいづち」の役割について情報が追加されていた。このように、改訂版1-bは、必ずしも十分ではないものの、S09のコメントを反映した加筆により改善を図っている。その結果、先の表2のとおり、S02の文字数は、2回目の論文で大幅に増えたわけである。
　次の談話例2は、学習者S06とS07が、S06の論文の記述に関してコメントの授受を行っている場面である。ここでは、S07が、S06の論文中の「定量的」「定性的」というやや専門的な表現の意味を尋ねている。

談話例2　S06がS07からコメントを受けている場面

話者	発話内容	備考
S07	《沈黙8秒》なんか、これ、これってなんですか?《沈黙3秒》てい、ていしゅつ↑。	
S06	うん、定量、うん、定性です。《少し間》えーと、定量的は。	①
S07	うん。	
S06	ま、まず、た、ただあのー、数を数える。	②

S07	うん。	
S06	で、定性は《少し間》よくわかんないです。たぶん、あ、分類して、性質を。や、それは、前の、前の人にも質問され、された、ので…、やっぱり定量的とかなんですか？ってわかんないですね。	③④
{中略}		
S06	や、だから、その、その人の論文を<u>直接写した</u><笑い>。	⑤
{中略}		
S06	ちょ、ちょ、そ、その、丸山さんがその、け、その、その言葉を使ったので。	
S07	うん。	
S06	ちょっと、うん、ちょっと専門的だと思うんですから、まあ、ま、こ、<u>ここにもいっぱいだから専門的な話とかも、あ、あるいは、全然説明できなかったとこ、こともあると思うんで、そう、あとで、ちょっと《少し間》やりなおします。</u>	⑥

　談話例2では、S07からの質問に対し、S06は、①と②で「定量的」は「数を数える」こととし、「定性的」は、③④⑤で、引用文献にあった表現をそのまま記載しただけで十分に説明できず、これ以前のピア・レスポンスでも指摘を受けたと述べていた。さらにS06は、⑥で「定性的」は専門的な表現であるため、記述方法を見直すと宣言した。

　この結果として、次のS06の論文2-aから、改訂版の2-bのように、下線部の1文が削除されている。

S06の1回目提出論文2-a：

> 丸山によると、いろいろな連用節が何重にも連鎖して、発話全体がだらだら続く構造は「多重的な節連鎖表現構造」という。丸山の研究で、節連鎖構造の定量的かつ定性的な記述に焦点を当てた。特に、実際の話しで、多重的節連鎖表現がどのように分布しているか、生じる要因（特に「実時間性」）について考察した。（後略）

S06の2回目提出論文2-b：

> 丸山（2014）によると、いろいろな連用節が何重にも連鎖して、発話全体が長く続く構造は「多重的な節連鎖表現構造」という。実際の話

しで、多重的節連鎖表現がどのように分布しているか、生じる要因（特に「実時間性」）について考察した。（後略）

　談話例2と論文改訂の状況から、S06は、S07からの質問により、自身が厳密には説明できない内容を引用することは適切ではないと自覚し、その引用を避けたと考えられる。それらの表現を削除しても、後述の説明や議論で理解が可能であれば、必ずしもその表現を入れる必要はない。S06の2-bの文章は、後の「4.3　表現の改訂」でさらに分析する。

4.2　研究の位置づけの精緻化

　談話例3は、学習者S09とS12が、S09の論文の研究の位置づけに関して、コメントの授受を行っている場面である。ここでは、S12が、S09の論文に対し、研究テーマの絞り込みが必要であると指摘している。

談話例3　S09がS12からコメントを受けている場面

話者	発話内容	備考
S12	やはりあの、自分の研究したい、あの、ところ、研究、テ<u>ーマをもっと絞って↑</u>。	①
S09	あーそうですね。<u>もっと絞ったら…</u>。	②
S12	<u>あの今は多人数の談話です、ね。</u>	③
S09	談話…、について。	
S12	んー、多人数の談話の中に一つの身ぶりの。	
S09	あー。	

　談話例3では、S12がS09に対し、①でテーマを絞ることを提案し、S09は②でそれに賛同している。さらにS12は、③で「多人数の談話」を扱うことが特色であるという具体的な指摘を行っている。
　談話例3のやり取りから、S12の論文3-aは3-bのように変更された。

どうすれば論文・レポートが書けるようになるか

S12の1回目提出論文3-a：

> 　大学院のゼミの談話における参照、言及表現について扱った研究には浜辺文生『講義の談話の引用と参照』や『現今の引用研究に関する所見一斑──山口治彦説のこと』（藤田保幸（2011））などがある。
> 　浜辺（2010）は講義という場面での、講義者がどのような表現を用いて教材、教具に受講者を注目させ、どのようにそれらの内容を伝えているのかについて分析した。結論として、引用内容によって、発話者が使う引用の接続形式が違っていると述べた。
> 　そして藤田（2011）は『って』と『と』という二種な引用形式が実際の談話の中に出る場合をそれぞれ記録した。引用形式の選択と発話者の立場と関連性があると指摘した。
> 　しかし、先行研究は記録、あるいは仮説を提出した段階に止まっている場合が多く、大学院のゼミ談話を対象に、引用の接続形式と発話者の態度には関連性がある、という観点から扱った研究はまだ十分にされていないと思われる。そこで、わたしはその関連性について、分析を行うことにしたい。

S12の2回目提出論文3-b：

> 　参照、言及表現における引用形式については，これまでいくかの観点から先行研究がなされてきている。
> 　浜辺（2010）は講義という場面での、講義者がどのような表現を用いて教材、教具に受講者を注目させ、どのようにそれらの内容を伝えているのかについて詳しく記録し、分析した。結論の一つとして、引用内容によって、発話者が使う引用形式が違っていると述べた。
> 　佐藤（2011）野村（1999）は話し言葉の中の「って」の使い方と分析し、その機能をまとめた。
> 　そして石黒（2015）は大学講義のなか、「と」で終わる文の文末の頻度を調査し、その機能を分析、考察した。
> 　しかし、先行研究は「って」と「と」を分けて分析したことが多く、しかも研究の対象として講義の談話を利用する場合が多い。だが、講義は講義者一方的の発話に対し、ゼミは多人数の談話であるから、談話の中に出てくる引用形式もよりバリエーションに富むと考えられる。ということで、私は大学院のゼミの談話を対象に、「と」と「って」を使う引用と参照表現の比較研究を行い行うことにしたい。

　上記の3-aでは、冒頭から「大学院のゼミの談話」に絞った先行研究を概観する書き方になっていたが、3-bでは、引用の形式に関する先行研究の存在を示す目的で冒頭に後述内容を予告するメタ的な表現（「いくつかの観点から」）が加えられた。また、引用文献は、3-aでは2編のみであ

ったが、3-bでは、複数編増やし、1編を除いている。

　さらに、3-aの文章では、冒頭に「大学院のゼミ談話を対象に、引用の接続形式と発話者の態度には関連性がある、という観点から扱った研究はまだ十分にされていないと思われる。」と抽象的にまとめられており、この中の「発話者の態度」もわかりにくいものである。一方、3-bでは、S12自身の研究の位置づけが際立つように、「ゼミの多人数の談話」に対象を絞る記述が入った結果、対象にオリジナリティが示され、論文の位置づけがより明確になった。このように、3-bでは、テーマを絞り込むという改善が施されたと評価できる。

　次の談話例4は、学習者S04が、S01の論文の先行研究の記述の詳しさの判断に関して、自分の研究との関係から考慮する必要がある旨、指摘している場面である。

談話例4　S01がS04からコメントを受けている場面

話者	発話内容	備考
S04	ま、またはそのー、そ、<u>その、先行文献と、自分の研究どんな関係がありますか。</u>	①
S01	はい。	
S04	もし、そのー、自分が、これ、あ、その、先行文献のところ。	
S01	はい。	
S04	<u>引用して、そ、自分の、この研究に対して。</u>	②
S01	はい。	
S04	<u>とても重要、だとしたら。</u>	③
S01	はい。	
S04	<u>たぶんちょっと、長くして、はい、その、くわ、詳しくて書いたほうが。</u>	④
S01	はい。	
S04	<u>いいですよね。その。</u>	⑤
S01	<u>そうですね。</u>	⑥
{中略}		
S04	<u>もし、その、自分の先行、自分の研究と先行研究はあまりそんなに。</u>	⑦

どうすれば論文・レポートが書けるようになるか

S01	はい。	
S04	そのー、うん、関係↑、あまりそ、関係しないなら、やっぱり短くしたほうがいいですよね。	⑧

　談話例4において、S04は、①から⑤で、先行研究と自分の研究との関係について再考を促し、その関係が深ければ記述を詳しくする必要があると指摘し、S01も⑥で同意している。また、S04は、⑦⑧で、先行研究と深い関係がなければ、長く書く必要はないと伝えた。これは、先行研究との関係の深さが記述の分量に影響することに言及したコメントである。

　談話例4におけるやり取りを受け、以下に示す、S01の最初の論文4-aは4-bのように変更された。なお、記述の量が多かったため、以下には、前半の一部を掲載している。また、4-aでは、冒頭段落に3文字分のスペースがあるが、それも、4-bでは1文字分に改訂されている。冒頭のスペース変更については、「4.3　表現の改訂」の談話例で言及する。

S01の1回目提出論文4-a：

> 　　　大学院のゼミの談話における配慮表現について扱った研究には野田（2014）、陳（2007）や大塚（1999）などがある。まず、野田尚史は主に配慮表現はなぜ使われる、配慮表現の現れ方、種類、機能やとらえ方について述べる。野田氏によると配慮表現は「悪いけど」のような前おき表現や、携帯メールで使われる笑顔を表す絵文字のように、相手に悪く思われないようにするための手段である。また、配慮表現はこれまでの研究で見落とされがちだったが、現実のコミュニケーションでは重要であり、詳しく研究する価値がある。配慮表現は、依頼や拒否、謝罪など、相手への働きかけが強い場合に現れやすい。配慮表現は、形式から見ると、文末のモダリティ表現や、間接的な表現、前置き表現などの種類があり、機能から見ると、断定緩和や、共感表明、負担表明、謝罪などの種類がある。野田氏は配慮表現の研究は、言語形式から出発するのではなく、互いの人間関係を含めた場面や状況から出発し、そこでどんな言語形式が使われるのかを分析する方法が基本になると述べる。

> 　配慮表現、特に前置き表現について扱った研究には野田（2014）、陳（2007）や大塚（1999）などがある。まず、野田尚史は主に配慮表現はなぜ使われる、配慮表現の現れ方、種類、機能やとらえ方について述べる。野田氏によると配慮表現は「悪いけど」のような前おき表現や、携帯メールで使われる笑顔を表す絵文字のように、「相手に悪く思われないようにするための手段」である。また、<u>配慮表現は、依頼や謝罪など、「相手への働きかけ」が強い場合に現れやすいとする</u>。つまり、大学院のゼミの談話の質問者が発表者に質問をする、つまり依頼する場合では配慮表現を使うのはふさわしいと思われる。<u>配慮表現は、発話の初めに使う前置表現だけではなく、発話の終わりに使う「文末のモダリティ表現」や、「ほしいんですけど」のような「間接的な表現」などの形式がある。</u>また、断定を緩和したり（断定緩和）、相手に共感していることを表明したり（共感表現）、相手に対して申し訳ないと思っていることを伝えたり（負担表明）や相手に理由を説明すること（理由説明）などの機能を持つ。野田氏によると、配慮表現を研究するとき、互いの人間関係を含めた場面や状況でどのようなな言語形式が使われるのかを分析するという方法が大切である。<u>本稿では、この分析方法を基本とし、配慮表現を研究する。</u>

　4-aでは、配慮表現の説明を続けている中で、自分の研究との関係性が明確にはつかみにくい記述になっており、その中で、野田（2014）の配慮表現についての説明が続く。一方、4-bでは、下線部のように、「相手への働きかけ」の機能に着目して「　」で強調し、大学院のゼミでそのような配慮表現を使用する場面についての指摘がなされている。この中で、具体的に文末モダリティなどへの言及が入っている。こうして先行研究と自身の研究との関係性に言及したことにより、4-bは4-aに比べ、野田（2014）を引用した意義が理解しやすくなった。その意義は、当該先行研究の分析方法を使用するという最後の説明につながっている。

4.3　表現の改訂

　談話例5は、学習者S06と教師Tが、S06の論文の先行研究の記述に関して、コメントの授受を行っている場面である。談話例5では、TがS06の記述に対して、表現の適

否について複数のコメントを伝えている。

談話例5　S06がTからコメントを受けている場面

話者	発話内容	備考
T	《沈黙3秒》はつ、ちょっと4行目のところの、「発話がだらだら続く」、この「だらだら」も、あの、そ、非常にその評価が、こ、入る言葉で、悪いという意味が入ってしまうんですね、「だらだら」には。	①
S06	ああー、はいはいはい。	②
T	なので、つ、あのー、「長く続く」とかのほうがいいと思いますね。	③
S06	はい。	④
	{中略}	
T	《沈黙3秒》うん、これはでも、だい、この説明はとてもいいですね。	
	{中略}	
T	「しかし、以上の研究は、独話のみに対する分析である、あり」、うん《沈黙3秒》ま、「のみ」って無理に言わなくても、「ど、独話を対象にした」と、した、しといたらいんでしょうかね。《沈黙3秒》で《沈黙3秒》「対話に対する考察の欠乏」と言ってることわかるんですけど、ちょっと。	⑤
S06	<笑い>。	
T	ちょっと中国語、ですよね。	⑥
S06	はい。	
T	と、だ、動詞でを使って表現したほうがいいと思いますよね。「対話を対象にした」、えっと《沈黙8秒》なじょ…。《沈黙5秒》だから、「対話を」。	⑦
S06	うん。	
T	「対話を対象にした、研究はわたしは、わたしが見た限りなく」とかそういう感じですよね。	⑧

　談話例5では、TはS06に対し、①③で「発話がだらだら続く」という不適切な表現を指摘し、S06も②と④で同意している。また、Tは、⑤で「独話のみに対する分析」の「のみ」が不要であるとし、「考察の欠乏」も、⑥で、表現が中国語であろうとコメントしている。さらにTは、⑦と⑧で、「対話を対象とした研究はなく」などと「欠乏」

を用いない方法を提示した。

　談話例5におけるやり取りを受け、次に示す、S06の最初の論文5-aは5-bのように変更された。下線部が指摘を受けて改訂された箇所である。

S06の1回目提出論文5-a：

　丸山岳彦の「現代日本語の多重的な節連鎖構造について」で、『日本語話し言葉コーパス』(CSJ) と『現代日本語書き言葉均衡コーパス』(BCCWJ) という二つのデータベースを用いて、独話における多重的な節連鎖構造を研究した。丸山によると、いろいろな連用節が何重にも連鎖して、<u>発話全体がだらだら続く構造</u>は「多重的な節連鎖表現構造」という。丸山の研究で、節連鎖構造の定量的かつ定性的な記述に焦点を当てた。特に、実際の話しで、多重的節連鎖表現がどのように分布しているか、生じる要因（特に「実時間性」）について考察した。（中略）
　しかし、以上の研究は<u>独話のみに対する分析</u>であり、<u>対話に対する考察の欠乏</u>と、母語者と外国人話者との区別をつかないのは足りないところである。そこで、<u>本研究では</u>ゼミの対話における<u>節連鎖表現の量的分析</u>によって、対話での役割を調べながら、母語話者と外国人話者との違いを考察しようと考えている。

S06の2回目提出論文5-b：

　丸山（2014）は、『日本語話し言葉コーパス』(CSJ) と『現代日本語書き言葉均衡コーパス』(BCCWJ) という二つのデータベースを用いて、独話における多重的節連鎖構造を研究した。丸山（2014）によると、いろいろな連用節が何重にも連鎖して、<u>発話全体が長く続く構造</u>は「多重的な節連鎖表現構造」という。実際の話しで、多重的節連鎖表現がどのように分布しているか、生じる要因（特に「実時間性」）について考察した。（中略）しかし、以上の研究は<u>独話を対象にした分析</u>であり、<u>対話を対象にした考察はなく</u>、母語者と外国人学習者との区別をつかないのは足りないところである。そこで、<u>本研究では</u>ゼミの対話における<u>節連鎖表現を丸山（2014）の分類に従って、量的分析を行い</u>、対話での役割を調べながら、母語話者と外国人話者との違いを考察しようと考えている。

　談話例5のコメントを受けて、5-aと5-bでは、「発話が『だらだら』続く」といった話し言葉的で否定的なニュアンスも含む表現から、「発話が長く続く」という表現へ、また、特に「独話」であることを強調する必要がない文脈

にあった「独話のみに対する」から「独話を対象とした」
へ、母語の影響を受けた「考察の欠乏」から、「考察はな
く」へ、各々変更され、論文に適した表現への改訂が施さ
れたものと言える。

　他の表現の改訂例として、コメントはあったものの、論
文改訂に直結しなかった例を示す。談話例6は、学習者
S04とS15が、S04の論文の記述に関してコメントしてい
る場面である。ここでは、S15がS04の使用した表現「基
本文献」の適否についてコメントしている。

談話例6　S04がS15からコメントを受けている場面

話者	発話内容	備考
S15	ま、あの、「基本、基本文献」っていうところ、たぶんここ、ここはちょっと、おかしいかなっていう。要は、「基本文献」があるか、その単語があるかどうか、その、ま、問題じゃなくて。	①
S04	はい。	
S15	「基本文献」、これがほんとに「基本文献」なのかっていうのがちょっと。	②
S04	あー、この、あ、わかりました。	
S15	なんかもうちょっと、な、うん、はい、表現を変えたほう、えっと、これがほんとになんかこう。	
S04	はいはい、わかりました。	
S15	はい。こう、接続表現の、テキストとなるものなのか、ほんとに基礎中の基礎ってやったら。	③
S04	はい、うん。	
S15	それをなんか、はい、認めない人もたくさんいると思うので。	④
S04	はい、わかりました。	

　談話例6において、S15はS04に対し、①②③で「基本
文献」という表現に違和感を覚え、それが適切ではない理
由として、④で「基本」であるとは認めない人の存在につ
いて推測している。

　談話例6では、S04は、S15のコメントに対し、何度か
「わかりました」と答えているが、実際には、2回目の論

文（データ省略）にも、再度同じ「基本文献」という表現が使用されており、その文は、文献を1編増やした形で「接続表現の基本文献としては、石黒（2008）、石黒（2010）、伊能（2012）が挙げられる。」と変更されていた。

実際に、ある分野の特定の領域で多くの研究者が基本的とみなす理論や知見は存在することから、S04は「基本文献」を使用したのであろう。ただし、本来、学術的な文章では、教科書のように、ある論文を「基本」と断定して論じることは必ずしも適切ではない。文献の引用の内容によっても「基本」の意味が異なる可能性が高い。S15のコメントは、表現選択の面から、学術的な文脈での厳密性に鋭く言及したものと言える。

4.4 形式面の変更

以下の2件の談話例は、S01とS04の間で行われたものである。談話例7では、S04が段落の冒頭のスペースについて指摘を行っている。

談話例7　S01がS04からコメントを受けている場面

話者	発話内容	備考
S04	《少し間》あ、また<笑いながら>日本の文章書くとき、1字、だけ空けますよね?	①
S01	あー、そうですよね。	
{中略}		
S01	あの、タブってのわかりますか? そのタブのボタンを押して。	②
S04	はいはいはい。	
S01	そ、それ使ってしまいました<笑い>。	③
S04	あー。	
S01	やっぱり1文字でですね。	④
S04	はいはいはい。	
{中略}		
S04	全部3字空けました。普通は1字空けます。	

談話例7においては、S04が①で、日本語の文章では、段落の冒頭に1文字空けることを伝え、それに対して、S01は、②と③で、他言語の文章のように、タブを利用して段落の冒頭のスペースを空けたことを説明し、④で認めている。この論文の実際の改訂は、4.2の改訂版4-bに示したものである。

　次の談話例8では、S04がS01に小見出しの必要性を伝えている。

談話例8　S01がS04からコメントを受けている場面

話者	発話内容	備考
S04	「せんきょ‘先行’文献」、こういう、小さいテーマが書いてないですよね？	①
S01	はい。	
S04	<少し笑いながら>あ、論文を書くとき普通、その、小さい「はじめに」↑。	
S01	書きますか？	
S04	はい、さ、「先行文献」。	
S01	はい。	
S04	<少し笑いながら>こういうものを書きます。	②
S01	はい。	

　談話例8では、S04はS01に対し、①で「小さいテーマが書いてない」と表現し、小見出しがないことを指摘している。②では、論文の序論を示す「はじめに」の例を出し、②で「こういうものを書きます」と語った。この結果、S01の2回目の論文では、「先行研究と本研究の位置づけ」といった小見出しが付され（データ省略）、明らかに改訂されていた。

　以上の談話例7も談話例8も、段落冒頭のスペースと、セクション分けに必要な小見出しを付すといった視覚的にわかりやすいものである。これらは、一度ルールとして獲得すれば、コメントがしやすいもので、教師からでなくと

も、学習者同士でチェックがし合えるものである。

5 教育への提言

　4節では、ピア・レスポンスの直接的効果と言える論文改訂の例を四つの観点から分析・考察した。それらをもとに教育への提言をまとめる。

　まず、(1) 用語の定義づけとその解説、および、(2) 研究の位置づけの精緻化については、他者の論理的世界の知見を、自身の論理的世界の中に有意義に位置づけるために、論理的に、かつ厳密に記述する必要があるという点で重要である。つまり、引用部分にある専門用語やその概念にあいまいさや不明な点があれば、引用の不成功を導き、自身の研究の位置づけにも支障をきたすことになる。それらを防ぐために、ピア・レスポンスを活用すれば、学習者は、自身の文章の論理的な記述の成否を検証し、自己推敲が促される契機を得る。これは、他者の支援を借りつつ自律的に文章を推敲できる書き手を育てる機会になると言える。

　次に、(3) 表現の改訂については、学習者は、論文に適した学術的な表現か否か、自信をもって判断できずに執筆を行うことがあり、コメントも難しい場合がある。したがって、教師やTAなど、他者のサポート、およびコーパスのような言語資源へのアクセスも有用であろう。

　さらに、(4) 形式面の変更については、視覚的にも把握が容易で習得しやすいものであり、読み手・書き手として意識化を進めやすい。教師が常に添削する必要はなく、ピア・レスポンスの効果が期待される。

6 | まとめ

　本章の最初に提示したRQ1とRQ2への答えを示してまとめを行う。

・RQ1：学習者の論文に対するピア・レスポンスでは、どのようなコメントが伝えられ、論文の改善に役立てられるのか。

　学習者は、ピア・レスポンスで得たコメントを、（1）用語の定義づけとその解説、（2）研究の位置づけと精緻化、（3）表現の改訂、（4）形式面の変更、の4点について、明らかに論文の改善に役立てていた。

・RQ2：上記のRQ1の考察は、読解とライティングの教育にどのような示唆を与えるのか。

　RQ1の考察は、読み手と書き手の双方が、引用に関する内容・構成と表現形式の各々の論理性と厳密性への意識化向上に貢献することを示すもので、読解とライティングの教育の連携の重要性を示唆する。

参考文献　二通信子（2009）「論文の引用に関する基礎的調査と引用モデルの試案」『アカデミック・ジャパニーズ・ジャーナル』1, pp.65–74.
　向井留実子・中村かおり・近藤裕子（2017）「引用で求められる『解釈』をどのように指導するか―学習者の作文事例から見た引用・解釈文作成の困難点と指導のあり方」『専門日本語教育研究』19, pp.69–74.
　村岡貴子（2014）『専門日本語ライティング教育―論文スキーマに着目して』大阪大学出版会
　村岡貴子（2018）「第3章　ライティング活動とその内省から獲得する論文スキーマ」村岡貴子・鎌田美千子・仁科喜久子（編）『大学と社会

をつなぐライティング教育』pp.35–54.　くろしお出版

矢野和歌子（2014a）「学部留学生の論説文における引用の課題」『アカデ
　　ミック・ジャパニーズ・ジャーナル』6, pp.94–101.

矢野和歌子（2014b）「人文・社会学系優秀卒業論文の分析—引用の使用
　　に関する基礎調査」『専門日本語教育研究』16, pp.67–72.

山本富美子・二通信子（2015）「論文の引用・解釈構造—人文・社会科学
　　系論文指導のための基礎的研究」『日本語教育』160, pp.94–109.

楊秀娥（2017）「日本語学習者の引用使用の実態調査—中国国内における
　　日本語専攻課程の学部生の卒業論文を対象に」『専門日本語教育研究』
　　19, pp.57–62.

第5章
論文作成における仲間と教師のコメント
学習者は誰のどのようなコメントを
論文に反映させるのか

井伊菜穂子

> ピア・レスポンス活動をとりいれた授業では、学習者が書
> いた文章を教師がどのように添削するかがしばしば問題に
> なります。また、学習者からは、教師の指導がもっと欲し
> かったという声を聞くこともあります。それでは、教師か
> らのコメントと学習者からのコメントで文章への反映の仕
> 方に違いはあるのでしょうか。また、両者のコメントの特
> 徴にどのような違いがあるのでしょうか。本章では、分析
> 結果を提示する回の談話を対象に、誰のどのようなコメン
> トが論文に反映されるのか、その実態を明らかにします。

1 はじめに

　ピア・レスポンス活動をとりいれた授業では、学習者が
書いた文章に対する教師の介入の仕方がしばしば問題にな
る。例えば、池田・舘岡（2007）や岩崎（2008）のように、
教師が形式面の添削を行い、ピア・レスポンス活動では内
容面に重点をおく方法もあれば、石田（2011）や山本（2013）
のように、形式面・内容面の制限は設けず教師の添削を行
う方法、古賀（2012）のように、そもそも教師の添削を行
わない方法もある。このように、学習者が書いた文章に対
して教師がどのように介入するかについてはさまざまな意
見があり、統一した見解はみられない。

一方で、少なくとも学習者は教師からのフィードバックを期待している可能性が高い。とくに教師主導型の授業に慣れている学習者は、ピア・レスポンス活動自体の意義に疑問を覚え、教師からのフィードバックを強く期待すると考えられる。布施（2018）は、ピア・リーディング活動後の学習者へのインタビューから、教師による専門的な知識や読みのスキルの提示、学習者個人へのフィードバックが欲しかったという要望があったことを明らかにしている。

　しかし、学習者が教師の介入をどのように受け止めているのかについて、学習者の心理面ではなく、実際に文章の推敲に活かされているのかという観点から分析している研究は少ない。そこで、本章では、教師と学習者どちらのどのようなコメントが論文に反映されるのかを明らかにすることを目指す。以下は、本章におけるリサーチ・クエスチョン（RQ）である。

・RQ1：誰のコメントが反映されやすいか。
・RQ2：どのようなコメントが反映されやすいか。
・RQ3：RQ1とRQ2の結果から、教師はピア・レスポンス活動をとりいれた授業にどのように介入すべきか。

2 ｜ 先行研究と本研究の位置づけ

　ピア・レスポンス活動において、文章のどこにコメントがなされ、どのように修正されたのかについて分析した研究は、岩崎（2008）や古賀（2012）、跡部（2014）、原田（2016）など数多くある。しかし、これらの研究では、誰からのコメントかという点には焦点は当てられていない。

　一方、誰からのコメントかという点に着目した研究には、張・原田（2009）がある。張・原田（2009）では、「先輩サ

ポーター」の存在が受講生に肯定的に評価されていること
が明らかにされている。しかし、その評価が実際の教室活
動や文章の推敲にどのように表れているかは検討されてい
ない。

　上記のような、どのようなコメントが文章の推敲につな
がるのかという観点と、誰からのコメントかという観点の
両方に着目した数少ない研究に、池田（1999）、石田
（2011）、広瀬（2000）がある。

　池田（1999）では、推敲を、「教師フィードバック推敲」
「ピア・レスポンス推敲」「自己推敲」の3種類に分け、そ
れぞれの初稿と第2稿を、教師評価の向上度と作文量の変
化から分析している。その結果、教師評価では「ピア・レ
スポンス推敲」は「教師フィードバック推敲」と同等、あ
るいはそれ以上の効果があること、また作文量の変化では
成績上位グループの「ピア・レスポンス推敲」の増加割合
が最も高いことを明らかにしている。しかし、推敲の中身
を質的に見る分析はなされていない。

　また、石田（2011）は、「ピア・レスポンスを作文プロ
セスのどこで何回行うか」「グループをどのようにつくる
か」「どの時点で教師フィードバックを行うか」の3点に
違いを設けた4パターンの授業を比較した結果、学習者は
表面的な推敲は教師に期待するが、内容面の推敲は学習者
と大きな期待の差はないことを明らかにしている。ただ
し、内容面については、教師フィードバックを非対面で行
ったため学習者の意図が正確に伝わらないこともあったと
いう。そのうえで、言語形式については教師が主導的に、
内容面については学習者と直接話し合って推敲を促すこと
が提案されている。石田（2011）が提案するように教師が
対面でコメントをした場合、コメントがどのようになさ
れ、どれくらい反映されるのかについても実態を明らかに
する必要がある。

そして、広瀬（2000）は、学習者と教師双方からのコメントを分析している。広瀬（2000）は談話ではなく、ワークシートに記録されているコメントを分析対象としており、コメントをもらった学習者が何に着目してコメントを聞いていたかが明確にわかる分析方法を採用している。しかし、学習者がワークシートに記録しなかったコメントについては実態が不明であること、また石田（2011）同様、教師からのコメントは非対面でなされていることなど、分析の余地も残されている。

　以上のように、教師による対面でのコメントの重要性は指摘されているものの、それが実際どれくらい原稿に反映されているのかについては未だ明らかになっていない。そこで、本章では、誰からのコメントか、そのコメントは実際に文章に反映されているのかという2点に着目し、対面でのコメントを対象に分析する。

3 ｜ 分析対象のデータ

3.1　分析対象のデータ

　分析対象のデータは、第11回の学習者同士のピア・レスポンス活動の談話データと、第12回で論文の要旨をまとめる作業と併行して行われた、教師と学習者1対1の対話データ、そしてその前後の提出論文3、4である（表1）。これらがすべてそろっている学習者S1、S2、S3、S5、S6、S7、S9、S12、S15の合計9名の論文と、その論文に対するコメントを分析対象とする。コメントについては、上記9名以外の学習者も含む。

表1　本章の分析対象

回	授業内容	回	授業内容
1	オリエンテーション	9	分析結果を集計する
2	研究テーマを検討する	10	分析結果をまとめる
3	基本概念に親しむ	提出論文3	
4	先行研究を読みあう	11	分析結果と考察を表現する
5	研究テーマを説明する	12	結論と要旨をまとめる
提出論文1		提出論文4	
6	「はじめに」と先行研究を表現する	13	論文を推敲する
提出論文2		提出論文5	
7	分析方法とデータを議論する	14	成果発表の準備をする
8	データベースを作成する	15	成果を発表する

3.2　用語の定義

　ここでは、「コメント」と「コメントの反映」の定義について述べる。

　ディスカッションは、論文に直接関係のある内容の発話から、話の進行にかかわるメタ的な発言、相づちまでさまざまな発話によって構成されている。そのうちで、本章ではコメントが論文に反映されるか否かに着目するため、論文に直接関係がある内容の発話のみを「コメント」として扱う。具体的には、朴（2015）の発話機能の上位カテゴリ「質問」と「コメント」の基準を参考に修正を加え、「質問」「感想」「提案」「判断」「依頼」の発話機能をもつ発話を「コメント」として扱った。次ページの表2は、それぞれの定義と具体例である。

　また、コメントされた箇所が、加筆・修正・削除など何らかの形で変更された場合、「コメントが反映された」とみなす。たとえコメントの内容と合致しない変更であっても、コメントをきっかけに再考を促したと捉えて、コメントが反映されたとみなす。これは、どのような意図でそのコメントがなされたかが、談話データだけでは判定が困難なものがあるためである。

表2　本章におけるコメントの定義と具体例

発話機能	定義	判定のめやす	具体例
質問	記述内容の意味や意図に対する疑問を述べる	文末が「か？」で終わる疑問文や疑問詞を含む発話	どうしてこのように書いたんですか？
感想	記述内容に対する評価を述べる	良し悪しや興味の有無など記述内容に対する評価を含む発話	ああ、すごくおもしろい、あの結果だなと思いました。
提案	記述内容に対する改善や修正を提案する	「〜の方がいい」など改善や修正を提案する発話	「どのような」の方がいい。
判断	記述内容に対する判断を述べる	「〜と思う」を含む（あるいは補える）ような記述内容に対する判断を含む発話（感想除く）	文字化資料だけ見ていても要因は探しにくいと思う。
依頼	書き手に対する依頼や願望を述べる	「〜てほしい」などを含む発話	説明してほしい。

4 ｜ 分析結果と考察

　本節ではまず、4.1で、誰のコメントが反映されやすいかについて表現面へのコメントと内容面へのコメントに分けて分析した後、4.2で、どのようなコメントが反映されやすいかについてコメントの発話機能に着目して分析する。

4.1　誰のコメントが反映されやすいか

4.1.1　反映の有無の割合

　コメントを学習者からのコメントと教師からのコメントに分け、論文への反映の有無をまとめたものが表3である。学習者からのコメントは、議論に参加した学習者全員のコメントが含まれている。「割合」は、学習者からと教師からそれぞれの合計数を母数にして算出した値である。なお、「現状維持」と「判断困難」は以降の分析対象から除外する。「現状維持」は論文に書かれた内容を肯定し修正を促さないものであるため、「判定困難」はどれに属す

どうすれば論文・レポートが書けるようになるか

表3　コメントをした人と論文への反映の有無

	学習者からのコメント		教師からのコメント	
	頻度	割合 (%)	頻度	割合 (%)
反映あり	101	36.5	76	52.8
反映なし	135	48.7	42	29.2
現状維持	30	10.8	20	13.9
判定困難	11	4.0	6	4.2
合計	277	100.0	144	100.0

るか判定が困難なものであるためである。

　表3を見ると、学習者からのコメントは、論文に反映された
コメントが36.5％、反映されなかったコメントが
48.7％で、反映されない場合の方がやや多いことがわか
る。これに対して、教師からのコメントは、論文に反映さ
れたコメントが52.8％、反映されなかったコメントが
29.2％で、反映される場合の方が多い。ただし、学習者か
らのコメントで論文に反映されているものや、逆に教師か
らのコメントで反映されていないものも決して低い値では
なく、より詳細に検討する必要がある。

　それでは、学習者からのコメントと教師からのコメント
が、それぞれどのような場合に反映されたりされなかった
りするのだろうか。学習者あるいは教師が論文のどこに対
してコメントしたのかを、表現面と内容面に分けて集計し
た結果が次ページの表4である。表現面は、語の表記や文
法、書式、図表の提示の仕方、文章構成に関するコメント
が、内容面は用語の定義やデータ解釈、考察の内容に関す
るコメントが含まれている。なお、コメントの仕方につい
ては、表現面や内容面に関する指示・制限は行わず、自由
に議論する形式をとっている。

表4　表記面・内容面のコメントの集計結果

	学習者からのコメント		教師からのコメント	
	頻度	割合(%)	頻度	割合(%)
表現面	83	35.2	5	4.2
内容面	153	64.8	113	95.8
合計	236	100.0	118	100.0

　表4から、学習者からのコメントと教師からのコメントのいずれも内容面の方が高い割合となっている。ただし、学習者からのコメントは、表現面：内容面がほぼ1：2の比率で表現面に対するコメントも多くみられるのに対し、教師からのコメントは、ほぼ内容面のコメントで占められている。教師からも表現面に対するコメントがなかったわけではないが、「日本語も非常にレベルが高い」など記述内容を肯定する「現状維持」にあたるコメントが多いため、表4の値は少なくなっている。

　それでは、表現面と内容面へのコメントは、どれくらい論文に反映されるのだろうか。学習者からのコメントについてまとめたものが表5、教師からのコメントについてまとめたものが表6である。

　まず、表現面についてみてみると、教師からの表現面に対するコメントは、もともと母数が少ないものの5件すべてが

表5　学習者からの表現面・内容面に対するコメントと論文への反映の有無

	反映あり		反映なし		合計	
	頻度	割合(%)	頻度	割合(%)	頻度	割合(%)
表現面	41	49.4	42	50.6	83	100.0
内容面	60	39.2	93	60.8	153	100.0

表6　教師からの表現面・内容面に対するコメントと論文への反映の有無

	反映あり		反映なし		合計	
	頻度	割合(%)	頻度	割合(%)	頻度	割合(%)
表現面	5	100.0	0	0.0	5	100.0
内容面	71	62.8	42	37.2	113	100.0

反映されている。それに対して、学習者からの表現面に対するコメントは、論文に反映される場合が49.4％、反映されない場合が50.6％であり、ほぼ同じ割合になっている。

　また、内容面についてみてみると、教師からの内容面に対するコメントは反映される場合が62.8％、反映されない場合が37.2％で、反映される場合が大きく上回っている。それに対して、学習者からの内容面に対するコメントは論文に反映される場合が39.2％、反映されない場合が60.8％と、反映されない場合が大きく上回り、教師とは逆の結果であった。

　なぜこのような結果になったのだろうか。次の4.1.2と4.1.3では、表現面と内容面に分けて実際の談話をみながら考察する。

4.1.2　表現面に対するコメント

　まず、表現面について実際の談話をみてみると、教師の表現面に対するコメントが論文に反映された理由が、二つ考えられる。一つは、具体的な改善案を提示していること、もう一つは改善された後の読み手の感情を明確に伝えていることである。以下の談話例1は、その両方の特徴を有し、教師（A05をTと表記）からの表現面に対するコメントが論文に反映された例である。談話例では、相づちのみの発話は紙幅の都合上省略している。

談話例1　S12が教師からのコメントを反映した談話例

話者	発話内容
T	でも、なるべく、表かなにかにしたほうが↑、プレゼンテーションのときは《少し間》その、AとかBとか、A、「テ」「ト」とか、表にしてくれると、あ、そうかってすぐわかるかな、こういうのの表？
S12	あの、##文字も必要###。
T	あ、文字も必要、文字も。あ、ここの部分は、ま。あ、文字も必要だし、あの、もし文字を使わないとしても、その言葉で↑、例

えば次の表を見てください、みたいな形で↑、次の表を、あの、あの、表、表1を、見ると、とかそういうふうに書くことになります。

　談話例1をみると、ただ「わかりにくい」と言うのではなく、「AとかBとか、A、『テ』『ト』とか、表にしてくれると」「例えば次の表を見てください、みたいな形で」のように具体的に改善案を提示している。また、「表にしてくれると、あ、そうかってすぐわかるかな」のように改善された後の読み手の感情を明確に表現している。これを聞いた学習者も、ただ相づちを打つのではなく、「文字も必要」と掘り下げて教師に尋ねており、論文に反映すべきコメントだと判断している様子がうかがえる。

　学習者の表現面に対するコメントも、教師と同様、具体的な代替案や理由を交えながらコメントした場合は反映されやすい傾向がみられた。例えば、以下の談話例2では、学習者からのコメントが論文に反映された例である。

談話例2　S01が学習者からのコメントを反映した談話例

話者	発話内容
S10	《沈黙6秒》でー、同じ、「しかし」のところから始まるんだけど、ここ、「そこで、私は」みたいのがあるんですけれども、たぶん、学術論文だったら「本稿では」みたいな。
S01	んー。
S10	使うと思う。
S01	そうですね。

　談話例2では、S10が「そこで、私は」ではなく「そこで、本稿では」のほうが適切であると具体的な代替案を提示し、S01はそれを論文に反映させている。なかには、談話例3のように、書き手自ら代替案の提示を学習者に求める例もある。

談話例3　S09が学習者からのコメントを反映した談話例

話者	発話内容
S17	あの、先行研究の部分が、「まず」と「次」、「まず」と「次に」、同じ人の研究についてのこと、ですよね？↓
S09	そうですねー。
S17	でも普通は、なんか、まずは、1人で、次はほかの、1人。
S09	あー。
S17	もう1人の人と。
S10	なるほどね。
S17	思う、んですけど、そうですね、たぶん、この、二つの。
S09	この人。
S17	段落、あ、一つに。
S10	たしかに。
S17	した、ほうがいいと思う。
S09	あーそうですね。
S17	ですけど、うん。
S09	じゃあ、どう書けばいいのかなあ。よくわかりません。
S10	《沈黙7秒》えーこの「まず」の段落終えて、この結果を分析したと。で、さらに。
S09	さらに？
S10	「2010年においては、えー、サドラウスキ‘ザトラウスキー’、ポリー」、ブラブラブラブラって続く。
S09	あーわかりましたー。

　談話例3でS09は、修正が必要ということは納得しているものの、どのように修正すればいいかがわからず、「じゃあ、どう書けばいいのかなあ」と自ら助けを求め、具体的な代替案を得ている。その際、「どう書けばいいと思いますか？」のようにあらたまって質問をする形をとっていないことから、学習者だからこそ気軽に相談できたのではないかと考えられる。

　一方で、学習者による日本語表現に関するコメントは慎重に受け取られる傾向があり、コメントをする学習者が自信のない様子をみせたり断言を避けたりすると論文に反映されにくくなる傾向がみられた。下記の談話例4は、学習

者からのコメントが論文に反映されなかった例である。

談話例4　S07が学習者からのコメントを反映しなかった談話例

話者	発話内容
S06	で、この表には一、先生、あるいは博士やOB、OGだけを書いてあって、で、せ《少し間》もっと、多いですね、なんか。
S07	あーでもなんか、発言、がない。
S06	発言。
S07	人は書いてないんです。
S06	あー、なるほどですね。
S07	けど、なんか、ゼロって、い、いうふうに書いたほうがいいですかね?↓
{中略}	
S06	《沈黙3秒》ま、た、たーぶん、たぶん、あの、ゼロとかを<笑い>、入れて、これの分。
S07	入れたほうがいい。
S06	ちょっと、うん、うん。
{中略}	
S06	わたしはここでなんか疑問持ったのは、たぶん、わたしはこの、事前にもう8人ゼミだと、それはわかったので、それちょっと、わかんないです。でも、なんか、わかんない人は、たぶん、大丈夫だと思います。
S07	入れたほうがいいと思います?
S06	んー、ん、まあ<少し笑い>。

　談話例4では、S06が、発言がない人の分も表に記載した方がいいというコメントをするが、議論の末、最終的には「たぶん、大丈夫だと思います」「(記載した方がいいか改めて聞かれて)んー、ん、まあ<少し笑い>」と曖昧な回答をしている。S06の指摘は反映されなかったものの、その後S07は教師との対話の際に、教師の判断を仰ぎ、記載しなくていいと明確な回答を得てそのコメントを受け入れている(談話例5)。

話者	発話内容
S07	あのー《少し間》こちら、あの、[咳払い]《沈黙3秒》これ、この用例はなんか、配慮表現、を、使った人だけを、分類したんですけど、あの、使ってない人《少し間》とか、もしかしたら、あの、こ、<u>この発言がない人もここに、含むべきかどうか。</u>
T	あ、いや、発言がない人は別に、な、なくて当たり前。
S07	なくて。
T	ですよね? はい。なので、別にこれは、うん《少し間》<u>これはもうこれで、いい。</u>
S07	はい。
T	<u>と思いますよ。</u>

　談話例4から談話例5までの一連の過程は、学習者とのピア・レスポンス活動で再考すべき点をみつけて議論をし、最終的に明確な回答にたどりつかなかった場合に教師に頼るという、学習者の存在や教師の存在をうまく活かした例と言える。

4.1.3　内容面に対するコメント

　次に、内容面についてみてみると、教師の内容面に対するコメントは、分析の観点が具体的に提案されている場合（談話例6）や、期限までの実現可能性を踏まえて分析対象をより絞るようなコメントをされている場合（談話例7）、論文に反映される傾向がみられた。

談話例6　S12が教師からのコメントを反映した談話例

話者	発話内容
T	あともう一つ、だからさっき言ったように、違ってるっていうことが《少し間》あるほうが書きやすいので。
S12	こう ###、##。
T	そうそうそうそうそう。こういう、大きな違いが見られるところ、これも面白いですよね?
S12	うん。
T	面白いし、<u>あとは例えば、発表者と、発表者とー《少し間》それから質問者↑《沈黙3秒》それとあとまあ先生でもいい。</u>ま、先

	生と、質問者同じかもしれませんけれども、こうなってるわけですよね?
S12	はい。
T	で、発表者と質問者と先生とでどう違うのかな、とか。もしかして、「テ」って使ってるときは、先輩とかが使ってんのかなとか、先生とか先輩とか↑。
S12	うん。
T	「ト」を使うのは発表者とか↑、もしかして↑、院生の中でも、学年が下の院生が使ってんのかな、とか。
S12	うん。
T	ちょっとそのあたり気になる、ところですよね。

談話例7　S09が教師からのコメントを反映した談話例

話者	発話内容
T	んーなんかたくさんね、あ、たくさん、考えすぎたから、すぎてるから《少し間》や、例えばね、これ、これだけでも十分↑、く、首振りだけをやってー、首振りと、どんな表現が一緒に使われてるか↑、ってやってるわけ。
S09	よーいーやすいですよね。
T	やりですよね。
S09	はい。
T	それだけでも、十分、やれば意味があると思いますけどね。
S09	えー、そうですか。

　談話例6では、「発表者と質問者と先生とでどう違うのかな」のように具体的な観点が述べられている。談話例7では「首振り」と「手振り」の二つを対象にして分析を進めたいと述べたS09に対し、教師は分析対象を広げすぎず、分析が進んでいる「首振り」だけでも十分であると述べている。結果、両者とも教師のコメントを受け入れている。

　ただし、データをいちから見直す必要がある新しい分析観点は、いくら具体的であっても論文には反映されにくい様子がみられた（談話例8）。

談話例8　S01が教師からのコメントを反映しなかった談話例

話者	発話内容
T	なぜこういうのが「けど」が多いってなるかっていうと、「けど」というものをー、「S01姓」さんが、たぶんー《少し間》「けど」というものに何かその《少し間》えっと、配慮表現が隠れてるだろうと思ってるから、選んできてるので《少し間》当たり前、なんですよね。
	｛中略｝
T	んー、ん、例えば、うん、私は、##ぎゃ、<u>話としては逆にしたほうが、は、話がわかりやすくて、配慮表現をたくさん取ったら「けど」だったじゃなくて、「けど」とか「が」のついてるものをたくさん集めたら、配慮表現だったと</u>。その、た、な、あ、つまり《少し間》な、何'なん'パーセントが、[書きながら]配慮表現だったとしたほうが↑。
S01	《沈黙3秒》あー。
T	《少し間》としたほうが↑、話としてはわかりやすい感じがするんですけど。

　談話例8では、教師からの具体的な提案がなされているが、先述した談話例7とは逆に分析を新たに行う必要が出てくる。コメントのタイミングと内容によって、論文に反映させられるか否かの実現可能性を学習者自身も判断しているのではないかと考えられる。このような、直近の論文ではなく、将来論文を執筆する際の肥やしになるコメントがどのように活かされるかについては、より長期的な研究が必要になる。

　一方、学習者の内容面に対するコメントをみると、具体的な分析観点の提案はあるものの、論文には反映されない例が多くみられた。これは、学習者は質問でコメントを終えることが多く、その裏にある「論文に書いた方がいい」という意図が伝わっていないことが要因として考えられる。例えば、談話例9は、学習者からのコメントが反映されなかった例である。

談話例9　S05が学習者からのコメントを反映しなかった談話例

話者	発話内容
S11	え、この、<u>分析は、えーと発表するときだけですか?</u>
S05	そうですね。
S11	<u>質問されるときは入ってないんですか?</u>
S05	ま、質問されるときはー…、入れてないです。
S11	<u>あー</u>。

　談話例9では、S11が質問を繰り返しているが、分析対象の範囲について論文内で述べた方がいいということまでは語られず、結果論文にも反映されていない。コメントする側がなぜそのような質問をするのかについても述べること、またコメントを受ける側も質問の意図を意識して聞くことによって、より効果的なピア・レスポンス活動が行われると考えられる。

　このように、学習者と教師の表現面と内容面に対するコメントの仕方や反映のされ方に違いがみられ、なかには質問で終えてしまうという発話の仕方が原因で意図がうまく伝わらない様子もみられた。そこで、次の4.2では、どのような発話によってコメントをし、それが論文への反映の有無とどのようにかかわっているのかを分析する。

4.2　どのような発話によるコメントが反映されやすいか

　本項では、コメントがどのような発話によってなされるかに着目する。学習者あるいは教師のコメントの発話機能を集計した結果が、右の表7である（タグの詳細は3.2参照）。それを100%積み上げ棒グラフで示したものが、図1である。

　表7から、学習者からのコメントの発話機能は、質問と提案がそれぞれ38.1%と36.0%で高い値となっている。一方、教師は、判断が49.2%でほぼ半分の値を占め、それにつぐ質問は25.4%で、判断との差は大きい。

表7　コメントの発話機能の頻度と割合

	学習者		教師	
	頻度	割合(%)	頻度	割合(%)
質問	90	38.1	30	25.4
感想	18	7.6	8	6.8
提案	85	36.0	17	14.4
判断	38	16.1	58	49.2
依頼	5	2.1	5	4.2
合計	236	100.0	118	100.0

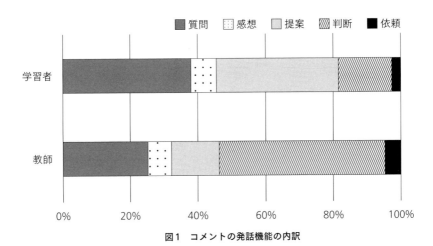

図1　コメントの発話機能の内訳

それでは、コメントの発話機能は論文への反映の有無とどのように関係しているのだろうか。学習者からのコメントについてまとめたものが表8、教師からのコメントについてまとめたものが表9である。

表8　学習者からのコメントの発話機能と反映の有無

	反映あり		反映なし		合計	
	頻度	割合(%)	頻度	割合(%)	頻度	割合(%)
質問	38	42.2	52	57.8	90	100.0
感想	9	50.0	9	50.0	18	100.0
提案	39	45.9	46	54.1	85	100.0
判断	14	36.8	24	63.2	38	100.0
依頼	1	20.0	4	80.0	5	100.0

表9　教師からのコメントの発話機能と反映の有無

	反映あり		反映なし		合計	
	頻度	割合(%)	頻度	割合(%)	頻度	割合(%)
質問	15	50.0	15	50.0	30	100.0
感想	8	100.0	0	0.0	8	100.0
提案	9	52.9	8	47.1	17	100.0
判断	41	70.7	17	29.3	58	100.0
依頼	3	60.0	2	40.0	5	100.0

　まず、学習者からと教師からのコメントのいずれも反映の有無がほぼ半分ずつの割合になっているのが、質問と提案である。コメントをするのが学習者の場合も教師の場合も、質問や提案の形態をとると論文に反映されないことも多い傾向がみられる。

　一方、反映の有無の分布で異なる傾向がみられるのが、判断である。学習者の判断が論文に反映される場合は36.8％、反映されない場合は63.2％で、反映されない場合のほうが大きく上回っているのに対し、教師の判断は論文に反映される場合が70.7％で、反映されない場合の29.3％を大きく上回っている。

なぜこのような結果になったのだろうか。実際の談話を
みてみると、質問については、4.1で述べたように、質問
するだけでは具体的にどのような修正が必要かが伝わりに
くく、反映されにくいと考えられる。

　また、判断について、教師の方が論文に反映される割合
が高い理由が二つ考えられる。一つは、コメントをする箇
所について突然判断を下すのではなく、記述内容の理解が
正しいかなど前提となることを確認した上で、判断を下
し、その後判断の内容について具体例を挙げながら説明す
るという流れをとる傾向にあること。もう一つの理由は、
学術的な論文を書き慣れていない学習者たちにとって1人
で判断をくだすのは困難な場合もあり、自分より専門的な
知識や経験のある人の判断を信用して反映させているとい
うことである。

　このように、どのような発話でコメントをするかにも学
習者と教師で違いがみられた。とくに学習者が質問の形で
コメントをすることが多いこと、教師が判断の形でコメン
トをすることが多いことは、論文への反映の有無にも影響
していることが明らかになった。

5 ｜ 教育への提言

5.1　教師からも対面でコメントをする機会を設ける

　誰のコメントが反映されやすいかを分析した結果、教師
のコメントの反映率が高く、教師のコメントが学習者に必
要とされている様子がみられた。また、実際の談話を分析
した結果、学習者とのピア・レスポンス活動だけでは解決
できなかった表現面の疑問を教師に尋ねたり、学習者の記
述の意図や進度を確認しながら教師がコメントしたりする
など、対面だからこそできるコメントがみられた。

　ピア・レスポンス活動をとりいれた授業における教師の

介入方法として、学習者から質問があった際に随時対応する方法や、非対面で添削する方法などもあるが、少なくとも一度は全員の学習者と対面でコメントする機会を設けることを提案する。教師からの対面でのコメントは、学習者とのピア・レスポンス活動では手が届かなかった部分を補完するのに適した方法であり、ひととおり文章を書き終えた後に一度学習者と対話する機会を設けるだけでも、文章を向上させたり、論文に対する学習者の不安を軽減することができると考えられる。

5.2 教師とは異なる学習者からのコメントの良さを教室全体で共有する

　一方、学習者のコメントは反映率が低く、教師のコメントに比べて軽視される傾向がみられた。しかし、実際の談話を分析すると、教師のコメントとは異なる、学習者のコメントならではの良さが観察された。

　例えば、表現面では、教師からのコメントは論文に反映されやすいが議論は起きにくい一方で、学習者からのコメントでは、コメントをする学習者自身も自信がなく断言できない場合も多いため、学習者同士で議論が起きやすかったり、代替案などの相談を気軽にもちかけやすい様子がみられた。本書の第11章でも指摘されているように、このような議論は、当事者だけでなくピア・レスポンスに参加している他の学習者の気づきや修正にもつながるピア・レスポンス活動の強みである。また、内容面についても、学習者からは説明不足の箇所に対するコメントが多く、読み手にやさしい論文にするために非常に重要なはたらきをしていた。

　このように、教師からのコメントと学習者からのコメントは質的に異なっておりどちらも論文を良くしていくうえで重要であるということを、授業の最初に教室全体で共有

することにより、ピア・レスポンス活動に慣れていない学習者にも教師と学習者双方からコメントをもらう意義を伝えられるのではないかと考えられる。

5.3 コメントをするときと受け取るときのコツを教室全体で共有する

どのようなコメントが反映されやすいかを発話機能に着目して分析した結果、学習者は質問で終わってしまい論文に修正が必要だという意図まで伝わらず、論文へも反映されにくい傾向がみられた。コメントをするときに質問で終えず、なぜそのような質問をするのかまで言うことや、コメントを受け取る側もなぜそのような質問がなされるのかを考えながら聞くことを授業の最初に教室全体で共有することで、学習者からのコメントをより活かせるのではないだろうか。

6 | まとめ

本章では、学習者とのピア・レスポンス活動と教師との対話データを対象に、誰のどのようなコメントが論文に反映されやすいのかを分析した結果、以下のことが明らかになった。前掲のRQに解答するかたちで述べ、本章のまとめとする。

・RQ1：誰のコメントが反映されやすいか。

表現面・内容面いずれも教師からのコメントが反映されやすい傾向がみられた。しかし、反映されやすい場合とされにくい場合が、学習者と教師で質的に異なることも明らかになった。

・RQ2：どのようなコメントが反映されやすいか。

　コメントの発話機能が質問や提案の場合、論文に反映されにくいのに対し、判断の場合は論文に反映されやすいことが明らかになった。

・RQ3：RQ1とRQ2の結果から、教師はピア・レスポンス活動をとりいれた授業にどのように介入すべきか。

　教師からも対面でコメントをする機会を設けること、教師とは異なる学習者からのコメントの良さを教室全体で共有すること、コメントをするときと受け取るときのコツを教室全体で共有することを提案した。

参考文献　跡部千絵美（2014）「ピア・レスポンス後の推敲種類─個人差に着目して」『小出記念日本語教育研究会論文集』22, pp.19–31.
池田玲子（1999）「日本語作文推敲におけるピア・レスポンスの効果─中級学習者の場合」『言語文化と日本語教育』17, pp.36–47.
池田玲子・舘岡洋子（2007）『ピア・ラーニング入門─創造的な学びのデザインのために』ひつじ書房
石田裕子（2011）「ピア・レスポンスの方法と教師のかかわり方についての一考察」『同志社大学日本語・日本文化研究』9, pp.17–42.
岩崎朱実（2008）「ピア・レスポンス的手法で作文はどのように推敲されたか─中上級学習者のための作文授業の報告」『高知大学総合教育センター修学・留学生支援部門紀要』2, pp.84–98.
古賀万紀子（2012）「文章構成に着目した日本語作文授業の実践研究─ピア・レスポンスを通じた学習者の作文の変化を中心に」『日本語学研究』35, pp.439–459.
張瑜珊・原田三千代（2009）「研究生のための『アカデミック日本語教室』の試み─協働で学ぶ研究計画書作成」『言語文化と日本語教育』37, pp.31–40.
朴恵美（2015）「ピア・レスポンス活動における質問の機能」『一橋大学国際教育センター紀要』6, pp.109–121.

どうすれば論文・レポートが書けるようになるか

原田三千代（2016）「対話的推敲活動を通した文章テキストの変化─『日本語表現』クラスレポートをもとに」『三重大学教育学部研究紀要』67, pp.411-423.

広瀬和佳子（2000）「母語によるピア・レスポンスが推敲作文に及ぼす効果─韓国人学習者を対象とした3ヶ月間の授業活動をとおして」『言語文化と日本語教育』19, pp.24-37.

布施悠子（2018）「教師の介入─学習者主体の授業に教師はどこまでどのように介入すべきなのか」石黒圭（編）『どうすれば協働学習がうまくいくか─失敗から学ぶピア・リーディング授業の科学』pp.151-177.　ココ出版

山本菜穂子（2013）「アカデミック・ジャパニーズにおける自己推敲力の養成─総合政策学部『日本語III（表現技術B)』」『南山大学国際教育センター紀要』14, pp.105-112.

第6章

話し合いによる研究テーマの深まり
学習者は研究の方向性をどのように固めていくのか

胡 方方

本書の研究対象となっているピア・レスポンスの授業では、談話分析を専門にしない留学生たちが、ゼミナールの生の談話を分析する観点を自分で選ぶことが求められます。しかし、留学生たちは、ゼミナールに参加した経験にも、談話を言語学的に分析した経験にも乏しいため、書いた論文を推敲する以前に、研究にどこから手を付けたらよいか、研究テーマをどう絞ったらよいか、先行研究をどう参照すればよいか、研究内容をどう表現すればよいかなどで迷ってしまうものです。本章では、話し合いによって、学習者が研究のテーマや考え方をめぐる迷いをどのように解決していくのか、そのプロセスを検討します。

1 はじめに

　本書で取り上げる、学術的文章を書くことを目的としたピア・レスポンスの授業では、論文の作成と添削のみならず、研究テーマの選定、研究内容の相談、研究発表の準備などが、すべてピア・レスポンスによって行われている。ピア・レスポンスを通して学習者が一連の研究活動に取り組むことにより、論文作成の際に必要となる表現面、内容面の技術を磨き、日本語を使った論文作成のアカデミック・スキルを向上させることが本授業の到達目標である。

従来のピア・レスポンスの実践は、すでに書かれた作文の表現や内容の修正に適用されることが多いが、本章では、作文を書く前の研究テーマの構想段階においても、話し合いを前提としたピア・レスポンスが力を発揮しうることを示す。その場合、研究テーマの構想段階において、ピア・レスポンスがどのような点で有効であるのかを、書かれた作文からではなく、研究の構想を話し合うグループ・ディスカッションの談話を分析することをつうじて実証的に明らかにする必要があるだろう。

　本章では、当初、学習者の中でイメージしにくかった研究テーマが、話し合いを経て定まり、深まり、さらに表現されるに至るまでの各段階に注目し、以下の三つのリサーチ・クエスチョン（RQ）を設定することで、ピア・レスポンスの有効性及び改善法を探りたい。

・RQ1：学習者が、なじみのない研究テーマに出会ったとき、どのような段階を経て、テーマへの理解を深めていくのか。
・RQ2：学習者が研究テーマへの理解を深めていく背景には、どのような力が働いているのか。
・RQ3：RQ1、2の分析結果を踏まえ、教師がピア・レスポンス授業のシラバスや授業設計を考える際に、どのような示唆が得られるのか。

2 ｜ 先行研究と本研究の位置づけ

　すでにいくつかの章で紹介されているように、日本語教育の世界において、最初にピア・レスポンスの実践研究を行ったのは池田（1998）であり、池田・舘岡（2007）においてその内容を体系的に紹介している。本章と関連のある学習者間の相互作用については、池田（2004）が、学習者

同士の相互助言によって何が可能になるのかを8項目に分けて論じており、学習者同士でのピア・レスポンスが作文執筆において有効であることは確認されていると言える。

しかし、学術的論文の執筆を目的とした今回の授業で、ピア・レスポンスが、研究テーマに対する学習者の理解を深めることに役立つかどうかは、グループ・ディスカッションの対話を分析することで明らかにする必要がある。ピア・レスポンスにおける対話を扱った研究で、代表的なのは、広瀬（2015）と朴（2015）である、

　広瀬（2015）は、四つの異なる研究からピア・レスポンスにおける対話の意義を探っている。そのうち、研究2では、学習者の推敲が表面的な修正に偏っているということと、ピア・レスポンスの話題と推敲が乖離しているということが、実践上大きな問題となっていると述べ、その背景には授業デザインの問題があったことが指摘されている。今回の授業実践においても、ピア・レスポンスの対話が研究テーマに対する理解を深めることに貢献しているか、あるいは表面的なものにとどまっているかどうか、授業デザインの問題とからめて検討する必要がある。

　朴（2015）では、日本語母語話者と非母語話者におけるピア・レスポンス活動の中で交わされた話し合いを発話機能カテゴリーという視点から分析し、特に「質問」という発話機能に焦点を当てて、異なる日本語レベルの参加者が果たした役割を比較している。その結果、学習者に比べて、母語話者の参加者は「意味の質問」より「確認」することが多いこと、日本語力上位の学習者の行動は母語話者の傾向に似ていることが示されている。そこから、日本語力が違う者同士はそれぞれの日本語力に合った役割を担って話し合いに参加している様子がうかがえ、「日本語力のレベルが違う者同士で構成されるのが望ましい」という、一般的なクラス運営の理解に対する異論が唱えられてい

る。本章では、日本語力のレベルではなく、研究力のレベルが異なるゲストの大学院生の参加が研究テーマの深まりに好ましい影響を与えた様子を分析するが、「レベルが違う者同士で構成されるのが望ましい」という点では共通していると言える。

　一方、研究テーマの構想段階へのピア・レスポンスの適用という観点からは、岩田・小笠（2007）が参考になる。岩田・小笠（2007）では、日本語母語話者と非母語話者である留学生が参加する文章表現のクラスにおいて、アウトライン作成段階のピア・レスポンスを行い、発話機能とプロセスの分析を行っている。分析の結果、日本人学生は「メタ的発話」「やり取りの流れの管理」の使用をより多用し、やりとりをスムーズに進めている。また、両者がともに多様な発話機能を用いてやりとりし、相互に協力的な内容の意見交換を行っている。さらに、留学生は事前準備の不足により、表面的な言語情報要求を重視し過ぎ、限られた時間の中で内容の深まりまで至らない傾向があるが、こうしたピア活動を通して、互いにアウトラインの内容の吟味ができることを主張している。本章では、発話機能というアプローチは採らないが、研究の構想を立て、その方向性を決めるというプロセスを見る点で、アウトライン作成という特殊な段階と似ており、別の面から岩田・小笠（2007）を補う研究とも言える。

　以上の先行研究を踏まえ、本章では、学習者たちの相互助言の質と、専門知識を持ったゲストの大学院生とペアになった場合の学習者の振る舞いを見ていきたい。

3 ｜ 分析対象と方法

3.1　分析対象となる授業

　本章の分析対象は研究テーマ選定とその深まり、さらにそ

の表現であるが、その対象となるのは、網掛けを施した表1
の3〜6回目の4回のグループ・ディスカッションである。

表1　本章の分析対象

回	授業内容	回	授業内容
1	オリエンテーション	9	分析結果を集計する
2	研究テーマを検討する	10	分析結果をまとめる
3	基本概念に親しむ	提出論文3	
4	先行研究を読みあう	11	分析結果と考察を表現する
5	研究テーマを説明する	12	結論と要旨をまとめる
提出論文1		提出論文4	
6	「はじめに」と先行研究を表現する	13	論文を推敲する
提出論文2		提出論文5	
7	分析方法とデータを議論する	14	成果発表の準備をする
8	データベースを作成する	15	成果を発表する

　この3〜6回目の授業では、次のような作業が行われ
た。3回目の授業では、談話研究に必要な、基礎的な専門
用語についての理解を話し合った。4回目の授業では、自
分が選んだテーマに関連する、事前に読んできた先行研究
を、ほかの参加者に紹介した。5回目の授業では、自身の
分析観点を決め、日本語教育を専攻するゲストの大学院生
に説明し、意見をもらった。6回目の授業では、あらかじ
め文章化してきた内容をグループのメンバーに紹介し、コ
メントを交換し合った。このように一連の話し合いと宿
題、及び宿題完成後の再度の話し合いを通じ、学習者たち
は少しずつその後の宿題に向き合う力が高まっていたのだ
ろう。
　この3〜6回目の授業を経て、当初は談話研究の基礎的
な専門用語さえピンとこなかった学習者たちが、6回目の
授業では、自分の研究テーマや分析観点をある程度洗練さ
せ、書いてきた内容をほかの学習者と相談し合うところま
でたどり着くことができていた。

しかし、談話分析の専門知識がほとんどない、アカデミックな文章を書いた経験もあまりない学習者たちは、こうした研究の壁をどのように乗り越え、談話研究に本格的に着手することに至ったのだろうか。本章では、3～6回目の授業で、典型的な変化が見られた2名の学習者、S05とS06を取り上げ、それぞれ検討することにする。分析資料は授業中のグループ・ディスカッションにおいて、2人の学習者が中心に展開された談話の抜粋と、必要な際に参考になった本授業の開始時、中間時、終了時に行われたインタビューの抜粋である。インタビューの詳細は本書の第1章を参照されたい。

3.2 分析対象となる学習者

3.2.1 研究姿勢が改善したS05

3～6回目の授業で順調な成長を遂げた学習者S05をまず取り上げる。

一般に、自分の専門でもない分野について真剣に考え、長い日本語の文章を書くことは、学習者には大きな負担である。3回目の授業のグループ・ディスカッションにおいて、S05は、談話例1の雑談のなかで、こうした何千字もの学術的文章を書かされることに抵抗感を表明している。

談話例1　論文作成に抵抗感を示すS05

話者	発話内容
S08	これやったら、あのー《少し間》何千字になるかな。
S05	いや、こういうの書かされるのは、あ、まじ勘弁。
S08	これだったら、うん。
S05	勘弁してほしいくらいだわ。
S08	これやったら、6000字、8000字ぐらいあるんじゃないすかね。

ところが、同じS05が授業中間時のインタビューの語りで、次のような発言をしていた。

（1）その話し合いの中、たくさん質問されて、問題を発見して、自分の改善できるところもいろいろ、まあ、発見できて、それで、自分もよく論文をまともなものにしていけるというところがいいと思います。　　　　　　　　　　　　　　（S05の2回目）

　このように、S05が何回ものグループ・ディスカッションを経て、論文作成に達成感を持てたことがわかった。しかも、その達成感が生じたのは、話し合いで仲間が質問してくれたことによると語っている。では、4回のディスカッションの間に、当初の抵抗感が、どのようなプロセスを経て、研究に対する高いモチベーションへと変わっていったのか。そして、なぜこれほどまで変わったのだろうか。

3.2.2　当初から研究に意欲的なS06

　一方、S05とは異なり、当初からモチベーションが高かった学習者には、どの程度の成長の可能性があるのだろうか。最初のディスカッションでS05と同じグループに編入された学習者にS06がいる。S06は当初から積極的な姿勢を示した学習者であるが、同じように話し合いに繰り返し参加することで、果たしてS05と同様の帰着点にたどり着けたのだろうか。

　本章では、S05とS06、この2名の学習者を取り上げ、彼らのテーマ理解の深化に影響をもたらした発話に注目し、研究テーマの構想段階におけるピア・レスポンスの有効性を明らかにすることを目指したい。

4 ｜ 分析結果

4.1　学習者S05の成長の道

　3.2.1で示したように、学習者S05は談話分析の論文作

成という課題に取り組み始めた3回目の時点と、この形の授業と話し合いに慣れつつあった授業の中間段階になった時点とは、研究に対するモチベーションが明らかに違っている。3回目から6回目に至る計4回の授業におけるグループ・ディスカッションの対話データを見ると、S05の研究テーマへの理解の深まりとモチベーションの高まりが、4回の授業で段階的に変動していることがわかった。しかも、ピア・レスポンスの話し合いをきっかけに、S05は一歩一歩階段を上り、成長していく様子が見られた。では、3回目から6回目に至る授業において、どのような話し合いが行われ、どのようにS05が変わっていたのか、その四つの段階を次に見てみたい。

4.1.1　段階〈1〉：基本概念の理解不足の認識

　3回目の授業において、グループ・ディスカッションが初めて行われたが、グループ・メンバーが専門用語に対する理解を語っているとき、ほとんどS05は発言しておらず、自分の担当した専門用語を紹介するときも本人の語りが少ない。談話例2はS05が自分の担当した「コンテクスト化の合図」という専門用語を他の学習者に紹介する場面である。

談話例2　基本概念の説明に困るS05

話者	発話内容	備考
S05	えっと、そういえば、えー日本人同士が話すとき、話し合うときは、えー「コンテクスト化の、化の合図」は、んー、順調に、えー、おこ、順調に行うでしょう。	
S05	しかし {中略}、理解したうえで運用すべき、えー、すべき理論ではないのかと思います。	
S06	んー。	
S08	んー、ま、考慮するのはいいと思いますけどー、これは、別に一外国人だからー、あのー、これができないっていう、意味ではないようにもー読んだんですけど、なんでかっていうとその、日本人でもこれその、お互いの？　あの	

	一、表現とかを、ま、なんていうんかな、考慮し合いながら一接していって一初めは、なんかほらこの例でもありましたけど、最初は、敬語で始まるじゃないですか。	
S05	<u>はい、はい。</u>	①
S06	うん。	
S05	<u>あ、これ。</u>	②
S08	で、そのときに、自分たちが例えば同じ、なんか関西人の一会話がありましたよね。{中略：S08の説明とまとめがしばらく続く}	
S05	はい、んー、そのと、その通りだと思、<u>その通りと思います</u>。	③

　談話例2からわかるように、この時点では、S05は高いモチベーションを持てていないようである。S05は、談話研究の基本概念が十分に理解できていない状況であり、担当した専門用語に対する理解が足りず、自分が説明するのではなく、他の学習者の説明を聞き、同意する姿勢しか示せていない。最初こそS05は自分の考えを述べているが、その後はほとんどグループの別のメンバーであるS08が代わりに例を補充したり説明したりするのを一方的に聞くばかりで、①の「はい、はい」、②の「あ、これ」、③の「その通りと思います」のような受け身的な反応が多い。この時点では、S05は談話研究の基本概念を十分に理解しようという意欲に乏しい段階にあると見られるが、専門知識を事前に学び、授業に臨んでいるS08との話し合いを経て、自身の理解不足を認識し、刺激を受けているようにも見受けられる。

4.1.2　段階〈2〉：研究テーマへの理解の深まりと気づき

　段階〈1〉「基本概念の理解不足への認識」から一週間が経ち、4回目の授業では、自分が選んだ研究テーマに関連する、事前に読んできた先行研究を他の学習者に紹介するタスクが課された。

以下に示す談話例3の①と②において、S06が話し合いの仲間として、S05の読んできた先行研究の内容を確認しており、S05の担当したテーマに対する関心を示している。③では「相互行為的な視点」という存在を証明できる例を求め、それによりS05は④で自分の選んでいたテーマ「視線・表情」と先行研究のつながりに気づくことができた。

談話例3　先行研究と自分のテーマのつながりに気づいたS05

話者	発話内容	備考
S06	その三つ目の「視点」はなんですか。	①
S05	証明した。	
S06	相互行為視点ですか。	
S05	はい。	
S06	え、だからー、えっと、「観察者視点」とー、「登場人物視点」とー、「相互行為的な視点」で。	②
S05	そういうことです。でも、人が、ま、三つ目、三つ目の「視点」、ん、あ、この二つの「視点」だけではなくて。	
S06	うん。	
S05	まあ、「相互行為的な視点」もある、とか、そして、それを、まあ、証明した、ということです。	
S06	あ、その存在が証明した、とか。	
S05	はい。	
S06	《沈黙5秒》で、例えば、どんな、どんなことが。	③
S05	まあ、例えばねー《沈黙7秒》例えば…、視線です。	④

　学習者は基本的にそれぞれ異なる研究テーマを選ぶため、研究テーマに関連する先行研究も、それぞれ異なるものを読んできている。にもかかわらず、話し合いの仲間として、S06がS05のテーマに強い関心を持っているため、内容の確認や筆者の意図などの確認をすることが多く、その一つ一つの質問を受ける過程で、S05は自身の研究テーマに関わる基本概念の整理や、自身の研究テーマと関わる先行研究とのつながりに気づくことができている。談話例3では、S06の質問によって、「観察者視点」「登場人物視

点」のほかに「相互行為的な視点」があることをS05は意識し、さらにその例をS06に問われたことで、その内実を具体的に考える必要が生じ、S05が研究テーマとして考えている「視線」と結びつくことになる。S06は、日常的な言語使用と結びつく「観察者視点」や、小説などの物語世界と結びつく「登場人物視点」のようなイメージがしやすいものと異なり、「相互行為的な視点」はイメージが湧きにくかったために例を尋ねたと思われるが、そのS06の質問によって、S05は視点概念の抽象的な整理に対する理解が深まり、それが自身の具体的な研究テーマに結びつく気づきを得たのである。

4回目の授業になり、ペアワークという2人での作業がプラスに作用したせいか、S05の研究に対する姿勢が、3回目の授業より改善されている。もちろん、要点の把握力はまだ不足しているが、先行研究をめぐるS06の質問を受けながら、自分なりに整理して語れるようになりつつある。

4.1.3 段階〈3〉：分析観点の確定と研究の方向性の絞り込み

5回目の授業では、日本語教育を専攻するゲストの大学院生と相談しながら、分析観点を確定し、研究テーマの方向性を絞り込む。談話例4-1と談話例4-2では、S05はそれぞれ大学院生A07とA04とペアになり、発表者の視線のみに絞るという分析観点を確定し、さらに視線の機能などについての細かい質問を受けるなかで研究の方向性を絞り込み、実際に分析する際の心構えも形作られつつある。

談話例4-1において、A07は①で「視線と表情」を、③で「発表者の視線と相手の視線」をセットで分析することを考えているのに対し、S05は②で「視線のみ」を、④で「発表者の視線のみ」を分析する姿勢を貫いていることがわかる。A07も諦めずに、⑤では相手の影響を受ける可能性について、⑥では先行研究の分析の仕方について話を

続け、S05の分析観点に揺さぶりをかけるが、S05も⑦のように自らの分析観点を変えず、⑧で「発表者の視線のみ」という分析観点を強調している。S05はおそらく複数のものを同時に分析することで分析観点が交錯するのを嫌ったと思われ、A07への反論を通して、自身の研究に対する姿勢が明確になった様子がうかがえる。

談話例4-1　考えてきた分析観点を曲げないS05

話者	発話内容	備考
A07	これー…、ま、すいません、あたし的な理解なんですけど、これを、視線、視線と表情、一緒に分析したほうがいいですか。	①
S05	いえ、一緒に分析するというかー、わたしはし、視線に絞ったほうがいいではないのかなーと思います。	②
	{中略}	
A07	しかも、発表者の視線だけに絞って、うん…。	③
S05	はい、そうです。	④
A07	{中略}でも、発表者の視線だけに…んー、そうですね。んー、発表者の視線は、そのー、相手の影響を受ける可能性もあるんじゃないかなーと思いますけど。	⑤
S05	はい、はい。ま、実際にそういう感じですね。	
A07	うん。先行研究は視線についてどういうふうに分析してるんですか。	⑥
S05	ま、先行研究を見たところ、そうですね、もう一つ確認されたのは、ま、その発表者が、発表者の、発表者、その、発話が一段落した、一段落するときは、よく聞き手に視線を向けます。それは、ま、聞き手のま、リスポンス、まあ、よく、え、リスポンスを求める、ま、行動ですね。	⑦
A07	うん、うん。	
S05	はい、聞き手、聞き手ーがよく聞いているかどうかを、確認する意図が含まれていると思います。	⑦
A07	うん、あー。	
S05	はい、それは、まあ、もうすでに確認されていましたので、ま、むしろ、あ、むしろ僕にとっては、ま、相手とーのお互い影響しあい、影響しあう中、その、ま、話者の視線の使い、視線の使いを研究対象にしたいと思います。	⑧
A07	はい。	

　一方、大学院生A04との対話は、研究の方向性を絞り

込むのに役に立っている。談話例4-2の⑨と⑩では、言い
よどんだときや自信のないときの視線の質問をA04から
受け、話し手の視線がその場の発話や心理と連動してどの
ように動き、それをどのように記述するか、これから分析
する内容についてのイメージを膨らませ、研究の方向性を
絞り込むことに役立てようとしている。さらに⑪と⑫で
は、論文作成経験がある大学院生A04からのコメントに
より、研究を始めてからの大変さにも注意が向けられ、⑬
では分析する際の心構えと対策も芽生えはじめている。

談話例4-2　分析の際の困難点を指摘されたS05

話者	発話内容	備考
A04	その、言いよどんだときっていうのは、どういうのでしたか?	⑨
S05	言いよどんだときは…<少し笑いながら>そのときもちょっと…そうですね、そのときの視線はなんか、聞き手に向ける視線ではなくて、だからなんか普通に、まあ、上の方に向ける。	
A04	《少し間》でも、ちょっと自信がないときとか?	⑩
S05	はい。	
A04	人はその、相手をみ、見られない <笑い>っていうような…。	
S05	はい。	
A04	その…《沈黙2秒》映像のものを書くときは、書くのが大変ですね。	⑪
A04	どう表現するか、その、今どんな動きをしたっていうの、文字で書くのは大変ですね<笑いながら>。	⑫
S05	《少し間》そうですねー、ま、じゃ、ひとまず<笑い>…ま、こういうこと、相手に向けるということ。	⑬

　このように、S05はある程度分析の方向性を考えてきたう
えで、論文作成経験がある大学院生と相談することにより、
分析観点を整理しながら、研究の方向性を絞り込むという段
階〈3〉に到達することができた。この5回目の授業では、
S05がさらに積極的になり、大学院生とともに分析観点を固
め、研究上の問いを立て、それを解くという過程の中で、次

の執筆のための準備ができていったと考えられる。

4.1.4　段階〈4〉：記述を通じての研究内容の精緻化

　6回目の授業では、参加者が「はじめに」と「先行研究」について自ら書いた原稿を持ち寄り、グループのほかの学習者とペアになって話し合い、交互に添削作業を行った。ただし、出席者の人数が奇数であった関係で、担当教師も1人の参加者として、相手を変えて3回行われた話し合いに参加していた。ここで分析しているS05も、これから分析するS06も、その中の2人であった。S05は、談話例5-1における学習者S13との話し合い、および談話例5-2における教師との話し合いで、自分が作成してきた論文に出てきた仮説と先行研究の記述をめぐる問題がそれぞれ指摘され、修正の手がかりを得ていた。

　談話例5-1の①では、S13から論文の仮説の妥当性について指摘されている。論文を読むと「視線のまじわりが、協調学習における会話を活発にする」という仮説が、あたかも先行研究から導かれる結論であるかのように書かれており、S13はそれに違和感を持ったようである。これに対して、S05は②で、それは結論ではなく、推理にとどまるものであると答え、③で、これから修正していくという姿勢を示し、研究内容の精緻化を図っている。

談話例5-1　仮説の妥当性を疑問視されたS05

話者	発話内容	備考
S13	この、ここの「会話は活発におこなる‘行う’」…、ここはあのー、<u>「視線のまじわりが、協調学習における会話を活発にする」</u>っていうのは、あのー、この3人の、結論っていう感じですか。	①
S05	はいはい、実際結論ではないですね＜笑い＞。まあ、こ、こういうこと書くの、不謹慎、ではないのかなと思いましたけど、実際、そうですね、これ、僕の結論《沈黙5秒》まあ、ただ自分ーのすい、すいに‘推理’ですね。	②
S13	うん。	

| S05 | 実際、こ、まあ、ここあくまでもー、<u>あくまでも、ま、第一弾なのでこれからもー、ん、ま、いろんなところ直していくと思いますが。</u> | ③ |

　一方、S05が担当教師とペアになった談話例5-2では、一連の話し合いのなかで、担当教師はS05に対し、先行研究は自分の研究を位置づけるために引き合いに出すものであり、先行研究と自分の研究との共通点と相違点を明確にすることが重要だと述べている。その前提で④が語られ、⑨と⑩でまとめられている。具体的には、教師は、⑤と⑥で、ポスター発表を扱った先行研究と、ゼミ談話を扱っているS05自身の研究は、視線の向け方が違うと述べ、相違点を際立たせるように仕向けている。また、協調学習を扱った先行研究からはS05自身が結論を引き出している点を問題視し（談話例5-1も参照）、先行研究と異なるS05自身の見解を出すように促され、それに応える形でS05も⑧で、自身の研究のオリジナリティを出すことに成功している。そのオリジナリティの源泉は段階〈3〉で見た「発表者の視線のみ」というS05の分析観点であり、自身の分析観点に基づいて分析することでオリジナリティを出すという研究の筋の通し方を、S05はピア・レスポンスの対話を通して自然に学んでいることに気づかされる。

談話例5-2　研究の位置づけの説明を求められたS05

話者	発話内容	備考
A05	じゃ、そ、それだったら先行研究にやってることが「S05名前」さんの全てだとすると、<u>「S05名前」さんがこの研究をやる意味がない</u>わけですよね。	④
S05	はい<笑い>。	
A05	[中略] ちょっとこの研究を見てみると、えっとー、まず、えっと坊農さんとか片桐さんの研究が上がっていて、ポスター発表についてやったんですよね。で、<u>ポスター発表における、その視線の向け方のそのポイントみたいなものが明らかになっている。</u>	⑤
S05	はい、はい。	

A05	これはもちろん重要な研究でしょうけども、あのー、これは、えと、<u>ゼミの談話とはちょっと違うかな。</u>	⑥
	｛中略｝	
A05	この二つ目のものが実は重なっていて、「S05名前」さんがこれからやろうとしている研究と、二木さんたちがやろうとしている研究<u>どこが違いますか。</u>	⑦
S05	<u>え、自分はー、ただし、自分はその発表者の視線に注目したいのです。でも、ここ、このー、まあ二つ目の先行研究は</u>、特に誰かの視線に注目するー、というわけではなく、ま、<u>グループ全体の視線の交わりに注目していて、その交わりが、そのグループ特性と、ま、どんな関係があるのかは明らかにしたー</u>ものですから、そこが違いですね。	⑧
	｛中略｝	
A05	つまり、自分は、何をするのか、これ「先行研究」って書いてあるんだけれども、大切なのは「本研究の位置づけ」っていうもので、この、<u>「先行研究」</u>はたくさん書いてあるんだけれども、「本研究の位置づけ」がない。	⑨
A05	つまり<u>自分の研究</u>が、これらの研究と比べてどういう特徴を持ってるか。	⑩

　このように、当初、論文作成に抵抗感を持っていたS05が基本概念の理解不足を認識し、自分の選んだ研究テーマの知識を増やして理解を深め、大学院生との対話を経て研究の方向性を絞り込み、実際に執筆したものを通して自分の論の弱いところを意識化し、それを修正する方策を模索しはじめている。S05は段階〈1〉に始まり段階〈4〉に至る四つの段階を経て、研究の基本的な考え方を身につけ、質の高い「はじめに」「先行研究」の執筆が可能な準備が整ったことがわかる。「たくさん質問されて、問題を発見して、自分の改善できるところもいろいろ、まあ、発見できて」というS05のインタビューに表れた研究へのモチベーションは、このような段階を踏んで成長してきたところから生まれたものであろう。

4.2　学習者S06の成長の道
　4.1では、S05という当初研究のモチベーションが低か

ったものの、4回の話し合いのなかで段階的に成長を遂げた学習者の談話例を取り上げた。しかし、当初からすでに研究のモチベーションが高かった学習者S06の場合、ピア・レスポンスの授業のなかで成長できる可能性があるのだろうか。4.2では、S05と異なるタイプのS06の成長の段階を追ってみることにする。

4.2.1 段階〈1〉：基本概念の十分な理解と説明

　初めてのグループ・ディスカッションが行われた3回目の授業で、S05と同じグループにいるS06がすでに高いモチベーションを持っていることが次の談話例6から見てとれる。自分の担当した専門用語「フッティング」について、十分に理解し身近な例で説明できていることが①からわかる。また、S06はこれを面白い現象だと思っていることが②からわかるが、役割が固定的なゼミ談話だと「フッティング」では分析しにくいので、自分の論文テーマとして選ぶことは考えにくいと③で語っている。しかし、代替のテーマとして、ゼミ談話にふさわしい「節連鎖表現」を想定しており、それに興味を持っていると④で述べている。

談話例6　基本概念の説明が十分なS06

話者	発話内容	備考
S06	で、まあ、さっきも、おっしゃったように、こういうような関係があって、で、その関係のことを、「フッティング」、と言いますね。あの、<u>先輩と後輩</u>、という「<u>フッティング」から、えーと消費者と会社員、という「フッティング」</u>に、変換する。で、わたしの理解からはまあ、ある種の役割の関係↑ですけど。	①
S08	はい。	
S06	うん、で同じ例でー、まあ、<u>この例6で、最初ーは、この先輩とー、後輩のー、関係でまあ先輩が、ちょっと、くだけた話で、で後輩がー、尊敬する、あ、「ます」とか「です」とかというような、話だったけどー</u>、で、あのーその、後輩がー、先輩が内定した会社の話CMの話を褒めていますから、で、と、突然、その、先輩が、えーと会社員	②

	の役割になって、で、最後「ありがとうございます」とか言いました、はい。	
S08	うん、うん、うん。	
S06	で、このようなーなんか、同じ会話ーで、同じ人の中で、ま、こんな短時間で、こういうような役割の転換が達成できるのはなんか、ちょっと面白いなと、思いました。	②
S06	〔中略〕そう、《沈黙3秒》だかーらまあ、えーと実際はゼミの談話分析はー、使えるかどうかまだわかんないですけど、わたしはたぶん、そういうのは研究ーしたくないですけどー	③
S08	<笑い>。	
S06	<笑い>でも興味があったなっていうのはあのー、えーとなんか、なかなかーき切らないのずっと続く。それ、なんだっけ?「節連鎖表現」?それについて興味持ってますからー。	④
S08	うん?あー。	

　このように、専門用語に対して理解があるだけでなく、研究テーマを何にするのか、面白いはずのテーマがなぜ今度の分析対象にふさわしくないのかなど、S06はつねに自分の研究テーマに引きつけて考えることができており、談話研究をある程度イメージできている点で、S05とは異なり、当初からスタートラインがかなり前にある学習者とみなせる。

4.2.2　段階〈2〉：研究テーマの適切な理解と具体的な説明

　4回目の授業で行われた、2回目のディスカッションに移る。この回は、自分が選んだ研究テーマの先行研究の紹介しており、S05からキーワード「節境界」と「節連鎖」の関係についての質問を受けたことが談話例7の①からわかる。これに対して、S06はまず「節連鎖」の理解を②で、「節境界」を③で語り、続いて④で例を挙げたり、⑤や⑥で説明をふくらませたりしている。

談話例7　先行研究の内容の説明が適切なS06

話者	発話内容	備考
S06	（自分が読んできた先行研究を5分ぐらい紹介した後）はい、質問とかありますか？	
S05	はーい。	
S05	<笑いながら>簡単に言うと、「節境界」と「節連鎖」はどういう関係なんですか？	①
S06	うん。どういうなに？	
S05	関係？	
S06	あ、関係ですね。んー、あー、たぶん、「節連鎖」こ、「節連鎖」は、構造です。	②
S05	はいはい。	
S06	<笑いながら>で、「節境界」は、その中の単位です。一つ一つの単位です。	③
S05	はーい。	
S06	だから、例えば、三つの「節境界」があって、で、この三つの、ぜん、全体は、「節連鎖構造」。	④
S05	はいはい、わかりました。	
S06	だと言えますが…で、あとで、この人もまた多重的な「節連鎖構造」を研究しましたので、多重的なのはたぶん「節連鎖構造」だと言えますから。	⑤
S05	はい、はい。	
S06	で、その中で、なんか、ま、順序、ん、順番とかも関係があって、で、どのようなものを使っているか、で、どこで説明で、どのような場合に適しているのか、とか、ありましたけど。	⑥
S05	はい、はい。	

　このように、2回目のグループ・ディスカッションでも、S06は先行研究を自分の理解に基づいて紹介でき、ほかの学習者からの質問に対しても十分に応答している様子が観察される。

4.2.3　段階〈3〉：分析観点の多面性と研究の視野の広がり

　研究に対する意識が高く、準備もこまめに行うS06であるため、自身の研究対象の理解は十分にできていたものの、見ている範囲が狭く、研究対象を多面的な分析観点で

捉えたり、広い背景の中に位置づけたりするところまでは
至っていなかった。しかし、S06は、大学院生がディスカ
ッションのグループに入り、研究相談に対応することにな
っている5回目の授業の機会を生かし、研究の関心が異な
る2人の大学院生からたくさんのヒントを引き出すことに
成功している。

　大学院生A07は日本語学、とくに語彙を研究している
大学院生であるため、談話例8-1の①〜③では、異なるコ
ーパスを比較し、一定の基準に基づいて分類したものの頻
度を数え、表にして分析するというアドバイスを行ってい
る。S06はコーパスの利用は行っているものの、分類表を
作成して傾向を見るところまでは至っていなかったため、
談話例8-1のやりとりを通して、研究をさらに前進させる
ヒントを得たと言えるだろう。

談話例8-1　量的な分析のアドバイスを受けるS06

話者	発話内容	備考
A07	二つのコーパス、一応、かきこと、書き言葉コーパスと、話し言葉コーパス、両方を用いて分析してるので、この間の比較はしてますか？	①
S06	はい、してました。	
A07	ふんふんふん。《少し間》なので、ここに、分、その分類の基準に当てはまってそのよく表みたいな、分類表は作ることができますよね。	②
S06	はい、うんうん。	
A07	で、それを分析して、あのー、ある傾向は見えると思いますね。	③
S06	うん。	

　一方、談話例8-2に現れる大学院生A02は日本語教育を
専門とし、インタビューを用いて質的に分析を行う学習者
心理の研究者である。A02は質的分析の専門家として、
A07の量的な分析の観点を補強する、異なる観点からの
アドバイスを行っている点が興味深い。談話例8-2の④〜

⑦では、発話者がどのような場面でどのような機能の発話を行うときに節連鎖が長く続きやすいのか、節連鎖の内実を重視する具体的な分析のアドバイスを行っている。A07の形態重視の量的な分析と対照的であるが、いずれも重要な分析観点である。中略の部分でも、節連鎖が起きるさまざまな理由を推測し、いくつかのヒントを示し、⑧でそれらを前後の文環境、すなわち文脈の観点としてまとめ、④〜⑦の機能の観点と並置して示している。

談話例8-2　質的な分析のアドバイスを受けるS06

話者	発話内容	備考
A02	なんか例えば、Aさんはよく、Aさんは話がとても長くて、なにについて話すときに、例えば説明を求めるときにすーごくこう、前置きが長いとか。	④
S06	うん、はい、うんうん、はいはい。	
A02	あるいは、その、質問するときにその質問の話が長いとか。	⑤
S06	あー。	
A02	あるいは、なんかこの、例えば、質問、あの、なんだろ、相手の話を受けて、それに付け加える何かを。	⑥
S06	うんうん、で、それは原因としても使えますね。	
A02	それは一つの原因、うん。そういうふうに整理していってもいいんじゃないかなって思う。	⑦
S06	うんうん、あ、そうですね。	
A02	｛中略：A02がいくつか分析の切口を挙げている｝で、その「節連鎖」が発生している、その箇所に、焦点当てて、前後の話、どのようなことによって、その「節連鎖」が発生したのか。	⑧
S06	はい、はい。	

　こうしたやりとりによって、S06は節連鎖という現象をどのように分析していけばよいのか、A07の量的な観点と、A02の質的な観点という相補的な分析観点を得、さらに、A02から機能的な観点と文脈的な観点という示唆を受け、分析観点の多面性を整理するとともに、今後の研究の方向性を手に入れ、この後の分析・考察に明確な見取

り図が描ける状況になっている。この回の大学院生とのディスカッションを経て、迷っていた研究観点についてS06なりに整理が付き、段階〈3〉で研究のステージが明確に上がり、研究の視野が広がったと言える。すでに決めた研究方法を大学院生と話すことで深めたS05とは異なり、S06はこの話し合いの機会を利用して研究の視野を広げることに努め、後で自分で絞るというアプローチを選択しているように見受けられる。

4.2.4 段階〈4〉：記述を通じての学術的作法の精緻化

　6回目の授業は、あらかじめ文章化してきた内容をグループのメンバーに紹介し、修正のコメントを互いに考える回である。4.1.4で説明したように、S06もまた、3回のペア・ディスカッションのうち、出席者の人数の関係で1回担当教師とペアになっている。

　談話例9-1では、①で先行研究の不足をS14に指摘され、②でS06が現状を報告し、③で適当な先行研究が見当たらないことを説明している。

談話例9-1　先行研究の不足を指摘されたS06

話者	発話内容	備考
S14	あのー、あ、一つ質問なんですけど、<u>なんで、あの、母語話者と外国人話者の区別について論文を</u>、あの、先行研究を選ばなかったんですか。	①
S06	うん、探せな、なんか、<u>見つかんなかったです。</u>	②
S14	あー、じゃあ、前は実はそういう、あの、ひ、比較？ひてき？ひ、compareがなかったんですか。	
S06	まあ、そう…ですね。なんか、探して、で、わかんないですが、あとであの、また頑張って探そうと思ってますが、やっぱ今の段階で、ま、実はその「節連鎖表現」の、研究についてもあんまりなかったですしー、で、この人以外には、<u>丸山さん以外にはやってる研究はあんまり、そう、ない、と思います。</u>	③

　しかし、談話例9-1に続く談話例9-2で教師とペアにな

ったS06は、適当な先行研究が見つからずに悩んでいること
を告白し、教師からいくつか文献を推薦されたほか、談
話例9-2の④で、調べられるサイト及び、調べる際の入力
のコツを教わり、さらに、⑤で観点を広げて参考文献を増
やすという方法も紹介されている。対等な立場にいる学習
者からだと滅多にもらえないアドバイスであり、仲間、す
なわちピアではなく、教師とペアになるというのもまた、
こうしたアカデミック・スキル育成を図る授業の場合、一
つの有効な手段になりうることを示している。

談話例9-2　先行研究の調べ方を教わるS06

話者	発話内容	備考
A05	例えば、あの、CiNii［サイニー］っていうサイトに行って みて、シーアイエヌアイアイ（S06：うん、はいはいはい） とかで、例えば、「節、連続、会話」とかキーワード入れ てみて、やってみるとかね。そういうことで、たぶん出て くるんじゃないかな。	④
S06	あー、はい、はい。	
A05	あるいは、話しこ、会話じゃなくて、話し言葉でもいいと 思うんですけど、そういうふうにしてまず文献を増やして いただきたいな、というのが一つの希望ですね。	⑤
S06	はい。	

　また、先行研究の不備だけでなく、学術面で重要な用語
の定義についての指摘も教師から受けている。談話例9-3
の⑥で、教師はS06の「節連鎖構造」の定義が不十分であ
ることを指摘し、続く⑦で、こうしたテーマに初めて接す
る人のために例をあげるなどしてわかりやすく書くように
アドバイスを行っている。

談話例9-3　定義の妥当性について指摘されたS06

話者	発話内容	備考
A05	「節連鎖構造とは」ってせつ、あの、定義をしてるのはい いんですけれども、「節と節が文法的に連鎖する構造」っ ていうのはこれは、たぶん、あの説明なってないですね。	⑥

S06	はい。＜笑い＞。	
A05	＜笑いながら＞だって、見りゃ、そりゃ、そりゃ、わかるんだ。だって、<u>漢字、書い、そう書いてあるんだからそうなんだけど</u>	⑥
S06	＜笑いながら＞はい。	
A05	じゃ、例えば、<u>例を出して、そして例をもとに</u>、さっき言ったような<u>説明をすると</u>、あの、<u>初めての人でも</u>わかるんじゃないかなって気がします。	⑦
S06	はい。あ、はいはい。そうですね。はい、わかりました。	

　こうしてS06は、学術的な内容を記述する論文作成術における勘どころを手にする段階〈4〉にたどり着いた。教師とのやりとりを経て、読み手を意識し、専門用語などをわかりやすく説明することの大切さに気づき、これからの論文作成にも役立つと、S06は事後のインタビューで語っている。

5 考察と教育への提言

5.1　学習者の成長過程

　開始当初、研究意欲が低かった学習者S05において、研究テーマに対しての理解の深まりが、以下の段階で進むことがわかった。

　　段階〈1〉：基本概念の理解不足の認識
　　段階〈2〉：研究テーマへの理解の深まりと気づき
　　段階〈3〉：分析観点の確定と研究の方向性の絞り込み
　　段階〈4〉：記述を通じての研究内容の精緻化

　開始当初から研究意欲が高かった学習者S06において、研究テーマに対しての理解の深まりが、以下の段階で進むことがわかった。

段階〈1〉：基本概念の十分な理解と説明
段階〈2〉：研究テーマの適切な理解と具体的な説明
段階〈3〉：分析観点の多面性と研究の視野の広がり
段階〈4〉：記述を通じての学術的作法の精緻化

　S05、S06とも、研究テーマに対する理解が深まるにつれて、研究に対するモチベーションが高まる様子が観察できた。研究テーマに対する理解が足りないときには発言を控えて耳を傾け、自信があるときには、より積極的に自ら話を進めたり、質問をしたりする。テーマ理解の深まりとモチベーションの高まりが連動していたことが談話例から明らかになった。

　もちろん、S05とS06では、成長の仕方が異なる。S05とS06が同じグループに入っている談話例からわかるように、1回目と2回目のディスカッションでは、S05は基本概念や研究テーマの理解が足りなくてついていけず、それを少しずつ獲得する段階であったのに対し、S06は基本概念や研究テーマの理解が十分であり、それを丁寧に説明して、S05に刺激を与える側であった。しかし、S05は、グループのメンバーとの話し合いから基本概念の意味や先行研究を読む際の要点を学び、研究へのモチベーションを徐々に高め、3回目と4回目のディスカッションで、それぞれ大学院生と教師から、分析観点の絞り方や論文作成の際の心得を学び、常に自分の足りないところを補いながら成長していく姿が観察された。

　これに対し、基本概念や研究テーマの理解が十分であったS06は、最初の2回のディスカッションでは積極的に発言し、S05を含めたグループのメンバーを支える立場であった。S06にとっての学びの場は、グループ・ディスカッションをする教室ではなく、むしろ与えられた課題を準備する自宅であったのかもしれない。しかし、3回目と4回

目のディスカッションでは、自身よりはるかに優る専門知識を有する大学院生と教師との対話の機会を生かして、分析観点の多面性と研究の視野の広がり、さらには学術的作法を学び、本授業の論文執筆のみならず、自己の専門分野にも応用できるアカデミック・スキルとアカデミック・ライティングのコツを学んでいる。

　もちろん、S05とS06が異なるように、それぞれの学習者には個性があり、成長の道はそれぞれ違う。しかしながら、後方のスタートラインから努力を続け、自己の信念に基づいて徐々にレベル・アップしたS05のような成長の過程と、前方のスタートラインから真面目な準備を重ね、積極的に他者から刺激を得ようとするS06のような成長の過程は典型的なものであり、どちらの過程も、部分的にはほかの学習者に多かれ少なかれ観察されるものであった。

5.2　発表者と参加者の努力

　学習者の成長は、発表者側と参加者側双方の努力によって裏付けられるものである。ピア・ラーニングの最大の魅力は対話にあるため、参加者から適切な質問や意見が出てこない限り、本章で見られた発表者に刺激を与えるようなやりとりが現れず、発表者の成長も順調には進まない。4回目の授業の談話例3における発表者側の学習者S05と参加者側の学習者S06のように、参加者がいい聞き手になって、耳を傾ける姿勢で発表者の話を聞くと、建設的な意見や質問を出して発表者の助けになる。

　一方、発表者の理解、着想、悩み、作文などは、すべて話し合いの材料となるため、発表者自身の準備がなによりも重要である。発表者の準備が十分でない場合、議論のための材料が不十分となり、発表者と参加者の対話が成立せず、発表者を除く参加者同士の議論になる可能性がある。発表者自身の準備が十分な場合、投げかけられた質問に説

明をしたり、論拠を示したり、具体例を提示したりして、その場で自分の考えを整理することが可能になる。ピア・レスポンスのグループ・ディスカッションは、発表者が自分の足りない部分に気づき、その足りない部分を参加者と協力して補う場であり、足りない部分に気づき、それを補えたとき、発表者も参加者も充実感と成長が得られる。そのための十分な材料を提供する責任が発表者にあるのである。

　また、ピアではない、高い専門的知識を有する大学院生や教師の参加もアカデミック・スキルの育成という点で重要である。5回目の授業での大学院生とのやりとり、6回目の授業での教師とのやりとりは、対等な学習者同士とのやりとりを重視するピア・レスポンスでは逸脱した方法である。しかし、学習者が専門性に乏しく、互いに議論しても不可知論に陥りやすい状況で、立場が異なる大学院の先輩や担当の教師から適切なアドバイスを得られることは、学習者のアカデミック・スキルを伸ばす貴重な機会であることが本章の考察から明らかになった。

5.3　教師への示唆

　この授業の3〜6回目、すなわちグループ・ディスカッションの1〜4回目では、「専門用語」「先行研究」「分析観点」「表現技術」を対象に、談話研究の論文執筆のための土台を作っている。本章の考察対象としたS05とS06は、同じ活動に参加しているが、当該授業を経て身につけたスキルは次のページの表2に示すように異なるものである。

表2　S05とS06の3〜6回目の授業における到達度

	S05	S06
専門用語の理解	他者の説明を聞き、基本概念をめぐる自己の理解が足りないことが認識できた	基本概念の十分な説明ができ、自分の研究テーマとの関連も認識できている
先行研究の読み込み	質問を受け、説明を受けるうちに、先行研究の理解が深まり、自己の研究との接点を発見できた	文献を事前に読み込んでおり、他者からの質問にも整理して答えられている
分析観点の検討	揺るがない分析観点を決めることができ、研究の具体的な方向性を、話し合いを通して固められた	量的分析と質的分析、機能と文脈といった対になる分析観点を整理し、自己の研究を多面的に見られ、研究の視野が広がった
文章化した内容の検討	論理の飛躍やオリジナリティの必要性に気づき、今後どのように研究を深めていけばよいかが見えてきた	先行研究の調べ方を学び、明確に定義し、わかりやすく説明するという論文作成の基本的姿勢を得た

　　以上の考察を踏まえ、教師がピア・レスポンスのグループ・ディスカッションを行う際に、以下のような姿勢で臨むことを提案する。

〈段階的な授業設計〉
談話分析になじみのない留学生に対し、前提となる専門用語の理解から始め、先行研究の読み込み、分析観点の検討、文章化した内容の検討という段階を踏んだことで徐々にテーマ理解が深まる様子が観察できた。こうした段階の設定にはさまざまなやり方があろうが、アカデミック・スキルを育成する場合、段階の設定を学習者任せにするのは避け、論文執筆への橋渡しになる段階の設定を教師が考え、周到に準備することが必要である。

〈対話の意義の強調〉
授業開始当初は専門知識が乏しいため、まず学習者自身の努力が必要で、事前の準備を欠かさずに、授業に臨む必要がある。その上で、参加者同士が互いの発表に興味を持ち、耳を傾け、コメントに努めるようにし、ディスカッションを建設的なものにしていく努力

が必要である。また、経験豊かな大学院生のゲストや担当教師がディスカッションに関わることで、高い見地からのアドバイスが得られ、発表者がよい刺激を受け、論文をより良いものに仕上げることにつながる。ピア・レスポンスは、グループ・ディスカッションの対話を通してモチベーションが高まったり、自分の考えをまとめて表現したりすることもできる学習法である。こうした対話の優れた効果を、教師が折あるごとに学習者に伝えていく必要がある。

6 | まとめ

　本章が分析対象とした3〜6回目の授業では、学習者が分析観点となるテーマを暫定的に選んだうえで、①談話分析の基本概念について、②自身の分析観点に関わる先行研究について、③実際の談話を試みに分析した結果について、④①〜③の一連の活動を文章化したレポートについてそれぞれ1回、計4回のグループ・ディスカッションを行った。S05とS06という2名の学習者の発話に注目し分析した結果、両者に違いこそあるが、それぞれの段階を踏んで成長する様子が観察された。

　冒頭で設定した本章でのRQへの解答は次の通りである。

・RQ1：学習者が、なじみのない研究テーマに出会ったとき、どのような段階を経て、テーマへの理解を深めていくのか。

　学習者S05とS06の4回のディスカッションを分析した結果、両者とも基本概念を学び研究テーマの背景を知る（専門用語：3回目）、先行研究との関連で自己の研究テーマを絞る（先行研究：4回目）、ゲストの大学院生との対話から

研究テーマの深め方を学ぶ（分析観点：5回目）、ピア・レスポンスによって分析する研究テーマの表現法を知る（表現技術：6回目）という段階に応じた成長を遂げていた。相手の質問に答えるなかで、研究を言葉にする方法を考え、研究の方向性を絞り、研究に対する新たな示唆を得、研究内容を高い精度で表現する力を磨いていく様子が観察された。

・RQ2：学習者が研究テーマへの理解を深めていく背景には、どのような力が働いているのか。

　学習者は一人ひとり異なる存在であり、当初のスタートラインも、成長の過程も異なるが、どの学習者にも、研究テーマへの理解を深め、成長していく余地がある。そして、その背後には、自分の足りないところに気づき、それを補い、克服することで段階的に成長していこうとする力が働いている。この段階的に成長していく力は、研究に対するモチベーションの高まりと連動しており、研究に真剣に向き合えば向き合うほど、研究テーマへの理解が深まるという好循環が見られる。
　ピア・レスポンスの授業においてこうした好循環を生み出すには、発表者の入念な準備と参加者の適切な質問が、いずれも重要になる。発表者には、概念の理解、論点の整理、論拠の提示といった十分な準備が求められ、参加者側には、説明の要求、異なる観点の提案、主張への疑いといった批判的思考が必要になる。

・RQ3：RQ1、2の分析結果を踏まえ、教師がピア・レスポンス授業のシラバスや授業設計を考える際に、どのような示唆が得られるのか。

　教師は授業をデザインするときに、学習目標に至るまで

の段階を設定し、段階を踏まえた指導を心がけるのがよい。学習者の成長は段階的であり、アカデミック・ライティングという慣れない作業に徐々に慣れていく必要があるためである。

　また、教師はピア・レスポンスのグループ・ディスカッションの意義を十分に理解し、学習者に対し、発表者の役割と参加者の役割という二つの役割を十分に伝えると同時に、発表者の十分な準備と参加者の建設的な質問を促すことが求められる。可能であれば、今回のゲストの大学院生のような専門知識のある参加者を加えることも考えるとよいだろう。

　さらに、個々の学習者の成長段階に応じた適切なサポートが必要である。詳細は第11章を参照いただきたいが、ピア・レスポンスの場合、グループ・ディスカッション任せになると、どうしても個々の学習者に疑問や不安が生じがちになる。そのため教師は、オフィスアワーなどを活用して、個々の学習者の声を聞き、相談に応じることも重要であると思われる。

参考文献　池田玲子（1998）「ピア・レスポンスが可能にすること―中級学習者の場合」『世界の日本語教育』9, pp.29–43.

池田玲子（2004）「日本語学習における学習者同士の相互助言」『日本語学』23(1), pp.36–50.　明治書院

池田玲子・舘岡洋子（2007）『ピア・ラーニング入門―創造的な学びのデザインのために』ひつじ書房

岩田夏穂・小笠恵美子（2007）「発話機能から見た留学生と日本人学生のピア・レスポンスの可能性」『日本語教育』133, pp.57–66.

朴恵美（2015）「日本語学習者グループと母語話者参加グループにおけるピア・レスポンス活動の相違―『役割としての支援』という観点から」『一橋日本語教育研究』3, pp.37–48.

広瀬和佳子（2015）『相互行為としての読み書きを支える授業デザイン―日本語学習者の推敲過程にみる省察的対話の意義』ココ出版

第7章

話し合いによる研究意識の形成
学習者は分析と考察をどのように深めるのか

胡 芸(艺)群

論文・レポートの執筆において、対話をベースにしたピア・レスポンスを、分析・考察の段階で用いるのも効果的です。そのとき、文章化した内容を話し合うことで改善するのは、日本語の表現だけではありません。研究の分析・考察に対する認識も変化し、研究に対する意識が向上します。その場合、学習者は、分析・考察に対する認識をどのように深め、高い研究意識を獲得していくのでしょうか。本章では、ピア・レスポンス授業における分析・考察の段階の話し合いの実態を検討します。

1 はじめに

　論文やレポートといった学術的な文章を書く場合、本論となる分析・考察はとりわけ難しい部分である。とくに学術的な文章を初めて書く学生の場合、分析結果を表現する際、観測されたデータをわかりやすく分類・整理するには訓練が必要であり、考察を表現するのにも、分析結果を解釈・洞察する力が求められる。

　日本語教育の現場では、論文・レポートの推敲にピア・レスポンスがよく用いられる。しかし、ピア・レスポンスを論文の分析・考察の段階で用いる場合、グループでどのような話し合いが行われ、それによって書き手が分析・考

察に対する認識をどのように深めていくのかについては実証的に明らかにされていない。そこで本章では、ピア・レスポンスの分析・考察の段階におけるグループ・ディスカッションの実態を明らかにする。リサーチ・クエスション（RQ）は、次の通りである。

・RQ1：ピア・レスポンスの話し合いを通じて、書き手は分析・考察に対する認識をどのように深めていくのか。
・RQ2：教師は、書き手の分析・考察に対する認識を深めるために、どのようなポイントに配慮し、指導すればよいのか。

2 ｜ 先行研究と本研究の位置づけ

大学で学ぶ留学生には、論文・レポートを書く力、資料、文献などの読解力、ゼミでの発表、質疑応答能力など高い日本語能力が求められている。臼杵（2009）では、留学生が抱える問題点として以下六つの項目を事例と共に挙げ、留学生への日本語指導の意味と方向性について検討している。

①自国での教師主導型授業の経験
②専門分野の基礎知識の不足や欠如
③第二外国語として学習してきた日本語の能力
④論理的な文章の作成に不慣れであること
⑤日本語を使用した研究活動に不慣れであること
⑥指導教員や日本人学生など他者とのかかわり

これまでの研究では、論文の読み方やレポートの書き方など研究の作法に関する実践が多く取り上げられてきた。

たとえばトンプソン（2011）では、アカデミック日本語の実践授業を受講した留学生にアンケート調査を行った結果、授業で導入された言語形式、論文の構造、研究の作法など、「研究成果をどう見せるか」への関心が高い一方、「研究をどう掘り下げていくか」という、研究テーマの精緻化、情報収集・整理などの価値づけが相対的に低いことがわかったという。つまり、留学生は言語能力や研究方法などは重視するが、研究自体や研究の意義などへの意識は低い。

　一方、張・原田（2009）は、研究計画書を作成する「アカデミック日本語教室」の実践授業を通じ、受講生による教師評価の結果を報告している。分析の結果、先輩サポーターが教員より近い存在であること、研究計画書作成のスキルを育成する授業内容は肯定的に評価されていることがわかった。また、文章の作成において、ピア・レスポンスの対話が重要な役割を果たしていたという。本章はピア・レスポンスの授業で行われた談話データを取り上げ、話し合いを通じて、研究に対する認識をどのように深めていくのか、グループ・ディスカッションの実態を明らかにしていく。

3 ｜ 分析対象のデータ

3.1　分析対象となる授業

　第6章では、本授業の前半、すなわち第3回〜第6回のテーマの選定段階の話し合いの実態を分析している。これに対し本章では、本授業の後半、すなわち第11回〜第13回の分析・考察やまとめの段階の話し合いの実態を分析する。具体的には、グループ・ディスカッションが行われた第11回「分析結果と考察を表現する」と第13回「論文を推敲する」である。なお、本章の分析対象は学習者同士のピア・レスポンスであるため、教師と学習者による1対1

の対話が行われた第12回の授業は対象外とした。

表1　本章の分析対象

回	授業内容	回	授業内容
1	オリエンテーション	9	分析結果を集計する
2	研究テーマを検討する	10	分析結果をまとめる
3	基本概念に親しむ		提出論文3
4	先行研究を読みあう	11	分析結果と考察を表現する
5	研究テーマを説明する	12	結論と要旨をまとめる
	提出論文1		提出論文4
6	「はじめに」と先行研究を表現する	13	論文を推敲する
	提出論文2		提出論文5
7	分析方法とデータを議論する	14	成果発表の準備をする
8	データベースを作成する	15	成果を発表する

3.2　分析対象のデータ

　本章の分析対象の授業のうち、第11回は四つのグループで各4名、第13回は四つのグループで各3名の学習者から構成されていた。また、全授業終了後のインタビューのなかで、今までの授業を振り返り、授業形式やディスカッションについて述べた部分を補助資料として用いた。

4 ｜ 分析結果

　各グループでは、文章化した論文の分析・考察の部分をめぐって、下記の4項目に関する話し合いが行われていた。

①データの集計・分類：データ集計の見直し、データの絞り込み、データの分類方法
②分析結果の解釈：分析結果の見直し、データの新たな解釈の提示、データの意義の認識
③考察の方法：内容の掘り下げ、論拠の提示
④研究へのモチベーション：研究への評価と激励、研究

価値のアピール

　以下、それぞれの項目について、グループ内で行われた談話の例を一部挙げながら、分析の結果を提示していく。

4.1　データの集計・分類をめぐる話し合い

　ここでは、データの集計・分類をめぐり、どのような話し合いが行われているかを紹介する。談話例1は、データ集計の見直しをめぐる、書き手S14とS05、S11の3人の話し合いの場面である。S14は、「ゼミの談話における言いさし文」について母語話者と非母語話者を対象に「けど」と「が」を中心に分析し、論文をまとめている。談話例1の①では、S14が分析対象となる母語話者と非母語話者の発話頻度の差が大きいため、データをどのように分類、集計したらいいか、悩んでいることを話している。

談話例1　データ集計の見直し

話者	発話内容	備考
S14	《沈黙6秒》あ、わたしも分析するとき、なんか今、悩むところがあります。一つは、母語話者と非母語話者の発言、の頻度が差がなんか、な、あ、大きすぎて。	①
	{中略}	
S14	みんな、もし、この文を見てて、どんな機能が持っていると思っていますか?	②
S11	「やわらぎ」。	③
S05	<笑い>。《少し間》ま、「やわらげ」ですね、です…。	④
S11	そうなんだ…。	
S05	うん。	
S14	《少し間》「やわら、げ」、にcount、しなかったんです<笑い>。	⑤
S11	<笑い>。	
S14	《沈黙4秒》なんか先行研究の中で「やわらげ」の例はちょっと…《少し間》あのー、「じゅじゅつしても、その、あとのことが問題で可能性ゼロとは言えないんですけど」、これが「やわらげ」の例。	⑥

話者	発話内容	備考
S11	《少し間》今、でもここは「今は考えてないですけどー」、も、取り入れる可能性はあるかもしれません?<笑い>。	
S14	あー、じゃ、実はこれ、「やわらげ」ありますね。	⑦
{中略}		
S14	《少し間》じゃあ、あらためてカウントしないといけないんですね。	⑧

　談話例2は、データの絞り込みをめぐる書き手S11とS14、S12の3人の話し合いの場面である。S11は、「スピーチレベルのシフト」について、論文をまとめているが、談話例2の①のように、データの分析に困惑していることを打ち明けている。

談話例2　データの絞り込み

話者	発話内容	備考
S11	や、どうやって分析するのは結構迷ってたんですけどー。	①
S14	はい。	
S11	例えば、ま、今一つの例しか引用してないんですけど、いろんなパターンが出てくると思いますね。それを一つ一つ説明して《少し間》するのか。	②
S14	はい。	
S11	どうしたらいい、と、文面はどう並べたほうがいいのかも、迷ってました。《沈黙15秒》と、非母語話者という、のをちょっと、外したいなとも考えてるんですね。	③
S14	え、どういう意味ですか?	
S11	えっと、ただ、ゼミでのスピーチレベルはどういうものがあるのか。	
S14	はい。	
S11	な、みんななかなかその話の流れ理解できないかもしれないと思って、こういう引用仕方したんですけど。どっちのほうがいいですかね。	④
S14	B1は母語者ですか? 母語話者ですか?	
S11	B、そう、ですね。	
{中略}		
S12	あの、わたしの、意見ですが、やはりこういう場合は、一つ、1人、に注目したら、ね、たぶん、いいかもしれない。	⑤

　談話例2においてS11は、②では、データ分類のパター

ンが多く、一つ一つ説明したほうがよいかどうか、③では、それをどう並べたらよいか、ほかのメンバーの助言を求めている。S11の話を受け、グループ内では分析対象の絞り方についてディスカッションが行われた。④では、S11が読み手を配慮して理解しやすいように記述したと述べているが、その文章を確認したS12は、⑤では、分析対象を絞ったほうがよいというアドバイスを与えている。

　談話例3は、データの分類方法をめぐる、書き手S03とS04の対話場面である。S03は「スピーチレベルシフト」について分析しているが、①でS03が機能についての分類の仕方が難しく、困っていると語っている。

談話例3　データの分類方法

話者	発話内容	備考
S03	なんか、だから、<u>わたしは、じ、んー、この論文を書く</u><u>ときに、結構迷っています。</u>	①
	{中略}	
S03	#<u>どう分別すればいいかなー</u>という。<u>機能について研究し</u><u>たいですが、でも、その機能について分別も、ん、<少し</u><u>笑いながら>難しい、ちょっと難しいと思います。</u>	①
S04	そうですよね、もし、わたしの考えかたでは、もし、その量が多すぎるな、なら、じゃ、今回わたしの、これぐらいの研究、例えば、「です」「ます」あるいは、その、めしどめ‘名詞止め’、あ、たい、「体言止め」。	
S03	うんうん、はいはい。	
S04	あ、はい、という、<u>つまり、自分で決めて、自分で範囲、</u><u>い、その、研究対象が多い、ですから、じゃ。</u>	②
S03	はい。	
S04	自分の、こ、<u>今度、研究したいことは何です</u>、で、であるか、その、<u>決めてください。</u>	③
S03	はい。	
S04	決めたほうがいいですよね。	

　談話例3の②と③でS04は、データ量が多すぎる場合、「自分で決めて、自分で範囲、研究対象」を決めたほうがいいとアドバイスを行い、研究目的を明確にするべきだと

指摘している。

　以上、話し合いのなかで、書き手自身がデータを分析し、論文を文章化する過程で抱いた問題点や悩みをグループ内で打ち明けていることがわかった。その悩みに対し、グループ・ディスカッションの中でほかの参加者が、具体的なデータに言及しながら、データの集計や分類の方法を示していた。このように、自分自身がデータ分析上で抱えた疑問点を他者に伝え、悩みを共有し、話し合うことで、データの集計方法や分析対象の選定などに関するヒントが得られ、修正の手がかりとなることが示唆された。

4.2　分析結果の解釈をめぐる話し合い

　談話例4の①と②は、書き手S12の分析結果の記述に対し、S11が疑問を述べ、分析結果の再検討を促している発話である。

談話例4　分析結果の見直し

話者	発話内容	備考
S11	なぜ、この、し、質疑の場合「って」、をよく使う、とか、自分の利害出る場合は「と」よく使う、の結論にどうやって至ったんですか？	①
S12	《少し間》す、すいません。	
S11	え？あ、どうやってこの結論を、まとめたんですか？	②
S12	あ、その、数字の数え方とか？んー《少し間》#、すいません。	
S11	あー。	
S12	あの、どうやってこのー。	
S11	え、でも「と」も、説明するときも「と」も結構使ってるんじゃないかなあと思ってるんですけど。半分、半分ぐらいですね。	③
S12	そうですね。あ、だから、最初は、<少し笑い>この、え…、というか、この、ようなものを書きたい、こんな結論を出したいと思ったが、あの、先週と、先週の先週、また長いデータを見ながら、その、数えてみたら、それは最初の結論と、とはちょっと、あの、外れた感じがしますので<少し笑い>。	④

S11	あー。	
S12	でも、一応<笑い>、これを書いて…。	
S11	うん、なるほど。	
S12	そ、今でも、あの、たぶん、**最初、が考えたものを、改めて、考えたほうが、いいかもしれない。**	⑤

　S12は、論文でゼミ談話における「と」と「って」の引用・参照表現の頻度、用法、引用内容を分析している。分析の結果、質疑の場合は「って」を、自分の利害が関係する場合は「と」がよく使われると記述している。そうした分析結果に対し、談話例4の①でS11は、どのようにしてこうした結論に至ったのか質問をし、さらに③で説明するときも「と」を結構使っているのではないかという仮説をS12にぶつけている。これを受けて、④と⑤でS12は、数えてみたら当初の結論から外れた結論が出たので、当初の結論は再検討したほうがよいかもしれない旨の回答を行っている。このように、S12の当初の分析結果に対し、結論に至った過程に対する疑問や、代わりとなる結果の可能性をS11が示すことによって、S12は分析結果を再検討すべきだという認識を示すようになった。

　談話例5-1は、書き手S05が説明した分析結果に対し、S14とS11が関心を示し、話し合っている場面である。

談話例5-1　分析結果に対する興味の表示

話者	発話内容	備考
S14	え、じゃ、だれを見ているのか知っていますか？	
S11	せん。	
S05	いや、実際、だいたいおんなじか、方向へ。	
S11	先生、先生ではないですか？	
S14	先生ですか？	
S05	先生じゃないのかーな、な、仲良しなのかな、と思ったんです。	
S11	意外、意外。	①
S14	先生を見てるのなら。	

S11	わかる。	
S14	<u>おもしろい</u>、うん。	②

　S05は、論文の中で、ゼミにおける発表者の視線配布の効果について分析している。談話例5-1では、S05が説明した分析の結果を聞き、①でS11は「意外、意外」と繰り返す一方、②でS14は「おもしろい」と評価している。①と②からS11もS14もS05の研究の分析結果に興味を示していることが窺える。

　また、それに続く談話例5-2の①と②では、S11とS14が、S05の分析結果に興味を示し、論文に取り入れるように提案している。

談話例5-2　データの新たな解釈の提示

話者	発話内容	備考
S14	<u>これ、これを書いたほうがおもしろいです。</u>	①
S11	え、<u>書いたらおもしろいと思います。</u>	②
S05	いやーでも、<u>書いたほうがおもしろいと思うんですけど</u>でも、人それぞれ、ま、性格も違うし、だからー、そういう、まあ、これは、まあ、特殊、<u>極めて特殊な例</u>で、あ、あぶろも、ありえるし、なに、なにも<u>説明</u>できない。	③
S11	え、でも、たぶん。その、<u>頷きと見るのは、安心感</u>とか。	④
S05	はいはい。	
{中略}		
S11	発表、発表す#きたいときは、<u>みんな聞いてるな</u>と。	⑤
S14	あーあー。	
S11	<u>確認とか</u>も、含めて。	⑥
S05	はい、ま、そうですねえ。	

　S11とS14両者の提案に対し、S05は③で、自身の分析結果は興味深いデータではあるものの、「極めて特殊な例で、なにも説明できない」と論文の中に入れることに消極的な姿勢を見せている。しかし、④～⑥でS11が、S05のデータに新たな解釈を付加し、重ねて提案を行っている。

談話例6は、書き手S12とS11、S14の3人が話し合っている場面である。①でS12は、自分が書いた分析の部分を読み、何を書いているかがわからないと語っている。

談話例6　データの意義の認識

話者	発話内容	備考
S12	正直に言えば<u>自分がなにが書いているのか</u>わたし<u>自分でも</u>、うん<少し笑い>。	①
S11	あ、でも、たぶん、例えば、ここは結構いい、結果じゃないですか。そこを注目したり、「と」。	
{中略}		
S11	さ、<u>差別のない、区別のないところ</u>も、いち。	②
S12	省略して、無視して。	
S11	いや、一応そこはあまり、使い分けはしないとか、で書いた。	
S14	書いた、うんうん。	
S11	ほうがいいと思います。	
S12	うん、ありがとうございます。	
S14	《沈黙6秒》うん。	
S12	《沈黙5秒》そんな<u>意味のない</u><少し笑い>ことです#。	③
S11	や、え、<u>でも、使い分けのないことも重要だと思いますよ</u>。	④
S12	[泣きそうな高い声で]ありがとうございます。	

　③では、S12が分析したデータに違いが見られず、あまり意味のある結果が得られなかったと話している。これに対し、④でS11は「使い分けのないことも重要だと思いますよ」というアドバイスを行っている。このように、分析のプロセスを話し合うことで、違いが見られなかった分析結果も重要であり、きちんと記述するべきだと認識されるようになった。

　以上、分析のデータに関する話し合いのなかで、他者の指摘により、分析結果の見直しが認識されるようになった。一方、データの捉え方に関し、書き手自身が見出せなかったデータの価値は、実際のデータを用いたディスカッ

ションにより、データに対する新たな見方や新たな価値への認識の促進につながったことが窺えた。

4.3　考察の方法をめぐる話し合い

　談話例7は、書き手S06とS15が考察について話し合っている場面である。S06は、ゼミ談話の発話の節連鎖表現の使用について分析を行っている。①では、S06は、自分が書いた論文について、分析までは終わっているが、考察の部分はまだ終わっていないと話している。

談話例7　内容の掘り下げの必要性

話者	発話内容	備考
S15	「逆接型」をよく使うっっというのは、「で」以外にも、あの、結果として、わかる内容かなっていうのは。	
S06	そう、結果としてわかって。で、考察とかは、まだ、終わってないですね。	①
S15	んー《少し間》これが、あ、ある意味で<笑い>ちょっと、あーそうですね。だから、難しいのは《少し間》そんな、なんか、考察《少し間》何ができるかなっていうのは。	②
S06	んー。	
S15	1個あって《少し間》あー、あんまり、あの、なじみのない分野か、だからかもしれないすけど、もうちょっとここは、あの、あの。	
S06	はい。	
S15	深掘りしたほうがいいっすね。	③
S06	んー。	
S15	今のところだと、ちょっと、んー、内容が、ちょっとないっていうか、それだからだと思います。	④
S06	そうですね。	
S15	もうちょっと。	
S06	うん。	
S15	あのー、内容、深める、んー必要あると思います。	③
S06	うん。	

　S06の論文を読んだS15は、分析の部分はよく理解できたが、②で、難しいのは考察で何ができるかであり、④

で、現時点では内容に乏しく、③で、内容を深く掘り下げたほうがよいと、それぞれ指摘している。

　今回、分析した談話データの中で、考察に関する話し合いが確認されたのは、この談話例7と、次の談話例8のみであり、いずれもS15がいたグループでの談話場面である。

談話例8　論拠の提示の必要性

話者	発話内容	備考
S15	あのー、あとー、この考察のところのー、あのー、真ん中ぐらい↑、あのー、5の考察の、「まず一つ目の点について詳しく考察する」っていうところあるじゃないですか↓。そこのー、あの、「質問者Ａさん」の、えーと《少し間》一番下のところ《少し間》「より丁寧な、なになにですけれどもって発言《少し間》を、終わらせ、終わらせる、ていると思われる」っていうところが。	
S01	そうね<少し笑い>。	
S15	ここもなんか、ちょっと"ほんと?"って感じしましたのでー。なぜそう思ったかっていうとー、んー《少し間》でも本人にこれは、あの《少し間》き、聞いたわけでもないし。	①
{中略}		
S01	あ、でもやっぱり。あんまり根拠、根拠がないっていうんですか、そういう。	②
S15	ま、でも難しいですよね。	
S01	どうして自分。が、わたしがそう思ったのか、はっきり伝えてないから。	②

　談話例8は、書き手S11が書いた考察について、S15が疑問を抱き、指摘している場面であり、S01が書いた考察の内容に対し、①においてS15が本当かどうか疑問を抱いたことが示されている。その指摘を受け、②においてS01は自分が書いた考察の部分は、あまり根拠がなく、なぜ自分がそう思ったのか、その理由が明確に示せていないと語り、客観的な視点から自分の論文を評価している姿勢が確認された。

　ここまで分析した談話例の中で、考察に関する言及が見

られた談話は談話例7と8のみで、いずれもS15からの指摘だった。S15が考察の部分を意識するようになったきっかけは、次の談話例9の①で「先生によく言われるところなので」と語っているように、教師による促しであることが窺える。しかし、考察に対する指摘は、内容を深めたほうがいいという意見にとどまっており、具体的な修正方法までは言及されていなかった。

　また、②と③では、S15とS03が分析と考察の部分が難しいと話し、同様の認識を共有している。このように、論文の内容に関し、物足りなさを感じているものの、その内容をどのように深めていくべきかについて、参加者が専門性を持たない分野において、教師が関わらない状況では限界を感じている様子が窺われた。

談話例9　分析・考察の難しさへの認識

話者	発話内容	備考
S15	《少し間》や、でも、わたしも、そこ、それ、先生によく言われるところなので。	①
S01	<少し笑い>。	
S15	ま、難しいところなんですけど。	②
S03	ぶん、分析は難しいですねー。	③
S15	うん。	

4.4　研究へのモチベーションをめぐる話し合い

　談話例10は、書き手のS12とS11、S05、S14の4人が話し合っている場面である。①でS12は、自分が書いた論文の内容が、正直に言えば自分が何を書いているのか自分でもわからないと消極的な態度を見せている。

談話例10　研究への評価と激励

話者	発話内容	備考
S12	正直に言えば自分がなにが書いているのかわたし自分でも、うん<少し笑い>。	①

S11	あ、でも、たぶん、例えば、<u>ここは結構いい結果じゃないですか↓</u>。	②
S14	《少し間》あ、<u>実はいい結論書けますね</u>、このデータから。	③
S11	うんうん、そう、です。	
S05	じゃ、なぜ、なぜ、こうなったの、なぜこうなったの、か、あの、について、それ、こう、考察、は…、書けそうじゃないですか？↓	
S12	《少し間》<u>これから、うん、また、かーき直します</u>。	④

　しかし、②でS11から、「例えば、ここは結構いい結果じゃないですか」、③でS14から、「実はいい結論書けてますね、このデータから」など、研究の内容に対する肯定的な評価をもらうことで、S12は文章を執筆する自信を取り戻すようになっていた。

　一方、次の談話例11では、もっと研究の価値をアピールしたほうがいいという話し合いが行われている。

談話例11　研究価値のアピール

話者	発話内容	備考
S02	この先行研究、の、先行研究をー、詳しく、んー説明してくれましたがー、えーと、でも、<u>自分の研究は先行研究と</u>（S03：はい）<u>どの違いがあるのか、また、自分の、研究は、どの、どのような価値があるの</u>（S03：あー）<u>かは</u>（S03：はい）<u>えと、ちょっと、足りないかなと思います</u>（S03：はい）。	①
{中略}		
S02	レポートの中に書いて、#。<u>これはとてもおもしろい</u>、おもしろい。	②
S03	んー。	
S02	<u>研究だと、テーマだと思います</u>ですから、こ、自分、<u>自分の研究の価値をもっとアピールしたほうがいいかなと思います</u>。	②
S03	はい。ありがとうございまーす。	

　①ではS02がS03の論文内容に対し、先行研究の部分は詳しく書かれているが、自分自身の研究との違いが書かれていないことを指摘している。また、②では、S03の研究

を肯定的に評価した上で、研究の価値をもっとアピールし
たほうがいいとアドバイスをしている。

　以上、話し合いの中で、4.1、4.2、4.3のように分析・
考察の段階に関する指摘やアドバイスを手がかりに、論文
に対する理解を深め、修正のヒントを得る様子が確認され
た。一方、4.4では、論文の執筆に自信が持てない学習者
に対する肯定的な評価や、研究の価値をアピールすべきと
いった助言が、研究のモチベーションの向上につながるこ
とが観察された。

5 ｜ 考察と教育への提言

　以上、ピア・レスポンスの授業で論文の分析・考察の内
容に着目して、学習者同士がグループの中で行われた談話
の実態を分析した結果、次の4点が明らかになった。

①話し合いの中で書き手がデータ分析の過程で感じた疑
　問点を他者に伝え、具体的なデータを提示して他者と
　検討することにより、データの集計や分類の方法をめ
　ぐる助言を受け、修正の手がかりを得ていた。
②分析結果の解釈をめぐる話し合いを経て、分析結果を
　見直したり、データの新たな解釈やデータの意義の認
　識を獲得したりしていた。
③考察の方法をめぐるディスカッションを通し、考察の
　困難さを共有する一方、内容を深く掘り下げたり、論
　拠を明示したりする必要性が認識されていた。
④分析・考察の内容をめぐる話し合いを経て、研究への
　積極的な評価や激励、さらには研究の価値をアピール
　する必要性の指摘により、研究へのモチベーションが
　向上する様子が観察された。

5.1 研究活動の体験

　このように、分析・考察部分に対する認識の深まり、および研究そのものへのモチベーションの高まりの背景には、参加者自身の研究活動の体験と、自身が文章化した研究内容をめぐる他者との話し合いが存在すると考えられる。前者はこの5.1で、後者は5.2でそれぞれ紹介する。

　研究活動に慣れていない学習者たちは、この授業を通してテーマや分析方法の選定から始め、データの集計・分類を検討し、分析結果の解釈や考察の方法を模索し、論文としてまとめていくという研究の一連のプロセスを経験していった。その結果、徐々に学術的な文章を書くスキルが高まり、研究に対する分析力や洞察力が獲得されていったと考えられる。以下では、ピア・レスポンスの授業を受け、論文を執筆する一連の研究活動を体験した学習者の声を、3回目のインタビューから紹介する。

　S05は研究のプロセスを体験することの重要性を述べている。

(1)「結構、その分析の方法、統計調査の方法も、まあ、講義を通じて勉強するのではなく、実際に、うん、授業の時間を与えて、やってもらうという形で、結構それで、まあ、頭で覚えるのではなく、体で覚えるというか、まあ、知らないうちに、その能力を身につけたと思います。」　　　　　(S05)

　また、S11は、自分自身が研究活動に参加しただけでなく、ほかの人の研究活動に参与できたことに対しても、積極的に評価している。

(2)「すでに書き上げた論文を読むのではなくて、構成や内容を考えている段階に参加することができて、

とてもおもしろいことだと思います。」　　　（S11）

　上記のように、一方的に知識を頭に叩き込むのではなく、実際に研究活動に参加し、体で覚えていくことによって、研究に関するさまざまな能力を身につけることができる。Lave & Wenger（1991）が提唱する「正統的周辺参加」論では、「学習」とは、個人の頭の中だけで生じる知識や技能の獲得ではなく、むしろ実践コミュニティへの参加という形で生じる過程の全体であると指摘している。また、この実践コミュニティにおいて、「人は、人やものに囲まれ、互いに影響を与えながら学んでいる」（ヴィゴツキー2001）。したがって、大学院予備教育で研究活動を疑似体験する活動を行うことで、アカデミック・ジャパニーズの知識や技能の習得だけでなく、周囲との関わりの中で研究に対する認識が深められると考える。

5.2　論文の内容をめぐる他者との対話
　続いて、ピア・レスポンスの授業を通し、グループ・ディスカッションのよさを感じた学習者の声を紹介する。（3）では、それぞれが文章化した研究内容をめぐる他者との意見交換の意義が述べられている。参加者はグループ・ディスカッションを通して論文を読み、発表を聞き、多くの人の研究を知ることができる。また、自分と近い研究テーマの人の話を聞くことで、考え方の違いや異なる分析観点が得られることが示されている。

　（3）「ある人がわたしと同じスピーチレベルの研究をやっていて、統計のほうは同じなのに、まったく違った結果が出ていた。分析方法が違うし、着眼点も違った。うん、違う意見と違う考え方を聞くことができるし、これによって、一人ではこんなに

たくさんの論文は書けないし、研究もできないけど、ディスカッションを通じて、たくさんの研究と考え方を知ることができます。」　　　　　　　(S11)

　一方、S05とS10は、(4)と(5)の中でそれぞれ、話し合いを通じて相手の着眼点や研究のヒントが獲得できることに言及している。

(4)「質問を通じて、相手のその見方、相手が持ったそういう視点、視点も自分に伝わって、まあ、そこで、相手の視点からヒントを得られました。」(S05)
(5)「一人で書くといろんな問題に直面します、アイディアがなかったり、書く材料が見つからなかったり。でも、ディスカッションはとても重要で、二人だと相乗効果があって、1＋1＞2で、とても重要なことです。」　　　　　　　　　　　　(S10)

　このように、他者との対話により、ヒントが得られ、また他者が提起する質問により、他者の着眼点がわかり、そこからも自分自身の研究に関するヒントが得られる。
　舘岡（2007）は、他者との対話を通し、自分の考えを検討し視野が広がっていくことを指摘しているが、本章においても、文章化した論文を仲間や教員との対話を通して様々な刺激を受けることで、新たな見方や考え方を発見し、思考力を深められた様子が窺えた。
　こうしたことが可能になった背景には、対話の場を提供する教師による授業設計があると考えられる。胡（2017）は、研究は一人で行うものではなく、自分の研究を発信したり、他者との対話を通して自己の力不足を認識したり、多角的な視点を得たりしながら行うものであり、他者と対話を行うゼミのような場の役割が大きいと指摘している。

このように、ピア・レスポンスの授業での他者と話し合う
場の工夫が、論文の全体像を認識し、研究の理解への深ま
りを促進できる一要素であるといえよう。

6 | まとめ

　本章では、ピア・レスポンスの授業における論文の執筆
において分析・考察の段階に着目し、グループ・ディスカ
ッションがどのように行われたのか、書き手が抱いていた
問題が何によってどのように解決されたのかについて、談
話データとインタビュー・データを用いて分析を行った。
冒頭で設定したリサーチ・クエスチョンへの解答を最後に
まとめておく。

・RQ1：ピア・レスポンスの話し合いを通じて、書き手は
　　　　分析・考察に対する認識をどのように深めていく
　　　　のか。

①分析に関し、学習者は、データの捉え方や分析結果の
　解釈に着目しながら話し合いを行っている。それによ
　って、データの集計や分類方法をめぐるアドバイスを
　得たり、分析結果を見直しや、データの新たな解釈、
　データの意義の認識を獲得したりしていく（4.1、
　4.2）。
②考察の部分に関し、学習者は、なぜそのような結果と
　なったかに着目しながら話し合いが行われている。そ
　れによって、考察プロセスの難しさへの認識を共有す
　る一方、内容を深め、掘り下げることが重要だと認識
　していく（4.3）。
③上記の話し合いを通じ、論文に対する肯定的な評価や
　激励を受けることにより、学習者が抱いていた不安や

戸惑いは徐々に解消され、さらに研究の価値をアピールする必要を知り、研究に取り組む自信を取り戻していく（4.4）。

・RQ2：教師は、書き手の分析・考察に対する認識を深めるために、どのようなポイントに配慮し、指導すればよいのか。

　日本語教師がグループ・ディスカッションの指導をする場合、次の三つポイントを事前に提示し、論文の分析・考察の部分に関する話し合いの指導をする必要がある。

　①データの集計・分類：データの集計・分類方法が適切かどうか、データの絞り込みができているかどうか。
　②分析結果の解釈：データの分析結果が適切かどうか、分析の新たな解釈の可能性がないかどうか。
　③考察の方法：内容の掘り下げが十分かどうか、その結果となった論拠が明示されているかどうか。
　④研究へのモチベーション：研究への肯定的評価や価値の積極的アピールにより、学習者の戸惑いや不安が解消に向かっているかどうか。

　上記4点に注意して、グループ・ディスカッションを行うように促す必要があろう。また、各自が研究テーマの選定、文献調査・整理を行った後、実際に、データの集計、分析・考察など、一連の研究の活動に対し、学習者の戸惑いや不安などの気持ちを教師は敏感に察知し、必要に応じて個別に相談に乗ったりアドバイスをしたりする必要もあろう。
　ピア・レスポンスの授業では、データの分析・考察、論文作成などといった研究活動を体験し、ほかの参加者と積

極的に関わることで、論文執筆に至る一連の研究プロセスへの理解の深まりが期待できる。しかし、そのためには、教師による授業のデザインがとりわけ重要になると思われる。

参考文献

臼杵美由紀（2009）「アカデミック・ライティング指導の果たすべき役割とは何か─留学生のための日本語支援を通して」『上越教育大学研究紀要』28, pp.1-8.

胡芸群（2017）「大学院における中国人留学生の研究に対する意識形成─日本語教育専攻生へのPAC分析を通して」『専門日本語教育研究』19, pp.49-56.

舘岡洋子（2007）「日本語・日本語教育を研究する 第33回 ピア・ラーニング」『国際交流基金日本語教育通信』59.

張瑜珊・原田三千代（2009）「研究生のための『アカデミック日本語教室』の試み─協働で学ぶ研究計画書作成」『言語文化と日本語教育』37, pp.31-40.

トンプソン（平野）美恵子（2011）「大学院留学生は『アカデミック日本語』におけるプロセスライティングをどのように受け止めたか─学期末のアンケート調査を通じて」『国際経営・文化研究』16(1), pp.69-76.

Lave, J. & Wenger, E. (1991) *Situated Learning: Legitimate Peripheral Participation*. New York: Cambridge University Press.（佐伯胖（訳）（1993）『状況に埋め込まれた学習─正統的周辺参加』産業図書）

Vygotsky, L. S. (1934) *Myshlenie I Rech*.（柴田義松（訳）（2001）『思考と言語　新訳版』新読書社）

第8章

授業参加によるライティング不安の変化
学習者はどのように不安を解消していくのか

田 佳月

日本の大学で勉強する多くの留学生は論文やレポートの執筆に不安を抱いています。そのような留学生を支援するために、多くの大学ではアカデミック・ライティング授業が実施されています。では、授業を履修する学習者が抱いた不安はどのようなものであり、授業を通して不安はどのように変化するのでしょうか。本章では、ピア・レスポンスを取り入れたアカデミック・ライティング授業において、学習者のライティング不安とその変化を検討し、そこから教育への提言を考えます。

1 はじめに

　近年、留学生のためのアカデミック・ライティング教育では、ピア・レスポンスを取り入れた授業が盛んである。そして、こうした授業において、学習者同士の間にどのような推敲があったか、その推敲が産出物の中でどのように反映されているかを報告する実践研究も多く行われている。しかしながら、学習者の情意面、とりわけ、多くの学習者が抱えうるライティング不安については、管見の限り未だ詳しく検討されていない。

　ここでの「不安」とは、神経が高まることにより、緊張したり、心配したり、そわそわしたり、イライラしたりす

る感情である（Horwitz et al. 1986）。第二言語習得研究において、不安は目標言語の習得、記憶保持、産出に阻害的に作用することが実証されている（Horwitz et al. 1986）一方、不安による努力の増加が学習に正の影響をもたらすことがあるため、促進的効果もある（Scovel 1978）という見方もある。元田（2005）は「認知レベル」と「行動レベル」に分けて不安の作用を整理し、認知レベルの不安は多くの場合、第二言語の学習や使用を阻害する一方、行動レベルの不安には阻害的作用も促進的作用もあり、それが個人の不安に対する受け止め方によって異なってくると指摘している。つまり、学習者による不安の受け止め方によって、その不安が目標言語の学習や使用に負の影響を及ぼす可能性もあるということである。その場合、学習者の不安を軽減させる必要性が生じてくる。

　ライティング不安が注目されたのは1990年代以降である。その時期は第二言語不安研究の「分化期」（元田2005: 47）と呼ばれ、「話す」「聞く」「読む」「書く」などの技能別の不安が検討されるようになっている。Cheng et al.（1999）は、ライティング不安を「言語スキルに特定的な不安」と呼んでいる。そのため、「言語スキル」の学習を通して、ライティング不安を軽減できると考えられる。つまり、論文・レポートなどの学術的文章に特化したライティング不安を抱いている学習者は、アカデミック・ライティング授業での論文・レポートの作成法の学習を通して、その不安が軽減される方向へ変化していくと予想される。一方、ピア・レスポンスといった新しい教室活動を取り入れる場合、学習者のビリーフが教師の考え方と一致しているかどうかによって学習を促進したり阻害したりするため、不安の軽減にも影響をもたらすだろうとも考えられる。

　以上のことを踏まえ、本章では、以下の三つのリサー

チ・クエスチョン（RQ）を設定する。そして、ピア・レスポンスを取り入れたアカデミック・ライティング授業を履修した学習者へのインタビューを分析することを通して、ライティング不安の変化を実証的に検討し、検討結果を生かした教育への提言を行う。

- ・RQ1：授業の学習者が抱いたライティング不安はどのようなものであり、授業を通してどのように変化したか。
- ・RQ2：不安の変化に影響を与えた要因として、どのようなものが考えられるか。
- ・RQ3：RQ1とRQ2の結果を踏まえて、学習者のライティング不安を軽減するために、教師にはどのような対応が考えられるか。

2 先行研究と本研究の位置づけ

2.1 日本語学習者のライティング不安

　日本語教育において、ライティング不安を検討する主要な研究に石橋（2011）、田（2016）、田（2017）がある。石橋（2011）は第二言語の作文の産出に関わる不安を作文不安と呼び、「第二言語での文章産出に関わる不安や心配、それによって引き起こされる緊張や焦りなど」（p.25）と定義している。また、タイの中上級日本語学習者を対象に質問紙調査を行い、作文不安の実態を検討している。その結果、「作文産出不安」「作文評価不安」「表現志向」「作文自信」の4因子を検出し、作文産出不安が作文の成績と負の相関があること、作文産出不安の高い学習者が作文を書くことに自信がなく、表現意欲や表現の楽しみを感じていないことを報告し、作文不安の軽減策を提示している。田（2016）は、日本の大学で学ぶ中国語母語話者が論証型レ

ポートを産出する際に感じた不安、すなわち、学術レポート執筆不安を測定する「学術レポート執筆不安尺度」を作成し、信頼性を分析している。その結果、22項目の不安項目が選定され、学術レポート執筆不安は「日本語表現」「文章構成」「執筆形式」「教員評価」「テーマ構想」「文献収集」の6因子構造であることが明らかになっている。さらに、田（2017）は「学術レポート執筆不安尺度」を用いて、日本の大学で学ぶ中国語母語話者105名に質問紙調査を実施し、不安の実態を調査している。調査の結果、大学で学ぶ中国語母語話者がレポートの執筆に不安を抱いている傾向があり、レポートの得意不得意の自己評価、日本語能力、アカデミック・ライティング授業の履修経験といった要素が不安の程度に影響を与えていることが明らかになっている。

　以上の先行研究はライティング不安を測るための尺度を構築し、質問紙調査を用いて日本国内外の学習者のライティング不安の実態の一端を明らかにしている。一方、実際の教室活動の中でライティング不安がどのように変化していくかについては、不明な点がまだ多い。そのため、本章は縦断的にインタビュー調査を実施し、学習者のライティング不安とその変化について具体的に検討していくことにする。

2.2　学習者のピア・レスポンスに対するビリーフ

　池田・舘岡（2007）によると、ピア・レスポンスとは「作文の推敲のために学習者同士がお互いの書いたものを書き手と読み手の立場を交替しながら検討する活動のことである」（p.71）。

　日本語教育における作文指導では、ピア・レスポンスを取り入れる際の学習者のビリーフに関する研究は田中（2005）、劉（2007）、田中（2009）などがある。田中（2005）

は中国人学習者のビリーフを調査し、中国人学習者は必ず
しもピア・レスポンスに否定的だとは言えないと述べてい
る。劉（2007）はピア・レスポンスの実施により、中国国
内の日本語学習者が仲間の作文に寄与する意識が高まり、
作文を書く際に、より積極的になっていると報告してい
る。田中（2009）はピア・レスポンスの実施を通して学習
者の適応性が窺えたものの、一部の学習者に仲間のフィー
ドバックに依存する意識や潜在的な教師主導の学習観が見
られ、教師依存の書き手から自律的な書き手へと育成する
のは容易ではないと指摘している。このように、ピア・レ
スポンスを取り入れた場合、教室活動を成功させるために
は、教師のみが正解を持つと考える教師主導型の指導法に
慣れた学習者のビリーフへ対応する必要があることが示唆
された。

3 | 分析対象のデータ

3.1 分析対象の授業と調査協力者

　本章の対象授業は第1章で詳しく述べられているが、留
学生に論文・レポートの作成法を習得させることを目的と
した授業である。筆者はTAとして授業に参加し、第三者
の立場から授業を観察しながら他のTAとともにインタビ
ュー調査を実施した。
　授業の17名の学習者の中で、16名は社会科学の学部・
大学院に所属する留学生で、1名は研究員であった（表
1）。そのうち、中国語を母語とする留学生11名を本章の
研究対象とする。その理由は、中国人日本語学習者を対象
にした先行研究が豊富であり、先行研究の結果と比較でき
ると考えたためである。

表1　調査に協力した学習者のプロフィール（授業開始時）

No.	属性	日本滞在歴	日本語学習歴	AW授業履修経験	日本語の学術的文章作成経験	学術的文章作成への自己評価
S02	交流学生	1ヶ月	2年	ある	ある	どちらとも言えない
S03	交流学生	1ヶ月	2年	ある	ある	やや苦手
S05	学部2年	3年	4年	ない	ある	やや得意
S06	学部2年	2年	8年	ある	ある	やや得意
S09	交流学生	1ヶ月	4年	ない	ない	やや苦手
S10	学部3年	3年	4年	ある	ある	どちらとも言えない
S11	学部2年	2年	3年	ない	ある	やや苦手
S12	研究生	1ヶ月	4年	ある	ある	どちらとも言えない
S13	学部2年	2年	5年	ある	ある	どちらとも言えない
S14	研究生	2年	2年	ない	ない	苦手
S17	交流学生	1ヶ月	2年	ない	ない	やや苦手

（「AW授業」はアカデミック・ライティング授業を指す）

3.2　データ収集と分析

　データの収集は表2の通り、1回目、8回目、15回目の授業後に、11名の学習者に半構造化インタビューを実施した。調査の際、調査者、学習者ともに「不安」を焦点化した調査であるという意識を共有した。また、研究倫理上の必要な手続きを踏み、学習者に書面で同意を得た。インタビューの際は日本語と中国語を併用したが、その後、録音を全て文字に起こし、中国語で語った部分は筆者が日本語に訳した。

　インタビューデータの分析手順は以下の通りである。まず、3回のインタビューの文字化資料を丹念に読み込み、ライティング不安に関連する語りをピックアップし、田（2016）の考察によって明らかにされた「学術レポート執筆不安尺度」（章末の付録を参照）を参考に、それがどのような不安であるかをいくつかのカテゴリーにまとめた。次に、学習者の不安が回ごとにどのように変化したかを整理した。最後に、不安の内容と変化を表にまとめ、叙述化した。

表2 インタビュー調査の詳細

回	調査の時期	質問内容
1	1回目の授業の後 （授業開始時）	今までアカデミック・ライティング授業を履修したことがあるか。日本語でレポートを書いたことがあるか。書くときに不安を感じたか。どのようなことが不安であったか。
2	8回目の授業の後 （授業中間時）	半学期間の授業にどのような感想を持っているか。授業の中でレポートを書く際に不安を感じたか。どのようなことが不安であるか。授業開始当初の不安は授業を通して軽減されたか。
3	15回目の授業の後 （授業終了時）	一学期間の授業にどのような感想を持っているか。授業開始当初や、授業の中でレポートを書く際に感じた不安はどのようなものであったか。授業を通して軽減されたか。

4 | 分析結果

表3 本授業におけるライティング不安の実態と変化

回数	1回目					2回目					3回目				
不安内容	文献収集	日本語表現	執筆形式	文章構成	文章内容	文献収集	日本語表現	執筆形式	文章構成	文章内容	文献収集	日本語表現	執筆形式	文章構成	文章内容
S02	○		○	○		○		×	×	◎	○		×	×	×
S03		○			○		○					○			○
S05										◎					×
S06															◎
S09						◎				◎			×		×
S10	○					×					×				
S11	○	○				○				◎	○	○			◎
S12		○		○			○		×				×	×	
S13			○						○					○	◎
S14						◎						◎			
S17										◎					×

○：授業開始時から持っていた不安　◎：授業中に生じた不安
×：不安が軽減された　空白：その種類の不安についての語りがない

インタビューデータを分析した結果、学習者のライティング不安を「文献収集に対する不安」「日本語表現に対する不安」「執筆形式に対する不安」「文章構成に対する不安」「文章内容に対する不安」に大別でき、その実態と変化を表3にまとめることができた。以下、インタビューデータの一部を挙げながら、表3について説明していく。なお、語りの後ろの（　）の中は学習者の番号とインタビューの回である。

4.1　授業開始時の学習者の不安について

　1回目のインタビューを分析した結果、授業開始時に6名の学習者がライティング不安を感じていたことが分かった。

　まず、学術的文章を書き出すまでの準備段階に関して、S02、S10、S11は「文献収集に対する不安」を抱いていた。以下の語り（1）（2）が例として挙げられる。

（1）「大体ネットで論文を探すことが多いから、この人の書く文章は学会でどんなレベルがあるのか、分かりません。」　　　　　　　　　　　　　　（S02の1回目）

（2）「まずは検索、日本ではあまり深い調査したことがないので、日本語の資料を探すときはちょっと不安です。日本語の問題と日本の検索、有名なサイトとか、どんなサイトか知らないから。」

　　　　　　　　　　　　　　　　　　　　　　（S11の1回目）

　語り（1）（2）から、文献収集にインターネットが多用されている現在、検索方法が分からない場合や検索しても必要な資料が見つからない場合に、学習者は不安に陥ることが分かる。また、資料の学術的な価値を判断できない場合も、引用に値するのかという不安が生じる。

次に、文章を書く作業に関して、S03、S11、S12は「日本語表現に対する不安」を抱いていた。以下の語り（3）が例として挙げられる。そこから、S12は適切な文の産出に不安を抱いたことが分かる。

（3）「文法的な問題かな。多分自分が中国語で書いたら、何かについては簡単に説明できますが、でも日本語ではどう言えばいいのか、みんなに分かりやすいのかちょっと心配になったことがたくさんあります。」　　　　　　　　　（S12の1回目）

　また、S02は「執筆形式に対する不安」を抱いていた。以下の語り（4）から、S02は大学で求められる論文やレポートにふさわしい形式とは何か不安を持っていたことが窺える。

（4）「不安に感じたことは、ええと、まずは、書き方。特に学術で常識だと思われること、そのー、注釈とか。」　　　　　　　　　　　　　　　（S02の1回目）

　さらに、S02、S12、S13は「文章構成に対する不安」を抱いていた。以下の語り（5）が例として挙げられる。そこから、S12は日本の大学で求められる論文やレポートに関する知識がないため、構成の組み立て方が適切かどうか不安を抱いたことが窺える。

（5）「多分レポートの書き方。中国の書き方とはやはり同じじゃないところもあると思います。{中略}日本のレポートの書き方、構成などを勉強したい。」　　　　　　　　　　　　　　　（S12の1回目）

最後に、S03は「文章内容に対する不安」を抱いていた。語り（6）から、S03はテーマに関する知識が豊富ではないため、文章の中でオリジナリティを引き出すことに困難を覚え、不安を感じていたことが分かる。

(6)「今、自分が読むことは、知ってることは、あんまり多くなくて、だから、新しい発想とか多分書けないと思います。」 　　　　　　　　　　　　（S03の1回目）

以上のように授業開始時に学習者が感じたライティング不安の実態が明らかになった一方、S05、S06、S09、S14、S17の5人は不安を感じていなかったことも分かった。S05とS06は今まで繰り返しレポートを書く中で、書く経験を重ね、熟練した書き手になるにつれて、不安を感じなくなったという。S09、S14、S17は日本語での学術的文章の執筆経験がなかったため、不安を感じなかったという。

4.2　授業開始時の不安の変化と授業の中で
　　　新たに生じた不安について

8回目の授業の後、2回目のインタビュー調査を実施した。調査の結果、S02とS12が授業開始時に持っていた「執筆形式に対する不安」と「文章構成に対する不安」が軽減されたことが分かった。以下の語り（7）が例として挙げられる。

(7)「私、昔レポートを書く時に、ただ、じゃあ始めよう、ずっと考えながら論文を書いた。でも、私は、この前に先生が出していただいたこの構成に沿って、1、2、3、4のことをよく考えた後書くのは、とても楽だと思います。」 　　　　（S02の2回目）

S02は当初構成を考えることなく書き始めていたが、授業を通して論文やレポートの作成手順の習得が進み、「とても楽だ」という語りから、構成上の不安が軽減されたことが分かる。

　一方、S13は文章の分量に対する不安、S02とS11は「文献収集に対する不安」、S03、S11、S12は「日本語表現に対する不安」を感じ続けていた。また、授業の中で課された文章を作成していく中で、S09とS14が「日本語表現に対する不安」、S02、S05、S09、S11、S17が「文章内容に対する不安」を抱え始めたことも観察された。S09とS14は「日本語表現に対する不安」について以下のように述べている。

(8)「研究に関する言葉の知識が不足です。その一、専門の分野の言葉と、論文を書く時必要な序論とか本論とか。」 (S09の2回目)

(9)「文章を書いてる時、文法とか間違えたところがあるかどうか、あまりわからないので、これがちょっと不安だな。」 (S14の2回目)

　語り (8) から、S09は専門用語を含む語彙に関する知識が不足しているため、不安を抱いていたことが窺える。語り (9) から、初めて日本語で学術的文章を書くS14は、文法や表現を正確に使用しているかどうか不安に思ったことが分かる。

　また、「文章内容に対する不安」に関しては、以下の語りが例として挙げられる。

(10)「私の考えからみると、分析の観点は色々ありますけど、ただお互いにつながりがあります。ですから、ただ一つを分析するのは駄目かなと思いま

すが、でも、ほかの観点も含めるとしたら、自分
の研究の中心はちょっと外れるかもしれないと思
う。」 （S02の2回目）

（11）「困ったことは、私は先週先生が配った論文を読
んで、反応表現という概念の定義があまり分から
なかったと思いますね。自分が作った反応表現の
定義は、先生が配った論文の中で書いた反応表現
の定義とちょっと違ってます。今、自分の定義で
進めていますが、ちょっと不安です。」
（S17の2回目）

　以上の語りのように、S02はどのように分析を進めてい
けばよいかが分からずに不安であった。また、S17は専門
用語の定義に疑問を持っていた。そこで自分なりの解釈を
用いたが、適切かどうか不安であった。

4.3　授業終了時の学習者の不安について

　一学期間の授業が終了した後、3回目のインタビュー調
査を実施した。調査の結果、「日本語表現に対する不安」
と「文章内容に対する不安」に関して、一部の学習者の不
安は軽減されたが、一部の学習者の不安は継続していたこ
とが分かった。

　まず、「日本語表現に対する不安」に関して、S09と
S12は授業を通して不安が軽減されたと語っている。次の
語り（12）が例として挙げられる。

（12）「一番心配したのは文法だったんですが、今では
少し改善した。この授業を通して、日本語力が鍛
えられたと思う。」 （S12の3回目）

　それに対し、S03、S11、S14は「日本語表現に対する

不安」が継続していると語っている。次の語り（13）が例として挙げられる。

> （13）「文法についての不安があまり解決されていない。
> 　　　 （笑）ちょっと残念だった。」　　　　（S14の3回目）

　また、「文章内容に対する不安」に関して、S02、S05、S09、S17は授業を通して不安が軽減されたと語っている。それに対し、S03、S11は不安が継続していると述べており、また、語り（14）（15）のように、S06とS13は結論の独創性や妥当性に不安を抱いていたことが窺える。

> （14）「不安に思ったところ {中略} 最後に得られた結
> 　　　 論は、オリジナリティに欠けているんじゃない
> 　　　 か、すごく一般論の感じでした。」　（S06の3回目）
> （15）「やっぱり、分析の結果を書いてるときに、あの
> 　　　 ー、基本的には、自分の考えに基づいて書くじゃ
> 　　　 ないですか。それが、正しいかどうかがちょっと
> 　　　 分からなくて、それでも、一応書いとくって感じ
> 　　　 でしたね。」　　　　　　　　　　　（S13の3回目）

4.4　分析結果のまとめ

　以上、本章では、中国語を母語とする留学生11名を対象に、ライティング不安の実態とその変化について3回のインタビュー調査を実施し、分析を試みた。
　授業開始時に、6名の学習者がライティング不安を抱いていた。不安の内容を見ると、「文献収集に対する不安」「日本語表現に対する不安」「執筆形式に対する不安」「文章構成に対する不安」「文章内容に対する不安」の五つに大別できる。これらの不安は過去の学術的文章の執筆経験によって形成されたものであると言えるだろう。

授業の進行とともに、「執筆形式に対する不安」と「文章構成に対する不安」はほぼ軽減された。一方、授業で課された文章を執筆する中で、「日本語表現に対する不安」と「文章内容に対する不安」はより多くの学習者が感じるようになった。2回目のインタビューから、専門用語を含む語彙や表現に関する言語知識の不足が「日本語表現に対する不安」をもたらしていたことが分かる。また、課題への理解が深まっていくにつれ、重要な概念を正確に定義しているのか、データを論理的に分析しているのか、独創性と妥当性のある結論を導き出しているのかなど、「文章内容に対する不安」が具体的な形で現れてきている。このように、実際に執筆作業に入った後、課題が認識されたことで、より多くの不安が顕在化したことが分かった。

　授業終了時に、日本語表現と文章内容に対する不安に関して、一部の学習者の不安は軽減されたが、一部の学習者の不安は継続していた。また、「文献収集に対する不安」が残存していたことも分かった。

5 考察と教育への提言

　では、学習者の不安が授業を通して軽減されたか否かの理由は何であろうか。以下、教師による課題設定と学習者のピア・レスポンスに対するビリーフという二つの面から考察し、日本語教育への提言を行う。

5.1　教師による課題設定からの影響

　表3から分かるように、S02とS12が授業開始時に持っていた形式上と構成上の不安は授業を通して軽減された。本授業は、与えられたテーマに関して関心のある研究課題を立て、資料を読み返し、データを分析しながら答えを探っていくという論文の作成過程を、学習者に一つひとつの

課題を通して体験的に理解させるものであった。また、教師は執筆上の形式に関する注意点をまとめ、添付資料として配布した。そのため、学習者は大学で求められている論文やレポートについて具体的なイメージを持つことができ、形式上と構成上の不安が軽減されたと考えられる。

　また、S13は分量への不安がまだあると指摘しながら、「先行研究を読む」「先行研究を表現する」などの一連の授業活動を通して、先行研究の重要性に気づきはじめ、書ける分量も増加したという。

　一方、S02、S10、S11の「文献収集に対する不安」はあまり軽減されなかった。その理由に関して、S10は以下のように述べている。

(16)「この授業では、先行研究は先生が紹介してくれ
　　　たし、後、そのー、データベースもそもそも取っ
　　　てたじゃないですか。だから、僕がそもそも危惧
　　　していたものは全部先生によって解決されたか
　　　ら、凄い助かったと思うんですけれども、それは
　　　今後の研究に繋がるかちょっと言えないですね。」
　　　　　　　　　　　　　　　　　　　　　（S10の2回目）

　語り（16）から、S10は本授業に限って不安が一時的に解消されたが、根本的な解決になっていないことが分かる。本授業では、担当教師は授業の難易度を配慮し、研究テーマに関する参考文献と分析データを提供した。その結果、学習者にとって資料収集の練習にならず、不安が残存していた。

　以上を踏まえると、今後教師は類似の授業設計にあたり、様々な課題を通して論文・レポートの執筆過程を学習者に理解させるとともに、学習者の希望に応じた課題設定をする必要性が示唆された。学習者の中には意欲が高い者

もいるため、そのような学習者には、自分の力で先行研究を収集させたり、自分の力で分析のためのデータを収集させたりするなど、より高いハードルの課題設定も可能である。学習者の希望を受け入れ、ある程度自由度を持った課題設定をすることで、学習者にとってよりよい訓練になり、不安の軽減にもつながっていくだろうと考えられる。

5.2 学習者のピア・レスポンスに対するビリーフからの影響

次に、日本語表現と文章内容への不安の軽減について検討する。「日本語表現に対する不安」に関して、S09とS12は不安が軽減された。例としてS12の2回目と3回目のインタビューの語りを挙げる。

(17)「ペアをしているときは、やはりみんなは同じ留学生同士ですから、多分相手の言葉の中で、何か間違える言葉があったら、そんなに気づくことが難しい。」　　　　　　　　　　　　　（S12の2回目）

(18)「授業ではペアでお互いに書いたものを見るじゃないですか。ほかの人が見る時、文の主語がどこにあるか分からなかったら、指摘してくれる。ほかの人のものを読む時、こういう間違いがあるから、自分も気をつけようと思う。」（S12の3回目）

語り（17）から、授業に参加した当初、S12は留学生の日本語能力が不十分であるため、ピア・レスポンスにおいて互いの文章の表現上の問題点を十分に指摘することが難しいと考えていたことが分かる。しかしながら、授業の進行につれ、S12から徐々にピア・レスポンスの有効性を肯定的に捉えるようになったという意識の変化が見られた。語り（18）のように、S12は仲間に表現上の問題点を指摘されたり、仲間の文章から言語知識を意識的に学ん

だりした。このような学習者同士のやりとりを踏まえて表現を吟味することにより、表現上の不安が軽減されたと考えられる。

　それに対し、S03、S11、S14は表現上の不安が軽減されなかったと述べている。その理由に関して、以下の語りが例として挙げられる。

(19)「クラスメートは文法が間違っていると教えるけど、あまり直してくれないんです。やはりあっち（筆者注：大学の国際資料室の日本人チューター）に見てもらったほうが役に立ちますね。そのー、私の文と同じ意味ですが、もう一つのまともな文を書いてくれる」　　　　　　　　　　　　　（S11の3回目）
(20)「この授業は日本語で何かを研究するチャンスをくれたと思う。でも、日本語が不安の源だと感じる。」　　　　　　　　　　　　　　　　　（S14の3回目）

　以上の語りのように、S03、S11、S14は執筆過程を通して日本語能力が不足しているという自己評価を再確認し、教師や母語話者による完全な添削を期待していた。しかし、本授業はピア・ラーニングの理念に基づいて設計されたため、学習者による推敲が優先され、教師による言語形式のフィードバックが少なかった（第5章を参照）。そこから生じた学習者の不足感が、表現上の不安を持続させた理由の一つではないかと考えられる。
　また、本授業で言語研究の課題が課されたが、専門知識や分析方法に馴染みがないため、多くの学習者は分析の過程で「文章内容に対する不安」を感じた。そこで、S02、S05、S09、S17は積極的に仲間や教師と対話を重ねていた。以下の語りが例として挙げられる。

（21）「心配したことっていうのは、この研究方法で結
　　　論が得られるんですけど、全然説得力に欠けてい
　　　る。だから、説得力のある結論を得るために、結
　　　構時間をかけてしまいました。結局、研究の角度
　　　を何回も変えました。｛中略｝先生と話している
　　　時は、いろいろアドバイスしてくれました。｛中
　　　略｝クラスメートと議論する時もいろいろ質問さ
　　　れて、そういう感じで、結構いろいろヒント、ア
　　　ドバイスを得られました。」　　　（S05の3回目）

　このように仲間や教師との対話を通し、S02、S05、
S09、S17は専門知識や分析手法に関するリソースが増え
たり、オリジナルなアイデアが生まれたり、堅実な論理で
議論が展開できるようになったりした。そのため、内容面
の不安が軽減されたと考えられる。
　一方、S03、S06、S11、S13は内容面の不安が軽減さ
れなかった理由として、仲間や教師のフィードバックが不
十分であったと述べている。以下の語りが例として挙げら
れる。

（22）「この授業はとても自由で、テーマが一応決めら
　　　れているけど、どんなものを書き上げるか全部個
　　　人次第だ。先生の指導がもっと欲しかった。」
　　　　　　　　　　　　　　　　　　（S06の3回目）
（23）「みんなが専門家ではないから、私の論文がよく
　　　分からないようで、あまりいいアドバイスをもら
　　　えなかった。」　　　　　　　　　（S11の3回目）

　布施（2018）は、ピア・リーディング授業のフィードバッ
クの場面において、学習者が教師を課題の理解を促す
「ファシリテーター」として捉えるか、新たな専門知識を

192
どうすれば論文・レポートが書けるようになるか

与える「専門家」として捉えるかの違いにより、教師への評価が異なると述べている。上記の学習者の語りから、ピア・レスポンスの場面でも、学習者が教師を「ファシリテーター」として捉えるか、「専門家」として捉えるかというビリーフの違いが、不安が軽減されたか否かにつながると推察できる。本授業において、教師が「ファシリテーター」としてディスカッションに関わる場合が多く、「専門家」としてグループに入り込み、知識を提供する機会は少なかった（第11章を参照）。一方、S03、S06、S11、S13、S14が教師を「専門家」として捉え、日本語表現と文章内容において教師に深い介入を求めたため、教師のフィードバックが質も量も不足していたと感じ、不安が軽減されなかったのではないだろうか。このような中国人日本語学習者の仲間や教師への依存傾向については、中国人学習者のピア・レスポンスに対するビリーフを調査した田中（2005,2009）の中でも指摘されている。

　この点を踏まえると、ピア・レスポンスなどの協働学習の理念に基づいた学習活動を授業に取り組む際には、学習者のビリーフへの配慮が必要であろう。第4章の分析からも分かるように、学習者同士のピア・レスポンスでは、形式面や構成面については学習者同士である程度修正作業が行えるが、一方、表現面とデータの分析・考察などの内容面については、そこに専門家がいないため、何が正しいか、何が望ましいかということに判断が付かない場合がしばしばある。そのため、教師がすべての判断を学習者に委ねるのではなく、オフィスアワーを設け、表現面や内容面に不安を持つ学習者に個別の対面指導の時間を持たせることで、学習者の不安を軽減させることが可能ではないだろうか。

　以上の5.1と5.2を合わせて考えると、ピア・レスポンスなどの従来と異なる授業活動を取り入れる場合、クラスの学習者を一律に対応するのではなく、学習者の能力やビ

リーフに応じ、個別に柔軟に対応することが必要であると考えられる。ある時は学習者によって高いハードルの課題を与え、ある時は学習者によって寄り添って優しく接する。このように学習者の希望に耳を傾け、個別に柔軟に対応することで、学習者の不安が軽減されるのではないだろうか。

6 まとめ

　本章では、ピア・レスポンスを取り入れたアカデミック・ライティング授業において、11名の中国語を母語とする留学生のライティング不安とその変化を明らかにし、不安の変化に影響を与えた要因を検討した。

　本章の冒頭で設定した本章のRQへの回答は以下のようになった。

・RQ1：授業の学習者が抱いたライティング不安はどのようなものであり、授業を通してどのように変化したか。

　調査の結果、授業開始時に学習者が文献収集、日本語表現、執筆形式、文章構成、文章内容に対する不安を感じており、授業の進行とともに、形式上と構成上の不安はほぼ軽減されたが、日本語表現と内容に対する不安は課題が認識されたことでより明確な形で現れてきたことが分かった。授業終了後には、日本語表現と内容に対し、一部の学習者の不安は軽減されたが、一部の学習者の不安は継続しており、また、文献収集に対する不安が残存していたことも分かった。

・RQ2：不安の変化に影響を与えた要因として、どのよう

なものが考えられるか。

　教師による課題設定と、学習者のピア・レスポンスに対するビリーフがその一因であることが示唆された。

・RQ3：RQ1とRQ2の結果を踏まえて、学習者のライティング不安を軽減するために、教師にはどのような対応が考えられるか。

　学習者のライティング不安を軽減するために、クラスの学習者を一律に対応するのではなく、学習者の希望に耳を傾け、能力やビリーフに応じ、個別に柔軟に対応する必要があることが示唆された。

　今回の調査により、学習に付随する不安はマイナスイメージを喚起することが多かった。しかしながら、本章では具体的な分析には及んでいないが、数名の学習者の語りから、不安な感情を糧にして学習へのエネルギーに転化することができたことも分かった。つまり、それらの学習者にとって、不安が精神的な負担を高めているとともに、努力を続けていくためのモチベーションにもなっている。そのため、教師は一人ひとりの学習者に目を向け、学習者の不安を軽減させる一方、不安が生まれた背景を理解し、その不安を「よい」方向へと転じさせるような支援も求められるだろう。また、学習者自身が不安と付き合う方法を探り、学習を促進させることも重要であることを最後に記したい。

付記
本章は田（2019）をもとに、本書の目的・構成に合わせて改稿したものである。

参考文献　池田玲子・舘岡洋子（2007）『ピア・ラーニング入門─創造的な学びのデ
　　　　　　　ザインのために』ひつじ書房
　　　　　　石橋玲子（2011）「日本語学習者の作文産出に関わる不安要因の関連」『国
　　　　　　　際交流基金バンコク日本文化センター日本語教育紀要』8, pp.25-34.
　　　　　　田中信之（2005）「中国人学習者を対象としたピア・レスポンス─ビリー
　　　　　　　フ調査をもとに」『日本語教育』126, pp.144-153.
　　　　　　田中信之（2009）「自律的な書き手を育成する活動としてのピア・レスポ
　　　　　　　ンス」『アカデミック・ジャパニーズ・ジャーナル』1, pp.25-36.
　　　　　　田佳月（2016）「学術レポート執筆不安尺度の提案─中国語を母語とする
　　　　　　　留学生を対象に」『一橋大学国際教育センター紀要』7, pp.45-56.
　　　　　　田佳月（2017）「学術レポート執筆不安の実態に関する考察─中国語を母
　　　　　　　語とする留学生を対象として」『一橋日本語教育研究』5, pp.21-30.
　　　　　　田佳月（2019）「中国語を母語とする留学生の学術レポート執筆不安とそ
　　　　　　　の変化について─協働学習を取り入れたアカデミック・ライティング
　　　　　　　授業を通して」『一橋日本語教育研究』7, pp.57-70.
　　　　　　布施悠子（2018）「教師の介入─学習者主体の授業に教師はどこまでどの
　　　　　　　ように介入すべきなのか」石黒圭（編）『どうすれば協働学習がうま
　　　　　　　くいくか─失敗から学ぶピア・リーディング授業の科学』pp.151-
　　　　　　　177.　ココ出版
　　　　　　元田静（2005）『第二言語不安の理論と実態』渓水社
　　　　　　劉娜（2007）「ピア・レスポンス活動によって作文学習意識はどう変るか
　　　　　　　─JFL環境の中上級中国語母語話者を対象に」『言語文化と日本語教育』
　　　　　　　34, pp.78-81.
　　　　　　Cheng, Y. S., Horwitz, E. K., & Schallert, D. L. (1999) Language anxiety:
　　　　　　　Differentiating writing and speaking components. *Language Learning,*
　　　　　　　49, pp.417-446.
　　　　　　Horwitz, E. K., Horwitz, M. B., & Cope, J. (1986) Foreign language
　　　　　　　classroom anxiety. *The Modern Language Journal, 70*, pp.125-132.
　　　　　　Scovel, T. (1978) The effect of affect on foreign language learning: A review
　　　　　　　of the anxiety research. *Language Learning, 28*, pp.129-142.

因子	項目
1	5. 日本語の表記を間違って使っているかどうか不安だ。 6. 学術的な言葉を使いたいがわからなくて不安だ。 7. きちんと書き言葉で書けているかどうか不安だ。 8. 同じ言葉を何度も使い、言い換えることができなくて不安だ。 9. 文法を正しく使っているかどうか不安だ。 10. 書きたいことが日本語で表しきれなくて不安だ。 11. レポートでよく用いられる表現がわからなくて不安だ。
2	14. レポートの冒頭を思いつかなくて不安だ。 15. 冒頭から結論に至るまでに、どういう議論をどういう順序で書いていくべきかわからなくて不安だ。 17. 他人の文献を引用しすぎていないかどうか不安だ。 19. 文量が足りなくて不安だ。 22. 提出期限に間に合うかどうか不安だ。
3	12. 注の付け方や、引用の仕方や、参考文献の書き方などがわからなくて不安だ。 13. 「である体」と「です・ます体」が混在しているかどうか不安だ。 16. レポートの結論をまとめられなくて不安だ。
4	18. 先生にどう評価されるか不安だ。 20. いつも文の一部分に時間がかかり過ぎて、なかなか書き進まなくて不安だ。 21. 日本の大学の先生と中国の大学の先生と評価の視点が違ってくるのではないか不安だ。
5	1. 難しそうなテーマについて書けるかどうか不安だ。 2. 何を書けばいいのかわからなくて不安だ。
6	3. 参考資料が見つからなくて不安だ。 4. 多くの資料から必要な情報を見つけ出せるかどうか不安だ。

因子1「日本語表現に対する不安」　因子2「文章構成に対する不安」
因子3「執筆形式に対する不安」　　因子4「教員評価に対する不安」
因子5「テーマ構想に対する不安」　因子6「文献収集に対する不安」

第9章

授業参加による学習者の社会参加の過程

初めての学習者はピアにどのように参加していくのか

黄 均鈞

初めて来日した留学生が、日本の大学のアカデミック場面の活動に参加することは、容易なことではありません。彼らは、周りの参加者の行動を観察し、様々な参加ストラテジーを試行錯誤しながら、すでに参加経験を持った経験者からの支援の下で、徐々にアカデミック活動の一人前の参加者になっていきます。本章は、このような初めて日本に来た留学生の授業参加の社会化にフォーカスし、新参者の参加ストラテジー及び経験者の支援の実態を一つの事例を通して示していきます。

1 はじめに

　近年、日中大学間の人材共同育成プログラムが盛んに行われるようになっている。多くの中国人大学生が、日中大学間の協定制度を利用して来日し、日本語学校を経由せず、日本の大学（院）で学ぶことができるようになっている。しかし、長年中国の大学教育を受けてきた留学生は、必ずしもスムーズに日本の大学のアカデミック共同体に慣れていくとは言えない。それは、アカデミック共同体での慣例が、国や文化圏等によって異なっているからである（マリオット2005）。
　本章では、言語の社会化（Language socialization）の理念

を参照し、ケーススタディを用いて、日本の大学のアカデミック場面の新参者S12に焦点を当て、新参者がどのように日本の大学授業のグループ・ディスカッションに参加していくのかを、実際の談話データから検証していく。こうした本章の目的を達成するため、次の二つのリサーチ・クエスチョン（RQ）を立てる。なお、本章における新参者とは、中国の大学で教育を受け、何らかのきっかけで日本の大学のアカデミック共同体に移動し、そこでのアカデミック活動に初めて関わるようになった日本語学習者のことを指す。

・RQ1：新参者が、どのようなストラテジーを用いて、グループ・ディスカッションに参加したか。
・RQ2：アカデミック活動の経験者が新参者のグループ参加に、どのような支援を行ったか。

2 | 先行研究と本研究の位置づけ

2.1 アカデミック場面へのエスノグラフィー的な視点の発生

グループ、組織などコミュニティへの新参者の参加に関連する研究は、Lave & Wenger（1991）とWenger（1998）に遡る。Lave & Wenger（1991）は、新参者が正統的周辺参加（Legitimate peripheral participation）として、共同体の活動に関わりはじめ、知識や技能を修得するほか、共同体への理解を深め、成員のアイデンティティの発達を達成させ、十全的参加（Full participation）を果たすようになると主張している。そこでは、学習が実践に必要とされるスキルの習得を含め、新参者の自己認識の変容をも伴う全人格的なものとして記述されている。また、Wenger（1998）は、共同体における学習を、共同体や実践そのものへの参加過程に埋め込まれているものとし、参加フォームの更新

(Evolving forms of mutual engagement)、事業に対する理解と調整（Understanding and tuning their enterprise）、共同体のレパートリー・スタイル・ディスコースの発展（Developing their repertoire, styles, discourses）という三つの過程が含まれていると指摘している。

　こうした学習に対する社会的認識論の広がりは、日本語教育にも影響を与えている。近年、「〇〇共同体」という概念に注目し、共同体を一つの広い社会文化的な文脈として捉え、そこでの言語使用及び環境や場面に埋め込まれた種々の学習要素を丁寧に記述することで、言語学習のメカニズムを解明しようとする研究が増えている。例えば、本章と関連するアカデミック場面の新参者の参加については、理工系留学生を対象とし、実験室や大学（院）授業内外の活動参加で必要とされる語彙、表現などの調査（村岡他2003, 小宮2005, 重田2008, 羽吹・篠原2014等）の他、エスノグラフィー（民族誌）的な視点からケーススタディを通して、理系実験室での新参者の参加構造とその場に配布された学習リソースとの関係（ソーヤー2006）、文系大学院生のゼミの質疑応答場面への参加の深まり（黄2017）、文系留学生の大学（院）アカデミック活動全般への参加の実態調査（李2011; 郭2016, 2019）など、アカデミック的な言語活動への参入状況やその場での学びの実態を可視化しようとする研究群である。

2.2　アカデミック・ディスコースの社会化の視点

　言語の社会化に関する研究は、1980年代から始まり、主に子ども、中高生、または海外からの移民を含むホスト文化にいる新参者が、有能な他者と共にさまざまな実践活動に関わり、文化の一員になっていく中での言語（または、リテラシー）の役割や社会化に伴う言語とアイデンティティの問題などを扱う学際的な研究領域である。Schieffelin

& Ochs（1986）によれば、言語の社会化は言語使用を通じての社会化及び、言語を使用するようになる社会化という二つのプロセスを有している。また、Duff（2008）で、言語の社会化は、社会経歴、言語習得、語用やリテラシー等を通じて、とりわけ（個人に焦点を当てる場合）新参者が言語実践及び社会的インターアクションを通じて、特定の知識、信念、感情、アイデンティティ等の体系に入れられる（induct）過程として定義されている。

そうした言語の社会化の理念を踏まえ、近年、北米を中心に、大学の教室内外のアカデミック場面における英語のアカデミック・ディスコースに焦点を当て、アカデミック・ディスコースの社会化（ADS）の研究が盛んに行われている（Morita 2000, 2004; Duff 2010; Duff & Anderson 2015等）。アカデミック・ディスコースとは、特権を与えられ、期待・洗練され、慣習化や儀式化された話し言葉や書き言葉のジャンル、レジスター、言語構造、相互作用のパターン、graphics等を指すものであり、複合形態的である（Duff 2010: 175, 小林2017、筆者傍点）。本稿も、話し言葉を含めた多様なディスコース形態の存在を認める立場を取る。

ADS の主な研究課題は、「アカデミック・ディスコースやそれに関連する様々な実践に、新参者がどのように取り組み、新しい共同体の一員となっていくのかを考察する」（小林2017）こととされている。例えば、これまでにカナダの大学（院）をフィールドとし、留学生を対象としたADS の研究には、大学院授業の口頭発表で見られたアイデンティティの交渉（Morita 2000）、教室内のグループ活動に取り組むための教室外の学習実態の解明（Kobayashi 2003, Duff & Kobayashi 2010）、ネットワーク構築をしながらの大学アカデミックイベントへの参入（Zappa-Hollman & Duff 2015）等のテーマが挙げられる。また、日本の大学

においては、小林（2017）がケーススタディを通して大学ゼミでの日本人学部生の言語の社会化の現象を検証してきた。

　その一方、Zappa-Hollman & Duff（2015）で指摘されたように、新参者のADSには、決してその場の経験者や専門家による伝授でも、新参者の順応でもなく、むしろ参加者による積極的な交渉や共同体の規範に対する論争等が含まれるのである。つまり、新参者のADSは、自身による主体的な参入が欠かせず、また周囲の参加者との相互作用の視点を持たなければならないと考えられる。

　しかしながら、Duff（2010）が指摘するように、スピーチまたはライティングを問わず、学問分野および専門分野における新参者の声およびアイデンティティの発達は、社会文化的および人類学的観点からは、これまでに十分に検討されていない。この指摘は、JSL環境の学術コミュニティの新参者の研究にもあてはまる。今後、新参者の発話行為、参加意識、置かれたアカデミック場面の社会的、文化的な状況等、多様な視点から、アカデミック場面での言語の社会化の実態を解明することが必要であろう。

3 分析対象のデータ

3.1　アカデミック場面の新参者

　本章が対象とする新参者は、中国の大学で高度な日本語を身につけて来日した研究生であり、日本語文法や音韻面（所謂、狭義の言語能力）の問題をある程度、クリアしてきている。だが、専門分野の知識や概念を活用し、物事に対する抽象的な観点や考えを求められるアカデミック活動になると、必ずしも容易とは言えない。さらに、ビジネス場面と同じく、専門的な場面としての学術コミュニティでは、コミュティ独特の参加スキーマ、行動のマナー、学術に対す

る態度と認識といった社会文化的な要素も存在している。例えば、日本の大学院の質疑応答場面では、参加者が発表を聞きながら質問を考えるという暗黙の参加ルール（黄2017）が存在しており、カナダの大学院授業ではプレゼンテーショを行う際、聞き手を意識し、わかりやすく情報を伝えるという指導者側の期待（Morita 2000）等もあると報告されている。

　本授業の文脈で考えると、新参者が談話分析関係の論文をグループ・ディスカッションの中で書き上げていく言語活動に参加していくには、アカデミック日本語の言語知識、関連分野の専門知識のほか、そうした知識を運用して相手とコミュニケーションを取る能力、及び、授業というローカルなアカデミック場面における社会文化的な要素を理解し、適切な社会文化行動を展開する能力が必要だと思われる。

3.2　事例の選定と分析方法

　本章では、自然なアカデミック場面から切り離すことなく考察するため、複雑なコンテクストを記述するのに適する事例研究法（Duff 2014）を採用した。事例として挙げたのは、S12である。S12は、中国国内のある重点大学の日本語学科を卒業した直後、研究生として日本の大学院に入学した。S12は、JLPTのN1を持っているにもかかわらず、自分の日本語を、「私の日本語が変だ」「書く、聴くのが大丈夫だが、話すのが大変難しい」（1回目のインタビュー）と評している。その一方で、S12は、「研究生は授業がほとんどないため、この授業でいっぱい日本語で話したい」と期待していた。このように、S12がアカデミック場面のコミュニケーションに対する不安の感情を抱えつつも、怯えなく発話し、その場の活動に関わろうとする姿勢が見られたため、積極的な新参者の一例として、アカデミック場

面への参与の実態を理解し、解明するのにふさわしい事例だと考えた。

　そのため、本章はS12に関連するデータに焦点を当て、S12のグループ・ディスカッションでの発話（表1網掛け部分）、活動参加への姿勢に関する半構造化インタビュー（授業開始時、授業中間時、授業終了時）、及び、授業中の配布資料を分析データとする。分析は以下の手順で行った。

1. S12が参加した8回のグループ・ディスカッションの文字化データを前後の発話文脈に留意しつつ、丁寧に読む。
2. グループ・ディスカッションにおいて、S12が何らかのストラテジーを用いて活動に参加すると思われる箇所をピックアップする。
3. 当該授業の目的、発話前後の文脈をよく吟味し、S12のストラテジーを概念化する。
4. 経験者がS12のグループ活動を手助けする箇所をピックアップし、当該授業の目的、発話前後の文脈をよく吟味したうえで、支援行動を概念化する。

表1　本章の分析対象

回	授業内容	回	授業内容
1	オリエンテーション	9	分析結果を集計する
2	研究テーマを検討する	10	分析結果をまとめる
3	基本概念に親しむ		提出論文3
4	先行研究を読みあう	11	分析結果と考察を表現する
5	研究テーマを説明する	12	結論と要旨をまとめる
	提出論文1		提出論文4
6	「はじめに」と先行研究を表現する	13	論文を推敲する
	提出論文2		提出論文5
7	分析方法とデータを議論する	14	成果発表の準備をする
8	データベースを作成する	15	成果を発表する

4 | 分析結果

4.1 新参者の参加ストラテジー

(1) 新参者という身分の開示

談話例1は、S12とS10、ペアでお互いにこれから書こうとするテーマを紹介する場面である。

談話例1　日本語の未熟さの表明（第4回）

話者	発話内容	備考
S10	[教師から交代の合図] ほい。	
S12	[教師の説明の後] はい、わたしの日本語、我慢してくださいね。	①
S10	え？。	
S12	わたしの日本語、<少し笑いながら>我慢してください。	②
S10	いやあ、全然いいっすよ。	

　教師の交代の合図を受け、S10が自分の紹介を切り上げ、S12が紹介する番に入った。だが、S12は、自らの番が始まる前の挨拶として、「では、よろしくお願いします」の代わりに、談話例1の①、②のように、「わたしの日本語、我慢してください」と、日本語の拙さを相手に事前に予告する行動を取った。

　S11とS10は学部生でありながら、日本滞在歴が2年以上もあり、日本の大学のアカデミック活動に参加した経験を持っている。また、S16は修士課程の学生である。談話例1の発話データからもわかるように、3人ともS12より日本語が流暢であり、アカデミック活動の参加経験も、S12より豊富である。このような経験豊かなグループメンバーに囲まれたS12は、無意識のうちに、その場の比較対象となり、日本語を話す自信がなくなったのだろうと推測できる。このような「弱腰」の言動の裏に、S12の日本語で喋る自信の欠如が窺える。だが、その一方で、自分の弱みを相手に告知によって、私がみなさんのような経験

者ではなく、「新しく来たものです」、「この場の新参者です」という自分の身分を作り上げることもできると考えられる。それによって、経験者のみに共有されたルールや言語使用の規範等を多少破られても（間違えた日本語を話す等）、許容されるようになり、新参者にとって、活動参加に有利なポジションを獲得することに繋がると考えられる。

（2）話し合いの場の改変

　談話例2は、S12がS04の書いた分析内容について質問をしているところである。S04は中国の大学の日本語教師であり、研究員として来日し、毎回の授業に関わっていた。S04は論文の書き方やアカデミック場面への参加方法、談話分析の知識などをある程度持っている、経験者と考えられる。

　談話例2の①のように、S04からの論文の紹介が終わった後、S12が論文の中の例の数を増やすつもりがあるかどうかを確かめた。だが、S04はS12の質問の「添加」の意味がピンと来なかったようで、それに気づいたS12が②のように、質問したい内容を言い換えて再度説明した。

談話例2　経験者への質問（第7回）

話者	発話内容	備考
S04	ちょっと、ちょっと長すぎてすみませんでした。	
S12	あのー、例文などを。	
S04	はい、も、も、もう例文をちゃんと書いてありますが、だいたい例えば。	
S12	あ、このあとは、また、<u>この例を、あの…、増え↑、増えますか? 添加しますか?</u>	①
S04	てんかい?	
S12	あ、いや、また、あのー、例えばこの論文を本気で書くとき、あの、また、この例を例えば今は一つの例だけど。	
S04	はい。	

| S12 | そのあとは、たぶん二つ、三つの例を挙げてっていう感じ? | ② |
| S04 | 増えるつもりはありませんが…。 | |

　授業のグループ・ディスカッションは、互いに相手の論文に意見やアドバイスを出しながら、よりよい原稿に改善していくために設けられているはずのものである。発表者が自分の論文を紹介した後、聞き手から意見や助言をもらい、それに基づいて、改善していくのが活動の趣旨である。その意味で、発表者のS04が期待していたのは、発表を聞いたS12からの質問や意見である。だが、S12は、S04が期待するような発話行動をせず、論文で挙げる例文数を確認している。次の談話例3の①が示すように、S12はこの時点で、S04の論文ではなく、自分自身の論文で例文数がどのぐらいあればよいかがわからなくて心配していたのである。

談話例3　経験者への質問の背景（第7回）

話者	発話内容	備考
S12	やっぱ、今の引用の表現ですが。	
S04	はいはい。	
S12	データからは、（はい）そんなに多くない<笑い>ので、ちょっと困ります。	①
S04	あ、そうですか。	

　つまり、S12は自分の論文の問題点とS04の論文との間に接点を見つけ、書き手であるS04の意図を確認する形を取りながら、S12自身の抱えている疑問や不明点を解決しようと試みていたことがわかる。書き手であるS04のための「質疑応答の場」を、参加者であるS12が自分に有利な経験者への「相談の場」に巧みに置き換えてしまった様子が窺える。

（3）スモールトークへの参加

　談話例4は、グループ・ディスカッション終了後のS17とS12のスモールトークである。

談話例4　感想を述べ合うグループ・ディスカッション（第7回）

話者	発話内容	備考
S17	これまで、まだ、終わらないですか。	
S12	いいえ、やっぱり今は、これも、大体は、あの、たぶん、これからどんなけん、あのー…、<u>計画↑みたいな感じ?</u>	①
S17	［母語で一言って笑い合う］。	
S12	そうそう、［母語で発話］。ま、これからまた。	
S17	<u>そうそうそうそう</u>、そう。	②
S12	どんどん増えて。	
S17	それ、<u>あらすじ</u>。	③
S12	あ、あらすじ、そうです、あらすじ、忘れました、やべえ、日本語、だめです。	
S17	わたしも。	

　2人は最終課題の論文に向けて、これからすこしずつ書く量を増やしていかなければならないことの大変さを確かめ合い、共通言語の中国語を交わすことで、談話例4の②の「そうそうそう」のように、場面が盛り上がっていた。それから、①でS12が「計画みたいな感じ」と言い換えてごまかした、2人とも忘れかけた「あらすじ」という単語を、S17が③で突然思い出し、S12はその単語を忘れてきた自分の日本語能力を「やべえ」で評価していた。

　談話例5は、S15の質疑応答が終わってから見られたスモールトークである。S12は発表の形が気になって、S15に確認したところ、グループ内での発表ではなく、みんなの前での発表だとわかった。また、実際にビデオに出た人たちも来るという情報もS15から提供を受けている。

談話例5　情報交換の場としてのグループ・ディスカッション（第14回）

話者	発話内容	備考
S12	え、発表というのは、みんなの前で？	
S15	や、たぶんやりますよ、来週は。	
S12	グループの中で発表と思った。	
S15	いや、たぶん、みんなで、みんなの前で、みんなの前で発表するん…、じゃないすかね。	①
S12	んー。	
S15	あのー、だから、この…《少し間》談話に、実際のゼミに参加した人たちも呼んで、その人たちー、の前でも発表するみたいな感じで話してたからー。	②
S12	はい。	

　談話例4や5のように、グループ・ディスカッションの話から逸れて、本題と無関係に展開された雑談のような話は、スモールトークと呼ばれている。それは、談話例4のように、自由で目的がなく、相手との心的なつながりを築き、人間の本質的な欲求である認め合いを促進する機能（Coupland 2000）を果たす一方、談話例5のように、単なる情報交換的なトークも存在している。

　新参者の教室のアカデミック場面への参加とは、日本語を用いた学術的でフォーマルな表舞台への参加だけでなく、共通の母語で相手と情報や感情の交換をしたり、俗語の使用で個性的な自分の一面をグループ・メンバーに見せたりする等、茂呂（1991）が指摘した方言に近い日常タイプのやり取りが行われる私的な空間（舞台裏）への参加を試みていると考えられる。こうした舞台裏は、表舞台の流れを妨害し、フォーマルな学習活動を中断する恐れもあるが、舞台裏のやり取りで人的ネットワークを築いたり、キャンパスや授業に関する情報を交換したりする等の機能も働いている。この意味で、新参者にとって、舞台裏への参加は、コミュニティ内の人間関係を築いたり、新しいコミュニティの状況を把握したりする一つのパイプを作り上げることだと言えよう。

4.2 経験者の支援

　当該授業における新参者の社会化に寄与する人的リソースには、実践者の教師や、ボランティアとして入ってきた大学院生、同じく授業を取った履修生同士が考えられる。本項は、大学院生および日本の大学に2年間以上在籍したことのある履修生に焦点を当て、彼らとS12とのやり取りで見られた授業参加の支援行動を取り上げ、分析する。

(1) 新参者の発話を整理する

　談話例6と7は、S12が談話分析関係の概念や論文をグループ・メンバーに紹介している場面である。これらは、学習者自身の興味関心で選んだものなので、相手が必ずしもわかる概念とは言えない。よって、限られた時間で、いかにわかりやすく、かつ明確に主旨を説明するかが大事だと考えられる。つまり、寅丸（2016）が指摘した、プレゼンテーションの内容を論理的に構造化して理解しやすくすること、話し手が談話構造を意識することが本授業の場面でも重要であると考えられる。談話例6では、S12が選んだ「講義談話の引用と参照」の論文を紹介している。

談話例6　発話内容の構造化（第4回）

話者	発話内容	備考
S12	論文の中では、あのー、えー、この「引用」や、あー、「参照」《少し間》あー、「参照」のとき、使う言葉は、あー、場合によって必ずしも同じではないと指摘し、ました。ん、例えば、あのー、黒板になにか書いてあって、あー、つまり板じょ‘書’を、板書を使うとき、あるいは、ぽ、パワーポイントを使うとき、あるいはOHPなど使うときに。	
S10	エクセル？　エル？。	
S12	OHP、何か。その、この論文は、主に、あの、この三つの場合を例として、あのー、うー、それぞれ、の場合で、どんな言葉、どんな表現の方式を使うのか。	
S10	ごめん、み、三つの場合って。	①

S12	三つの場合。	
S10	<u>ってのは板書、パワーポイントとオーバーヘッドプロジェクタ?</u>	②
S12	はいはい。	
S10	あー、オッケ。	

　教師が講義中、使用する媒体（板書、パワーポイント、OHP）によって、引用と参照の表現形式が異なってくることが、この論文の発見である。だが、S12は、大事な三つの媒体を強調せずに、むしろ淡々といくつかの例を挙げる口調で紹介していた。その後、話は一旦、OHPに関する説明に割り込まれ、もう一度話が戻ってきた際に、S12が過去に述べた旧情報との関連性をあまり意識せず、さりげなく「この三つの場合」「それぞれの場合」と一括りして、紹介をし続けていた。だが、その後の聞き手の反応からわかるように、必ずしも「板書、パワーポイント、OHP」と「この三つの場合」や「それぞれの場合」との間に、明確な指示関係ができているとは言えないだろう。つまり、あまり情報が構造化されていないため、聞き手のS10にとって、「三つ」「それぞれ」が曖昧な情報となってしまったのである。そこで、談話例6の①と②のように、S10は、S12のプレゼンテーションを中断させ、前後の文脈情報を確認した。また、似たようなやり取りが次の場面でも観察された。

　談話例7では、S12がスピーチレベルの概念を具体例で説明しようとしている。だが、①の「違う人と話し合っているとき、違う、同じじゃない話し方を選んで」という言い直しが続く表現や、②の「あー」「あのー」などのフィラーで途切れた情報では、必ずしもわかりやすいものになっているとは言えないだろう。そのため、談話例8の③で示されたように、大学院生のS16は、S12のターンを奪い、「状況」、「普通形」などの専門用語と概念を用いて、S12が話した例を簡潔にまとめ、スピーチレベルという語

を定義しようと再整理を試みている。

談話例7　発話内容の再整理（第3回）

話者	発話内容	備考
S12	とりあえず<少し笑い>、あの、スピーチレベル、は、やはりみんなが、な、ここに書いているように、みんなが、あ、違う人と話し合っているとき、<u>あー、違う、うん、同じじゃ、い、話し方、を選んで</u>、例えばわたしたちが初対面ではないですか？だから、みんな敬語を使って、んーたぶん、あのう。	①
S11	はい。	
S12	<u>あー</u>、たぶん、これから、<u>あー</u>、親しくなれば、<u>あー</u>、敬語も、は、使わなくて、<u>あのー、ちょっとー、あー</u>、もっ、と自由な感じが#####という感じ、今の考えでは<少し笑い>。	②
S16	<u>状況によって、どういう、あの、敬語を使うか、普通形を使うか、が変わるっていうことですか？</u>	③
S12	あー、はい…。	

　以上のように、アカデミック場面の新参者が日本語やその場の関連知識が不十分のため、うまく表現できない状況に置かれたとき、経験者が脇からターンを取り、新参者の談話を構造化したり、再整理したりする支援行動が観察された。

（2）個人の参加経験を提示する
　談話例8は、学習者たちとボランティアとして入ってきた大学院生A01との相談場面である。
　A01は、談話例8の①のように、S12に日本語の引用についてどこが難しいと感じたか、と問い掛けている。S12は、配られた資料を読んでいるうちに、引用の難しさを発見したと答えた。だが、A01がもう一歩掘り下げて、どうして引用というテーマをやりたいと思うようになったか、と問い詰める。その後の答えからわかるように、そこでA01が期待したのは、S12の研究動機についての語りで

ある。つまり、読んだ資料（テーマ）と自分の学習経験との関係についての語りであろう。しかし、S12は、相手が引用の難しさを聞く意図に気づいておらず、引用に関する資料があるからやりたかったと、受動的な回答を行っている。これに対して、A01は②で、論文執筆経験者の立場から、テーマを決めるなら、おもしろいか難しいかいずれかの問題意識からアプローチすべきであるという方向性をS12に示している。このように、個人レベルの興味関心を研究レベルに引き上げること、自分の経験と研究テーマとの関連性を問われることは、おそらく談話例8のような研究テーマの相談場面に限らないことである。黄（2017）の調査で指摘しているように、文系大学院ゼミの質疑応答の初期において、日常的に起こるアカデミック・ディスコースの典型的なやり取りである。

談話例8　研究動機を問う（第5回）

話者	発話内容	備考
S12	これについて研究…。	
A01	引用と参照。あー、<u>例えばどんなところで、引用が難しいとかですか?</u>《沈黙4秒》引用、難しくないですよね、はい。	①
S12	《少し間》これを見たら、内容を発見しちゃったんです。	
A01	《少し間》あ、引用の、例えば、どうしてこれをやりたいと思ったんですか。	
S12	《沈黙4秒》やはり、あの、資料があるから。	
A01	で、まず、その、じ、そうね、<u>これをやりたいんだったら、まずこれが難しいかこれが面白いか、どっちかあるか</u>と思うんですけど。	②
S12	うん。	

　以上、経験者による新参者のADSの支援では、単に表現する際の困難を助け、その場の途切れた発話を整理するだけでなく、自らの参加経験を拠り所にし、新参者とのやり取りの中で、アカデミック・ディスコースの参加ルール

を提示していた。

5 考察と教育への提言

　本節は、観察された参加ストラテジー及び経験者の支援行動を踏まえ、新参者の参加困難をもたらした要因とその対策について考えたい。4.1で指摘したように、新参者は、自分が経験不足であるという身分を開示することによって、相手に不十分な自分の言語行動に対する寛容さを求める。それによって、多少日本語の間違いがあっても、グループメンバーに認められる。だが、その寛容さとは、決して新参者の間違いをそのまま放っておくことを意味するのではない。実際のやり取りの中で、コミュニケーションに支障が出た際、経験者が新参者に意味を確認したり、話の要点を整理したりする支援行動も見られる。このように、新参者と経験者が共に混在するアカデミック活動において、新参者側が経験者に言語使用の規範に対する寛容さを求める一方、経験者側が新参者の規範からの逸脱行動を指摘し、支援するという緊張関係の中で、双方のやり取りが展開されていることを教師が認識する必要のあることが示唆された。

　また、新参者の授業に関連する背景知識や課題情報が欠如していることに注意を払う必要がある。背景知識や課題情報は、直接、グループ・ディスカッションへの参加と繋がらないかもしれないが、論文の形式及びプレゼンテーションのやり方を把握することによって、参加者が受講する際の安心感を得られ、質の高い授業参加も保障できると考えられる。だが、日本語が原因で、教師の指示をうまく聞き取れなかった場合もある一方、「論文で取り上げるべき例文の数」といった談話分析関係の論文の一種のスキーマのようなものは、場合によって、明示的な知識として取り上

げられず、教師に見落とされがちであろう。ただ、今回の事例で観察されたように、授業の背景知識や課題情報に関して、新参者が経験者に確認したり質問したりする、スモールトークでのやり取りによって、それを補うことができる。

しかしながら、新参者が直面する参加困難に対して、自意識を持たない部分、言語管理理論（Neustupný 1985）によれば、新参者本人が、「その規範からの逸脱すら留意できなかった」言語行動も存在しているだろう。こうした規範とは、教師から必ずしも明示的に教えられず、むしろ一種のアカデミック文化として、その場のインターアクションを方向づける基盤のような存在である。本事例の場合、談話例8で示されたように、研究動機を問われる場面でのS12の答えは、アカデミック場面のインターアクション規範からの逸脱行為として捉えることができよう。だが、こうした逸脱は、新参者本人による留意が難しく、むしろ本事例のように、経験者による実際の言語活動の文脈に埋め込まれた明示的な指導のほうが、効果的だと思われる。

6 まとめ

本章は、言語の社会化の理念を参照し、新参者がどのような参加ストラテジーを用いて、周りの経験者からどのような支援を得ながら、大学授業のグループ・ディスカッションに参加していくかを解明したものである。はじめに設定した本章でのRQへの答えは以下の通りである。

・RQ1：新参者が、どのようなストラテジーを用いて、グループ・ディスカッションに参加したか。

S12のケースから、新参者という身分を開示すること、

話し合いの場を自分に有利な方向に持っていくこと、スモールトークに参加することという参加ストラテジーが観察された。

・RQ2：アカデミック活動の経験者が新参者のグループ参加に、どのような支援を行ったか。

　経験者は、新参者の発話を整理するという支援行動と、自分の経験を拠り所にし、参加ルールを提示するという支援行動が観察された。

　グローバル化が進んでいくにしたがって、日中大学間の交流はますます深まるだろう。そして今後、S12のような新参者は日本の大学や大学院に増えていくと思われる。しかし、残念ではあるが、新参者が努力を重ねて徐々に当該コミュニティの一人前の参加者になっていく社会化のプロセスを追い、適切な支援を行うことは、授業担当者として、なかなか難しいのが現状であろう。

　そのため、アカデミック教育に携わる教師は、まず、実際のアカデミック活動に根差した実態調査を通して、新参者のアカデミック・ディスコース社会化のプロセスを理解する必要があると思われる。また、実際のアカデミック場面への参加を支援する授業にあたって、教師は参加するための知識と技能を明示的に教える一方、学習者にアカデミック・コミュニティー参加を振り返る機会を与え、日頃のアカデミック活動の場面で遭遇しそうなディスコースへの気付きを高めることも重要だと思われる。

参考文献　　郭菲（2016）「中国人留学生の日本の大学院の学術的コミュニティへの参加—文系大学院生のケース・スタディー」『阪大日本語研究』28, pp.109–141.

郭菲（2019）「日本の大学院の実践共同体に参加する初期段階における学習過程—ある中国人留学生のインタビュー調査から得た理解」『阪大日本語研究』31, pp.17–47.

小林真記（2017）「学部ゼミにおける日本人学生の言語社会化」『神田外語大学紀要』29, pp.21–49.

小宮千鶴子（2005）「日本語教育のための経済の専門連語—概論教科書と新聞の比較を中心に」『早稲田日本語研究』13, pp.1–12.

重田美咲（2008）「工学系大学院留学生の『正統的周辺参加』と日本語学習」『広島大学教育学研究科紀要』2(57), pp.255–262.

ソーヤー理恵子（2006）「理系研究室留学生における装置へのアクセスの社会的組織化」上野直樹・ソーヤー理恵子（編）『文化と状況的学習—実践、言語、人工物へのアクセスのデザイン』凡人社

寅丸真澄（2016）「中上級学習者の口頭表現能力育成のための形成的学習支援の試み—プレゼンテーションの段階的学習過程を通して」『東京外国語大学留学生日本語教育センター論集』42, pp.173–184.

羽吹幸・篠原亜紀（2014）「理工系大学院留学生の日本語使用に関する一調査」『国際交流基金日本語教育紀要』10, pp.131–144.

黄均鈞（2013）「日本語教育実習における実習生のコメント力の向上に関する考察—実習の『場』と実習生の『意識』から見る」『待遇コミュニケーション研究』10, pp.81–97.

黄均鈞（2017）「新参者が大学院ゼミの質疑応答活動にどのように参加しているか—ある中国人留学生への縦断的調査から見えてきたもの」『言語文化教育研究』15, pp.153–171.

マリオット, ヘレン（宮崎七湖訳）（2005）「日本人留学生のアカデミック英語能力の発達」『日本語学』24(3), pp.86–97.

村岡貴子・仁科喜久子・深尾百合子・因京子・大谷晋也（2003）「理系分野における留学生の学位論文使用言語」『専門日本語教育』5, pp.55–59.

茂呂雄二（1991）「教室談話の構造」『日本語学』10, pp.63–72.

山下隆史（2005）「学習を見直す」『文化と歴史の中の学習と学習者—日本語教育における社会文化的パースペクティブ』凡人社

李麗麗（2011）「中国人大学院留学生のアカデミック・インターアクションに関する調査—正統的周辺参加から十全的参加への過程の分析と考察」『桜美林言語教育論叢』7, pp.17–31.

Coupland, J. (2000) *Small Talk*. London, UK: Longman.

Duff, P. (2008) *Language Socialization, Participation and Identity: Ethnographic Approaches*. Boston, US: Springer.

Duff, P. (2010) Language socialization into academic discourse communities. *Annual Review of Applied Linguistics, 30*, pp.169–192.

Duff, P. (2012) Second language socialization. In A. Duranti, E. Ochs, & B. Schieffelin (Eds.), *The Handbook of Language Socialization* (pp.564–586). Malden, US: Wiley-Blackwell.

218

Duff, P. (2014) Case study research on language learning and use. *Annual Review of Applied Linguistics, 34*, pp.233–255.

Duff, P. & Anderson, T. (2015) Academic language and literacy for second-language students. In N. Markee (Ed.), *The handbook of classroom discourse and interaction* (pp.337–352). Malden, MA: Blackwell.

Duff, P. & Kobayashi, M. (2010) The intersection of social, cognitive, and cultural processes in language learning: A second language socialization. In R. Batstone (Ed.), *Sociocognitive Perspectives on Language Use and Language Learning* (pp.75–93). Oxford, UK: Oxford University Press.

Kobayashi, M. (2003) The role of peer support in ESL students' accomplishment of oral academic tasks. *Canadian Modern Language Review, 59*, pp.337–368.

Lave, J. & Wenger, E. (1991) *Situated Learning: Legitimate Peripheral Participation*. Cambridge, UK: Cambridge University Press.（佐伯胖（訳）（1993）『状況に埋め込まれた学習―正統的周辺参加』産業図書）

Morita, N. (2000) Discourse socialization through oral classroom activities in a TESL graduate program. *TESOL Quarterly, 34*, pp.279–310.

Morita, N. (2004) Negotiating Participation and Identity in Second Language Academic Communities. *TESOL Quarterly, 38*(4), pp.573–603.

Neustupný, J. V. (1985) Problems in Australian-Japanese contact situations. In J. B. Pride (Ed.), *Cross-cultural Encounters: Communication and Miscommunication* (pp.44–64). Melbourne: River Seine.

Schieffelin, B. & Ochs, E. (Eds.) (1986) *Language Socialization across Cultures*. Cambridge, UK: Cambridge University Press.

Wenger, E. (1998) *Communities of Practice: Learning, Meaning, and Identity*. Cambridge, UK: Cambridge University Press.

Zappa-Hollman, S. & Duff, P. (2015) Academic English Socialization Through Individual Networks of Practice. *TESOL Quarterly, 49*(2), pp.333–368.

第10章

授業参加による学習者の変容
学習者は学術コミュニティの移動の中で どのように成長していくのか

黄 均鈞・田 佳月・胡 芸(艺)群

近年、中国で日本語を専攻した学生が、大学卒業後日本の大学院に進学し、地理的な移動により、複数のコミュニティに参加するケースが増えています。では、中国の大学から日本の大学院への移動に伴い、彼らはどのようなコミュニティにどのように参加しているのでしょうか、また、複数のコミュニティへの参加は彼らにとって何を意味しているのでしょうか。本章では、ある1名の中国人日本語専攻生に焦点を当て、来日前後の複数のコミュニティへの参加過程を記述し、その参加経験がアイデンティティ形成への影響を検討します。

1 はじめに

　近年、日中大学間の交流が急速に進み、多くの中国の大学で日本語を専攻していた学習者（以下、日専生）が大学卒業後、私費、あるいは日中大学間のプログラムなどを通じて日本の大学院に進学するようになってきている。しかしながら、中国の大学に入学した時点で、日本語をほぼゼロから学び始める日専生にとって、卒業後、海を渡って日本の大学院に進学し、スムーズに大学院生活を送ることは容易ではないだろう。彼らは日本の大学院進学をきっかけに、日本語を用いて専門知識を獲得したり、ほかの大学院

生と議論したりするなど、日本語を媒介として専門性を磨いていかなければならない。また、日本と中国の教育システムや学術コミュニティの社会的、文化的な要素の相違により、これまでに身につけてきた日本語の学習習慣や授業への参加方法などが通用しなくなることも予想される。

　そこで、本章は、以下の二つのリサーチ・クエスチョン（RQ）を設定し、ある日専生（本書の調査協力者S12）の来日前後の学術コミュニティへの参加に焦点を当て、彼女がどのように複数の学術コミュニティにまたがって参加するか、また、それらの参加経験がどう関連し合い、来日した彼女にとって何を意味しているかを解明する。

　　・RQ1：S12は中国の大学と来日後の大学院において、
　　　　　どのようなコミュニティにどのように参加して
　　　　　いたのか。
　　・RQ2：複数のコミュニティへの参加は、S12のアイデ
　　　　　ンティティの形成にどのように影響していたの
　　　　　か。

　なお、上記のRQの主旨に照らし、本章は、専門のゼミをはじめ、彼女が参加した授業全般を検討し、本書で扱っているピア・ラーニングの授業は相対化して考察する。また、コミュニティ参加状況の変化を知るため、調査期間も、彼女が研究生だった当該授業期間中に加え、終了後、大学院に進学した1年間にわたっている。

2 ｜ 先行研究と本研究の位置づけ

　現代社会の大きな特徴の一つとして考えられるのは大量の人口が国境を越えて移動する現象である。それに伴い、人々が所属するコミュニティも複雑化し、多重化してきて

いる。こうした状況において、個人がそれぞれのコミュニティの中で、どのような役割を担い、どのような身分で生きていくかは、所属するコミュニティによって異なってくるだろう。

　日本語教育では、言語学習者の地理的な移動による問題に対処するために「アーティキュレーション」という研究領域が設定されている。日本語教育アーティキュレーション・プロジェクト（2012）によると、アーティキュレーションとは、カリキュラムや評価の異なるレベル間の連続性、同一プログラム内のクラスの連続性、一貫性などを言う。日本語教育アーティキュレーション・プロジェクト（2012）は、中国から日本への私費正規編入留学生の日本留学のアーティキュレーションモデルを天津外国語大学・武蔵野大学間で構築しようとし、中国側と日本側において、様々な実態調査や横断的・縦断的な実証調査を行っている。このように、アーティキュレーションモデルの構築によって、マクロのレベルでは、異なるカリキュラムや評価システムなどの間にある程度、連続性を保て、異なる国の大学間移動によるギャップを解消することができよう。しかし、個々の留学生が授業など、それまでと異なるアカデミックな活動や学術コミュニティにどのように参加していくのかというミクロのレベルでは、アーティキュレーションの問題だけでは捉えきれない問題が残る。

　マリオット（2005）は日本とオーストラリアの大学間のアカデミック共同体の相違に言及し、日本語、英語といった文法体系、及び、大学の学部や学科レベルだけでなく、文法外コミュニケーション規則や社会文化的行動にも違いがあると指摘している。それを踏まえ、マリオット（2005）は文章産出物や産出過程に焦点を当て、アカデミック・リテラシーの習得状況を調査するほかにも、留学生がアカデミック共同体にどのように参加しているかという実態を探

る視点も不可欠であると主張している。

　近年、来日した日専生を対象とした、日本の大学や大学院の学術コミュニティへの参加実態に関する論考も見られるようになった。李（2011）は文系留学生を対象に、彼らが大学のアカデミック共同体に参与するプロセスを記述している。その結果、日本語能力の向上、他者との関係性の変化と自身のアイデンティティの変容といった三つの側面において「学び」が観察されたと述べている。また、郭（2016）は元日専生Ｍさんのケースを取り上げ、大学院の学術コミュニティへの参加に失敗した要因を探り、コミュニティ参加の正統性を与えることの必要性を指摘している。しかし、Wenger（1998）は、現代社会では、ある実践コミュニティに十全的に参加していく過程を捉えるだけでは不十分であると指摘し、「複数の共同体に参加している個人」という視点を主張している。三代（2010）は、Lave & Wenger（1991）の言う「実践コミュニティ」の概念を踏まえ、コミュニティを「私たち」と言い表せるような連帯感を持つグループであり、一緒に勉学に励む、働く、遊ぶなどの活動を通じて形成されるものであると捉えようとしている。このように考えると、来日した日専生が大学院で共に学び、研究することで複数のコミュニティが形成され、また、それらの複数のコミュニティを徐々に横断するようになっていると考えられる。

　さらに、コミュニティ参加を考える際、ただ水平方向のコミュニティ間を「横断する」のではない。三代（2015）が主張するように、時間から考えると、高校から大学というコミュニティへの参加、さらに大学からその後の進路への参加という「縦の参加」も存在している。日専生の場合は、来日する前の中国の高校、または大学でどのようなコミュニティを経験してきたか、それと来日した後のコミュニティ参加とどう関連しているかといったコミュニティの

縦断性も視野に入れるべきであると思われる。

　以上の指摘を踏まえ、本章はある1名の日専生が来日前、及び、来日後に参加してきた複数のコミュニティへの参加過程を記述することを通じ、複数のコミュニティへの参加が日専生に何をもたらしたかを考察する。

3 分析対象のデータ

3.1　調査協力者

　本章で対象となるのは、元大学院生のS12（図1を参照）である。図1が示すように、S12は学部時代、中国国内のA大学の日本語学科で勉強し、卒業後、日本のB大学の大学院社会学研究科に研究生として入り、半年後に同じ研究科の大学院修士課程に進学した。筆者らがS12と出会ったのは、本書が対象にしている授業の場であった。この授業は第1章で紹介されているように、主体的・協働的な学びを重視し、論文・レポートの作成法を学ぶことを第一の目的に、日本の大学・大学院のゼミでの発表やコメントの仕方を習得させることを第二の目的にしている。筆者らはこの授業のTAであったため、当時研究生であったS12と知り合った。S12が日専生であり、授業参加において不安を感じたと語ったため、その学びの実態究明を目指し、筆者らはS12に対する半構造化インタビューの実施に着手することにした。

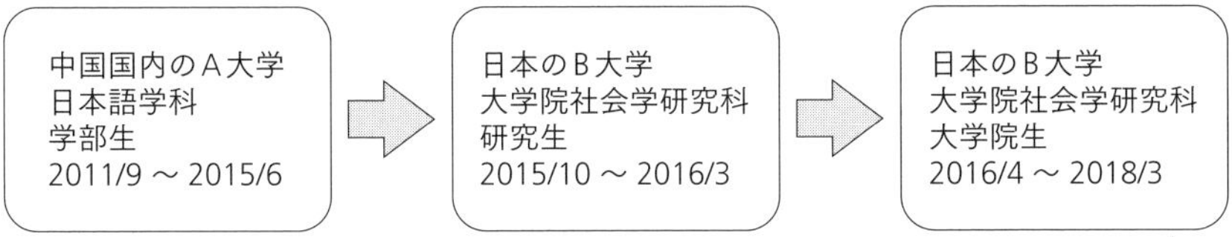

中国国内のA大学
日本語学科
学部生
2011/9 ～ 2015/6

日本のB大学
大学院社会学研究科
研究生
2015/10 ～ 2016/3

日本のB大学
大学院社会学研究科
大学院生
2016/4 ～ 2018/3

図1　S12のプロフィール

3.2 調査方法

　インタビュー調査はS12が来日した直後から、大学院修士課程2年生になる前までの間に計5回、それぞれ1時間程度行った。インタビューの詳細情報は右の表1の通りである。

　全てのインタビューにおいて、日本語と、S12と筆者らの母語である中国語を使用した。インタビューの内容は全て録音し文字化した上で、中国語で語った部分は筆者らが日本語に翻訳した。

　また、調査の実施にあたり、事前に調査協力者S12に研究協力を依頼し、研究の目的と意義、研究の方法、個人情報の取り扱いなどについて口頭と文章で説明し、書面で同意を得た。

　データの分析には、比較的小規模のデータ分析に適している大谷（2007）のSCAT（Steps for Coding and Theorization）を用いた。分析手順としては、面接記録などの言語データをセグメント化し、そのそれぞれに、（1）データの中の着目すべき語句、（2）（1）の語句を言い換えるためのデータ外の語句、（3）（2）を説明するための概念、語句、文字列、（4）（1）〜（3）に基づき、浮き上がるテーマ・構成概念の順にコードを考案して付していく（4ステップのコーディング）、そして、テーマや構成概念を紡いでストーリー・ラインを記述する（大谷2007）。右の表2に、本章におけるインタビュー内容のSCATによる分析の一例を提示する。このように、SCAT を用いてS12の語りをコーディングした。次の第4節では、生成された構成概念を提示し、S12のストーリー・ラインを描く。

表1　S12 に対するインタビューの概要

調査時期： 1回目：2015 年 10 月 10 日 2回目：2015 年 11 月 28 日 3回目：2016 年 1 月 28 日 4回目：2016 年 7 月 22 日 5回目：2016 年 12 月 14 日 追加インタビュー：データ分析の途中で、メール及び SNS を利用して随時実施
質問項目： ①ゼミや授業で発表、質問やコメントをする際に困ったことと自身の努力や工夫 ②大学（院）での研究と学びに対するイメージや必要だと思うこと ③日本語で論文やレポートを書く際に抱える不安、悩み及び自分なりの解決方法 ④前回の調査時と比べて、自身の学びの姿勢や方法の変化 ⑤過去の日本語学習経験（大学時代）への振り返り（5回目）

表2　インタビュー内容の SCAT による分析の一例

番号	発話者	テキスト	（1）着目すべき語句	（2）言い換え	（3）テキスト外の概念	（4）構成概念
3	TA	研究は行ったことがありますか。				
4	S12	研究はあのう、うちの大学の教育、なんというか、教育の方式、ちょっと古く、古いと思います〈笑〉。1年生の時、または 2年生の時、ほとんどは授業の中で、先生は一方的に講義をしている、学生ならば、みんな黙って、聞いてだけ。3年生の時は、ゼミをやったことがあります。えー、ありました。〈笑〉でも先生は、大部分の時は先生が話している、だから今、4年間勉強していましたが、日本語はなかなか口から出さなくて。	教育の方式、古い；一方的に講義、黙って；ゼミをやった、大部分の時先生が話している；日本語は口から出さない	型にはまった導入；日本語を話すチャンスほとんど；教師主導；教育は日本語より	中国の大学における日本語教育の現状；教師中心のスタイルが主流；学習者受け身	【教師主導型の授業】

4 ｜ 分析結果

4.1　学部時代

　　中国A大学出身の S12 は、学部時代に日本語を専攻していた。当時在籍していた日本語学科について、インタビューで振り返りながら語っていた。以下、S12 が学部1、2

年次に受けた日本語教育と3年次以降に参加したゼミを中心に語りを提示しながら、SCATの4ステップのコーディングを踏まえて生成された構成概念を示す。

(1)【教師主導型の授業】
　「1年生の時、または2年生の時、ほとんどは授業の中で、先生は一方的に講義をしている、学生ならば、みんな黙って、聞いてるだけ。」(1回目)

(2)【アウトプットに対する自信欠如】
　「中国の大学では話すチャンスがあまりないから、{中略}みんなの前で話す時は、大変緊張して、それはちょっと怖い。」(1回目)
　「でも、今まで受けてきた教育は、何か一つとんでもないではなくて、すごく小さいことを間違えてたら、すぐ先生にしかられているから。だから、書く時も、いつも怖くて…」(2回目)

(3)【母語話者並みの発音の習得】
　「発音の指導はすごく厳しかった。自分(の発音)はどんなレベルかよく分からないけど、日本人の友達によくできていると言われた。普通中国人が日本語を喋る時、中国人の発音が分かるんじゃないですか。日本人みたいな発音能力がつくまで時間がかかると思う。でも、私は自分の発音に自信があるね。まあ、会話練習は足りないと思うけど。」(追加インタビュー)

(4)【自信のある聴解力】
　「日本に来たら気づいたことなんだけど、大学の教育はすごく厳しいから、例えば、聴解の授業で同時通訳の練習をして、長い日本語の録音を1回聞いただけでリピートし

たり、通訳したりする練習をしてた。だから、聴解能力は
ちゃんとついていると思う。日本に来たばかりの時、ほか
の留学生は授業についていけないと言ってたんだけど、自
分にはそんなことはまったくない。」（追加インタビュー）

(5)【厳しい教育で鍛えられた辛抱強さ】
　「いろんな罰を受けてきたおかげで、強いプレッシャー
にも耐えられるようになったと思う。」（追加インタビュー）

(6)【形式的なゼミ発表】
　「みんな黙って、聞いて、終わったよ、じゃ、拍手。そ
れで終わりです。先生は最後みんな発表した後で、今日は
〇〇さんの言ったことをちょっと聞きましたが、中にちょ
っと足りないところがあると思いますが、この後もっと頑
張ってくださいね…」（1回目）

(7)【無関心なゼミ参加姿勢】
　「みんなも、ほかの人の発表の内容についてそんなに興
味がないから、みんなも質問したことも大体ありません。」
（1回目）

(8)【任務の一つ】
　「私が言うことも相手が分からなくて、相手が答えてく
れたことも、私もえ？　なんでしょう、とそのまま終わり
ました、お互いに、ただ質問の振りをして、先生に喜ばせ
る…」（1回目）

　　上記の構成概念を紡いだ学部時代のS12のストーリー・
ラインは以下の通りである。
　　S12が学部時代に受けてきた日本語教育は、教師が一方
的に教えるという【教師主導型の授業】であった。学生は

受け身的な姿勢で授業に臨み、教室内において、発話する
チャンスがあまり与えられなかった。

　学部1、2年次にS12は日本語の間違いを犯した際、教
師からさまざまな「罰」が与えられていた。S12は、こう
して受けてきた厳しい罰が現在でも感じている【アウトプ
ットに対する自信欠如】の原因の一つであると考えている
一方、罰として記述してきたノートを大切に保管してお
り、一生の貴重な思い出になっていると語っていた。ま
た、当時の厳しい日本語の教育は、S12の【母語話者並み
の発音の習得】、【自信のある聴解力】、及び【厳しい教育
で鍛えられた辛抱強さ】につながっていることなどといっ
た肯定的評価もインタビューで明らかになった。

　A大学の教育改革により、学部3年次にゼミが導入され
た。しかしながら、学習者がゼミを選ぶ際に、指導教員の
研究分野ではなく、教師との相性や雰囲気が合うかどうか
がゼミ選択の基準になった。また、ゼミは、1、2年次の
日本語の授業と同様に講義型の進め方で行われた。ゼミで
の発表は、ただ資料を読み上げていく【形式的なゼミ発
表】だった。その結果、ゼミ生同士での積極的な意見交換
や学び合う姿勢が見られず、【無関心なゼミ参加姿勢】で
臨んでいた。意見交換の場においても、質問すること自体
は教師を喜ばせるために行う【任務の一つ】として捉え、
ゼミへの参加価値を見出せていないようであった。

4.2　研究生時代

　大学を卒業した後、S12は来日した。これまで触れたこ
ともなかった専門を選び、外国人研究生として、B大学の
アカデミック活動に参加しつつ、大学院に進学するための
準備を整えていた。ここでは、研究生として日本のB大学
に在籍していた時期のS12のストーリー・ラインを示す。

(9)【会話力の不足】

　「今言う日本語はやはり変と思います。今まではずっと本を見て、書くのはちょっと大丈夫かなと思いましたが、聞くのも大体分かりますが、でも、話すのは大変難しいと思います。」（1回目）

(10)【マイノリティとしての自分】

　「〈嘆き声〉恥ずかしい…うちのゼミは、私を加えて3人しかいないですから、そのほかの2人は日本人で、先生は日本人でもちろんですから、みんなは黙って、私が言っているダメな日本語を聞いたら、みんなは微笑んでくれましたが、でも私はやはりさっき何を言ったの、〈嘆き声〉ちょっと…」（1回目）

(11)【地道な努力】

　「やはり日本語能力。なんか、話のスピードが早すぎるから、スピードもじゃなくて、たぶん、専門用語が多すぎるから、聞き取れなかった、追いつかないこともあります。だから、毎週ゼミの時、それを録音して、その後で、もう1回自分で聞くことができます。」（1回目）

(12)【多角的な刺激とアドバイス】

　「素人は門外漢。私だけです。それでも、うちのゼミは、みんな優しいですから。今学期の内容が1冊の本を読んで、その中に何が発見したか、分からないところがあったら、ゼミの時、質問を提出して、みんなに答えてもらうという感じ。{中略}ほかの学生から、自分の専攻分野に関する知識も、そのゼミでもらえるのが、それはいいことだと思う。」（2回目）

(13)【日本語アウトプットへの苦手意識】

　「文法的な問題かな、{中略} 日本語ではどう言えばいいのか、あのう、みんなに分かりやすいのかはちょっと困りましたことがたくさんあります。」（1回目）

　「中国の大学では話すチャンスがあまりないから、ここに来て、みんなのレベルが高そうな感じですね、やはり自分は授業でグループで話し合う時に、自分の言うことは相手が理解できますか、話が進めますかという感じ、そして私やはり、恥ずかしがり屋の感じ、みんなの前で話す時は、大変緊張して、それはちょっと怖い。」（1回目）

(14)【協働学習への不慣れ】

　「ちょっと、私の考えですが、先生の講義、なんか、先生が教えるのがちょっと、足りないかなと思います。ペアしている時は、{中略} やはり、時間が短いのも、相手が何を研究しようとしているのかも、たぶん、あの、十分に理解する時間が足りないかなあ。で、やはりみんなが親しくないから、みんなに意見とか、出すこともそんなにやさしくない。{中略} まあ、とりあえず、雑談…」（2回目）

(15)【意味のある意見交換】

　「授業の中でペアして、雑談ばかりと言ったが、でも、だいたいは、相手の研究しようとする内容について、みんなえらいなあと思います。だからいろいろの人とペアしてから、みんなの発想が見えるのが、たくさんの刺激を受けた。みんなはいろいろな角度から考えているから、私の考え方も鍛えられた。」（2回目）

(16)【協働学習の効果】

　「授業ではペアでお互いに書いたものを見るじゃないですか。ほかの人が見てくれる時、文の主語がどこにあるか

分からなかったら、指摘してくれる。ほかの人の書いたものを読む時、こういう間違いがあるから、自分も気をつけようと思う。」（3回目）

(17)【言語力の向上が来日動機】
　「日本語の専門ですから、やはり日本で自分の言語力を一層高く上がる？　上げたいから。」（1回目）

(18)【まとまりのない研究計画書】
　「興味があったら、とりあえず書いてみる。〔中略〕書いたものがちょっと変かも。たぶん先行研究のところで、あまり整理されていなくて、テーマについていっぱい読んだけど、あまりまとまらなくて…」（1回目）

(19)【進学にもたらされたプレッシャー】
　「私は言いたいこともうまく伝えられないし、書きたいこともうまく表現できないし、先生は私のことが嫌いになるじゃないですか。〈笑〉試験がまだだけど、本当に受かるかな〈笑〉」（3回目）

　研究生のS12は、ゼミ参加の機会が与えられ、毎週大学院のゼミのディスカッションに出ていた。しかしながら、そこでS12は自身の【会話力の不足】に気づき、また、自分以外の参加者が全員日本人である環境に置かれ、【マイノリティとしての自分】を意識しはじめ、心細くなった。それにより、言動が慎重になり、周りとの人間関係も強く意識するようになってきた。一方、S12は自身の不足を補うため、【地道な努力】を積み重ねつつ、異なる研究テーマを持つゼミ生の集まりによってもたらされる【多角的な刺激とアドバイス】を得た。
　また、S12は研究生としてB大学に在籍中、ピア・レス

ポンスの授業にも参加した。授業開始時、S12は、【日本語アウトプットへの苦手意識】を抱えていた。また、【協働学習への不慣れ】が見られ、あたりさわりのないコメントをし、話し合いが雑談になってしまうことも多かった。しかしながら、時間が経つにつれ、授業において、【意味のある意見交換】が多く行われるようになり、S12は【協働学習の効果】を実感するようになった。

　一方、進学の準備に際し、指導教員に認められた研究計画書の提出が必須となる。しかしながら、【言語力の向上が来日動機】であったS12は入学した当初、学術的な文章の書き方が未熟で、【まとまりのない研究計画書】をどう改善すべきかで悩んでおり、【進学にもたらされたプレッシャー】を抱えていた。

4.3　大学院1年生

　半年間の研究生時代を終え、S12は大学院の入学試験に合格し、修士課程に進学した。所属するゼミは以前と同じゼミであり、それ以外にも、指導教員が担当する学部のゼミと、大学院の授業に参加するようになった。ここでは、大学院1年生のS12のストーリー・ラインを示す。

(20)【恵まれたゼミ環境における信頼関係の構築】

　「先生は明るくて面白い人で、ゼミの雰囲気がすごくいい。ゼミのLINEのグループもある。｛中略｝二人の同級生がいて、心強いと思う。二人ともとてもいい人だ。」（4回目）

　「何を言ってもみんな納得してくれて、全然怒らない感じ。｛中略｝博士の先輩がたくさん質問してきて、彼が何を聞きたいかは分かるけど、うまく説明できない。先生も考えてくれて、代わりに答えてくれた。『あってる？』って先生に聞かれた。『はい』って。うん、うちのゼミは大

体こんな感じ。みんなが通訳してくれる。」（5回目）

(21)【緊迫感のある学びの場】
　「ほかの人が発表する時ちゃんと聴かないといけない。そうしないとついていけない。先生は最近私に質問するのが好きみたい。毎回ほかの人が発言したら、先生『S12、どう？』って聞いてくる。｛中略｝もともと読むのも遅いし、聴く時にちゃんと聴かないと、何の質問もできなくなっちゃう。」（5回目）

(22)【意見が伝わらないことによる不安】
　「言いたいことがあったら、ほかの人は一言で簡潔に説明できるけど、私はまず言ってみて、言いたい言葉が思いつかなかったら、ほかの言い方に変えてみたり、こうなっちゃったり（遠回しの意味を示すようなジェスチャー）。聞いている人も疲れているみたい。」（4回目）

(23)【粘り強く頑張る姿勢】
　「うまく話せなかったらジェスチャーを使う。〈笑〉一回の説明で分からないようだったら、もう一度やってみる。｛中略｝日本語で話せないと思うことがあったら、それを敢えて言ってみる。｛中略｝今でも二人以上いる時、日本語を話すと緊張する。うまく話せないのに、たくさん時間を使っちゃったら、みんなに申し訳ないと思うから。でも、少しずうずうしいほうがいいかもしれない。」（4回目）

(24)【人的リソースの活用】
　「先生の研究室の助手の方とよく話したり、悩みを相談したりもする。その方もアドバイスをくれた。人間関係をあまり考えすぎないで、ゼミの時間を活用して、たくさん話したほうがいいよとか。」（4回目）

「前学期の副ゼミで毎回本を読んで要約を書いたんだけど、（同じ主ゼミの日本人の学生に）『チェックしてあげるから、送って』って言われた。〔中略〕同じゼミの卒業生の先輩がいて、今広島で教えている日本人で、とても優しい人。修論とか、長い文章だったら、『送ってね』って言ってくれた。私は書き上げた文章をその先輩に送った。そして、先輩がチェックしてくれた。」（5回目）

(25)【結論に辿り着かない局面の打破】
「みんなはこのテーマにそんなに興味があるわけではない。毎週言ってるんだけど、『私はこれにちょっと興味がある』、『これを研究したらいいかも』。ずっとこんなことを繰り返して、なかなか決められない。」（5回目）
「もう我慢できない。私は『プランを出したらどう？』と言って、『この感じでやるか、その感じでやるか、どっち一つ決めよう、そうしないと本当に時間がない』って〈笑〉。最近やっと一つのプランを受け入れてもらえて、やっと前へ進んだ。」（5回目）

(26)【他者の研究へのサポート】
「今学部4年生の中に、完全に書けそうもない大学生が2人いて、1人が私のテーマに似ているから個人指導もしている。彼は本当につまずいているみたい。私が知っていること、こう書いたらいいとか、彼にアドバイスして、彼は自分で調べて、また先生に報告する。」（5回目）

(27)【他者への支えによる自己肯定感の増加】
「なんか達成感を感じるね〈笑〉。彼らはB大学の学生だよ。私は外来の学生だし、今まで（専門知識について）触れたこともないし。（TA：自信が付いた感じだね。）そうだね〈笑〉。今まであんまり自信がなかった〈笑〉。」（5回目）

S12は修士課程に進学し、【恵まれたゼミ環境における信頼関係の構築】を通じて、居場所を獲得できた。一方、ゼミが【緊迫感のある学びの場】であることも認識し始めた。【意見が伝わらないことによる不安】があるものの、留学生が自分一人という状況を生かし、日本語で積極的に発言しようと努力し、【粘り強く頑張る姿勢】が見えた。また、ゼミなどで得られた【人的リソースの活用】を通じて、研究活動に前向きに取り組んでおり、当初指導教員に合わせて選んだ研究課題にも関心を見出していた。

　2学期から、ゼミ生と共同研究を始めた。S12は、共同研究をめぐるディスカッションの効率性を懸念し、【結論に辿り着かない局面の打破】をするように努めていた。大学院のゼミだけではなく、S12は指導教員の持つ学部のゼミにも参加していた。これまで蓄積してきた研究ノウハウを後輩に伝授し、【他者の研究へのサポート】を始めた。それにより、【他者への支えによる自己肯定感の増加】が見られた。

　以上、SCATによる分析で明らかになったS12のストーリーを学部時代、研究生時代、大学院1年生という時系列に沿って紹介した。以下、複数のコミュニティ間を移動するという着眼点から、中国の大学から日本の大学院への移動に伴う複数のコミュニティへの参加がS12にとってどのような意味を持っているかを考えたい。

5 考察と教育への提言

5.1　S12が関わってきたコミュニティ

　本章では、三代（2010）が指摘した、共に学び、研究することによって形成された連帯感のあるグループをコミュニティと考える。調査協力者のS12が「共に勉強や研究によって生まれた私たちという連帯感」と述べたグループ

は、次のようにまとめることができる。

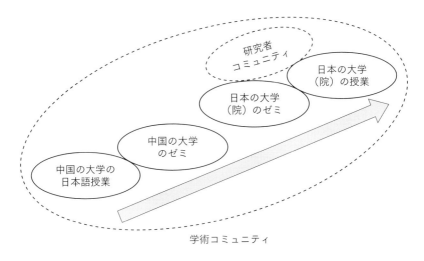

図2　S12が経験してきたコミュニティ

　図2のように、S12は中国国内の大学の日本語授業、3年次からのゼミ、来日後のピア・レスポンスの授業、大学院ゼミなどのような物理的な空間を有するコミュニティと、研究者コミュニティ、学術コミュニティという物理的な空間を持たない抽象的なコミュニティを経験してきたと考えられる。

　筆者らの経験によると、中国の大学の日本語学科は、20人前後の人数からなるクラスが多い。一度同じクラスになったら、大学4年間、日本語の授業に関しては基本的に皆同じ授業に出席することになる。したがって、日専生にとって日本語の授業は4年間、クラスメートと共に日本語を勉強する場であり、連帯感の強いコミュニティでもあると言える。また、3年次からのゼミは、日本語を勉強することより、むしろ共に何かを研究することを目的として組織されたグループであるため、日本語の授業と異なる性質を持つコミュニティである。その後、日本に渡ったS12

は研究生としてＢ大学に在籍し、大学院入試の準備を始め
た。在学中、S12は論文の書き方を鍛えることを目的とす
るピア・レスポンスの授業で、多国籍かつ、異なる学年の
学習者と出会い、これまでにない新たなコミュニティを経
験した。また、S12は大学院のゼミにも参加し、そこで自
分の研究テーマを洗練させる一方、研究のサポートとして
学部生の卒論指導にも関わってきた。こうした大学院ゼミ
は、大学時代のゼミともピア・レスポンスの授業とも異な
り、個々の研究テーマの下で教員とほかのゼミ生と議論を
交わす場であり、研究者を育成するコミュニティでもある
と言えよう。

　以上のように、物理的な空間を有するコミュニティのほ
か、S12が研究者コミュニティ、及び広い意味での学術コ
ミュニティにも関わっていると考えられる。この二つのコ
ミュニティは必ずしも明確な境界を持つわけではない。研
究者コミュニティは、大学院の授業やゼミなどを通して、
研究者としての素質を鍛えるコミュニティを指している。
そこでは、研究者としての研究問題や社会問題の見方、論
文の書き方などのような、研究者同士で共有されたレパー
トリー（shared repertoire）（Wenger 1998: 72-73）を獲得し
ている。さらに、最も大きい輪としての学術コミュニティ
は、研究者としての素質はもちろん、講義でのメモの取り
方やレポートの書き方、プレゼンテーションの仕方といっ
た、より一般的な学術の教養を鍛えるところである。それ
は、S12の事例から見ると、中国国内の大学教育に始ま
り、来日後の大学院教育まで包括していると考えられる。

5.2　コミュニティ間の移動による「日専生」の アイデンティティの変容

　以上、S12の語りによって、これまで経験してきたコミ
ュニティの中身、個々のコミュニティ間の関係と、コミュ

ニティ間の移動の軌道を一通り整理した。以下、コミュニティ間を移動することは、日専生のS12にとって、何を意味するかを考察したい。

　香川（2008）は、Beach（2003）の「文脈横断」の概念を次の三つのタイプに分けて紹介している。第一は、学校から日常へ、あるいは学校から職場へのように、時間的に前後する形で複数の状況間を一方から他方へ移動する「状況間移動」である。第二は、現在直接ある状況に参加しながら、ほかの状況へ間接的にアクセスする「間接横断」である。第三は、普段と異なる状況に参加している成員が、場所や時間を共有しながら交流する「多重混成」である。例えば、学生、教員、保護者などが地域の活性化について議論を行う場面が挙げられる。また、香川（2011）は、文脈横断過程を考える際、単にいくつの集合体や異文化があったかを示すのではなく、各々の状況間の変化の中で現れる固有のずれ、乖離、矛盾、葛藤、それに伴うアイデンティティ変化の過程などを明らかにすることが重要であることを指摘している。その指摘を踏まえ、以下の5.2.1と5.2.2では異なるコミュニティ間の移動を切り口とし、状況間の変化の中で経験した葛藤、矛盾、及び、それに伴う日専生のアイデンティティの変容を見ていく。

5.2.1　日本語話者への成長

　日専生のS12は、来日後のピア・レスポンスの授業で、これまで中国の大学で受けてきた日本語授業との違いを感じていた。S12の語りと筆者らの経験によると、中国の大学の日本語授業には基本的に、日本語を専攻とする学習者が集まっている。一方、来日後のピア・レスポンスの授業には多国籍の学習者が集まり、皆それぞれの専門も異なっている。教師からの講義時間が大部分を占めている中国の日本語授業とは異なり、今回のピア・レスポンスの授業で

は、教師からの一方的な知識伝授の時間が少なく、他者とのインタラクションを通しての問題解決や課題達成が重視されていた。知識伝授型の授業に慣れてきたS12は、ピア・レスポンスの授業への参加の初期において、自分の話す能力の不足を強く感じ、「話すことが怖い」と語っていた。だが、自信のない日本語を使い始め、徐々に異なる文化背景や考え方を持つ他者とのコミュニケーションによって多くの刺激を得るようになった。インタビューの中で、S12は「ほかの（日本での）授業でほとんど講義を受けているだけで、自分で話すチャンスがほとんどない。（この授業で）みんなとコミュニケーションするチャンスをいただいて、うれしいことだ」と語っている。

　曹（2005）は、中国の大学の日本語専攻の核心授業である「総合日語」を取り上げ、授業中、「単語→文法→本文の説明→応答→練習」というマンネリ化した授業方法を批判している。浜田（2006）は、学習者が文法練習のような知識の定着や流暢な日本語運用能力を身につけるための活動を総合日語の教室に求めるようになったと述べている。このように、長年、練習の場として位置づけられた日本語授業では、S12はあまり「創造性の高いコミュニケーション」（冷2005）の機会を与えられてこなかった。学習者に教科書の単語、文法及び表現をいかに身につけさせ、かつ限られた授業時間を通して流暢にアウトプットさせるかという効率的な言語習得に注意が向けられ、Cook（2002）が批判した、終わりのないタスクを合意している「言語学習者」（L2 learner）というイメージが窺える。このような環境の中で、S12は単語や文法項目の学習ばかりに追われ、片言でも自分の言いたいことを他者に伝え、「通じた」という「言語使用者」（L2 user）（Cook 2002）としてのコミュニケーション体験が少なかったと考えられる。

　来日後の授業をきっかけに、S12は交流による楽しさを

感じ始めた。そこから次第に、S12は「日本語を使っている私」という実体験を得るようになったと考えられる。しかし一方で、交流により、S12は「自分の日本語がまだ不十分だ」ということに気づき、「不十分な言語使用者」としての自分を強く意識し始めた。大関（2010）は、アウトプットの効果について、学習者が自分の「言いたいこと」と「言えること」とのギャップに気づき、新しいインプットの可能性に繋がることを指摘している。つまり、S12のように、日専生は、学習者から使用者へという身分の転換により、不十分な言語使用者である自分を意識し始めたのである。そのことをきっかけに、能動的な日本語学習に繋がっていく可能性が生まれたとも推測できる。このように考えると、日専生のS12は、コミュニティ間の移動によって単に「言語学習者」から「言語使用者」に転換しただけではなく、ことばを使用しながら学習し、学習しながら使用するという、ことばの学習と使用が統合された「日本語話者」への成長の道が開かれたと思われる。

5.2.2 「〇〇専門家」というアイデンティティの形成

　S12のように、多くの日専生は中国国内の大学で日本語を専門として学んできており、中国国内で「日本語が話せる人」として一目置かれた存在であると思われる。しかし、来日に伴い、日本語が一つの専門というより、むしろ生活の一部分となっている。つまり、日本では、日専生の持っている専門性が薄れてしまう。しかし、大学院への進学後、ピア・レスポンスの授業やゼミなどのコミュニティに参加する中で、日専生は単なる日本語話者ではなくなる。ピア・レスポンスの授業で鍛えられた研究に対する考え方や、学術論文の書き方、毎週通っている大学院のゼミで目にしたり耳にしたりする研究に関する話を通して、自分の専門性を意識し始めるのである。ここでの専門性は、

社会学や言語学といった学問世界の専門性というより、む
しろ大学院にいる今の自分が何を専攻として学んでいる
か、その専攻ではどういう知識や技能が求められているか
というぼんやりとした専門性についての感覚に近い。こう
した専門性についての感覚を持ち始めたことは、日専生に
とって、自分のキャリア意識、及び、アイデンティティの
形成における大きな転換を意味している。つまり、「日本
語以外に専門性がない」という自分ではなく、「日本語学
科出身の〇〇研究科の大学院生であり、現在は〇〇を専攻
している」と言えるようになり、日専生にとっての新たな
アイデンティティの構築に繋がっているとも考えられる。

　以上、日専生のS12という一人の事例から、中国の大学
の日本語授業、ゼミを経て、日本の大学（院）の授業、ゼ
ミなどへのコミュニティ間の移動に伴う、日専生のアイデ
ンティティの変容を述べてきた。それは「日本語を専攻と
して学んでいる・学んできた」日専生の持つ固有のアイデ
ンティティに加え、日本語学習者と日本語使用者が統合さ
れた「日本語話者」、さらに大学院に進学することによる
キャリア転換がもたらす「〇〇専門家」という多層的なア
イデンティティの獲得であると考えられる。こうした多層
的なアイデンティティを獲得することが、日専生にとっ
て、どういう自分になりたいか、どういう自分を他者に示
したいかといった、アイデンティティの交渉・選択の際の
多様な可能性を意味し、今後のキャリア形成及び人生にお
いて、大きな影響を与えていると推測できる。

5.3　日本語教育への提言

　日中交流が盛んになるにつれて、今後、より多くの日専
生が来日すると予想される。中国国内の大学で日本語を専
攻として学んできた彼らに、送り出し側の中国国内の日本
語教育、そして受け入れ側の立場にある日本国内の日本語

教育は何ができるのか、以下、三つの提言を行いたい。

5.3.1　言語使用の支援

　S12の中国での教育経験についての語りはあくまでも一部の大学にしか当たらないと思われるが、教師主導型の教育が教育の現場に根強く存在していることの証左であると言えよう。この状況を改善していくには、日本語教師が、日本語学習者にどのように日本語を「教える」かではなく、未熟な言葉使用者に対し、彼らの言語使用をどのように支えていくかという視点を持つことが重要であると言える。こうした見方の変化によってはじめて、目の前の学習者に一人の言語使用者として接することができるようになると考えられる。

5.3.2　キャリア形成を踏まえた日本語指導

　S12の事例から推測できることは、多くの日専生が日本の大学院に進学する際、新しい専門を選択しなければならないという課題に直面することである。そうすると、中国国内の日専生、とりわけ、高学年（3、4年生）の学習者に対し、卒業後のキャリア形成を意識した上での指導を授業シラバスや普段の授業の中に盛り込んでいくことが必要となる。

5.3.3　学びの実感を生み出す授業の工夫

　S12の参加過程での変容から明らかになったように、4年間日本語を専攻として学んできたとはいえ、日中の学術コミュニティの社会的、文化的な相違により、日専生が日本の大学（院）の授業・ゼミに参加する初期において、不安が生じてしまったり、受け身的な参加姿勢になったりすることもあると思われる。そこで、日本の大学（院）のアカデミックな日本語教育に携わる教師は、単に情意面の参

加不安をいかになくしていくかだけではなく、異なる文化背景や考え方を持つ他者との交流による知の刺激や学びの実感を生み出す授業設計を工夫することも必要である。

6 まとめ

　日本語は中国の大学の外国語学部では、英語に次ぐ第二の学習者数を有している専攻である。そのため、毎年、多くの日本語専攻の卒業生を各大学から送り出している。卒業後、日本語関係のキャリアを積んでいく人もいれば、日本語と関係のない人生を始める人もいる。とはいえ、多くの卒業生は4年間付き合ってきた「日専生」というアイデンティティを背負いつつ、卒業後の人生を自ら切り開いていかなければならない。本章のS12のように、自分の4年間の日本語学習を振り返ってどのように評価するか、来日後、日本の大学（院）の授業やゼミでうまく発言できない「日専生」の自分をどう思うか、言語を専攻としてきた自分が大学院進学の際、どのように専門を選ぶか等々、そこには「日専生」ならではの学習経験、キャリア形成、及び、人生の物語が潜んでいる。

　最後に、はじめに設定した本章でのRQへの解答を示し、本章を閉じる。

・RQ1：S12は中国の大学と来日後の大学院において、どのようなコミュニティにどのように参加していたのか。

　S12は中国の大学では日本語授業とゼミ、日本の大学（院）では（日本語）授業とゼミ、さらに、より大きな研究者コミュニティや学術コミュニティに参加することによって、学術コミュニティへの参加姿勢が能動的になった。

・RQ2：複数のコミュニティへの参加は、S12のアイデン
　　ティティの形成にどのように影響していたのか。

　複数のコミュニティへの参加を通して、S12は中国人日
本語専攻生の持つ固有のアイデンティティに加え、日本語
学習者と日本語使用者が統合された「日本語話者」、さら
に大学院に進学することによるキャリア転換がもたらす
「○○専門家」という多層なアイデンティティを獲得した。

付記
本章は、黄・霍・田・胡（2018）をもとに、本書の目的・構成に合
わせて改稿したものである。調査協力者S12は、黄他（2018）の協
力者Iさんと同一人物である。

参考文献　　大関浩美（2010）『第二言語習得入門』くろしお出版
大谷尚（2007）「4ステップコーディングによる質的データ分析手法SCAT
　　の提案—着手しやすく小規模データにも適用可能な理論化の手続き」
　　『名古屋大学大学院教育発達科学研究科紀要（教育科学）』54(2),
　　pp.27–44.
香川秀太（2008）「複数の文脈を横断する学習への活動理論的アプローチ
　　—学習転移論から文脈横断論への変移と差異」『心理学評論』51(4),
　　pp.463–484.
香川秀太（2011）「状況論の拡大—状況的学習、文脈横断、そして共同体
　　間の『境界』を問う議論へ」『認知科学』18(4), pp.604–623.
郭菲（2016）「中国人留学生の日本の大学院の学術的コミュニティへの参
　　加—文系大学院生のケース・スタディ」『阪大日本語研究』2,
　　pp.109–141.
曹大峰（2005）「日语专业精读课教学与教材改革研究」『日语教育与日本
　　学研究论丛』2, pp.121–130.
日本語教育アーティキュレーション・プロジェクト（2012）「アーティキ
　　ュレーションとは」http://j-gap.wikispaces.com（2017年7月21日閲
　　覧）
浜田麻里（2006）「精読プロジェクトアンケート調査にみる教師の視点と
　　学習者の視点」曹大峰（編）『日语教学与教材创新研究—日语专业基
　　础课程综合研究』pp.193–201.　高等教育出版社
黄均鈞・霍沁宇・田佳月・胡芸群（2018）「中国人日本語専攻生の学術コ
　　ミュニティへの参加過程の分析—中国の大学から日本の大学院へ」

『国立国語研究所論集』14, pp.29–54.

マリオット，ヘレン（宮崎七湖訳）（2005）「日本人留学生のアカデミック英語能力の発達」『日本語学』24(3), pp.86–97.

三代純平（2010）「コミュニティへの参加の実感という日本語の学び―韓国人留学生のライフストーリー調査から」『早稲田日本語教育学』5(7), pp.1–14.

三代純平（2015）「日本語教育という場をデザインする―教師の役割としての実践の共有」『言語文化教育研究』13, pp.27–49.

李麗麗（2011）「中国人大学院留学生のアカデミック・インターアクションに関する調査―正統的周辺参加から十全的参加への過程の分析と考察」『桜美林言語教育論叢』7, pp.17–31.

冷麗敏（2005）「中国の大学における『総合日本語（精読）』に関する意識調査―学習者と教師の回答を比較して」『日本言語文化研究会』創刊号, pp.59–73.

Beach, K. (2003) Consequential Transitions: A Developmental View of Knowledge Propagation through Social Organizations. In T. Tuomi-Gröhn & Y. Engeström (Eds.), *Between School and Work: New Perspectives on Transfer and Boundary-crossing* (pp.39–62). New York: Earli.（藤野友紀（訳）（2004）「共変移：社会的組織化による知識とアイデンティティの増殖としての一般化」石黒広昭（編）『社会文化的アプローチの実際』北大路書房　pp.71–93.）

Cook, V. J. (2002) Background to the L2 User. In V. J. Cook (Ed.), *Portrait of the L2 Users* (pp.1–28). Clevedon: Multilingual Matters.

Lave, J. & Wenger, E. (1991) *Situated Learning: Legitimate peripheral participation*. New York: Cambridge University Press.（佐伯胖（訳）（1993）『状況に埋め込まれた学習―正統的周辺参加』産業図書）

Wenger, E. (1998) *Communities of practice: Learning, meaning, and identity*. Cambridge, UK: Cambridge University Press.

第11章

ディスカッションへの教師の介入
教師は学習者の話し合いにどのように働きかけるのか

布施悠子

学習者主体のピア・レスポンスにおける教師の役割につい
て、すでに多くの研究がなされており、特に、授業内外で
のフィードバックについては先行研究が多数見られます。
では、実際、授業中、教師はピア・レスポンスを扱う作文
授業の中で、いったいどのようにふるまい、話し合いにか
かわっているのでしょうか。教師がどの程度ピア・レスポ
ンスにかかわっているか、その実態を明らかにした研究は
まだ多くありません。本章では、ピア・レスポンスにおけ
る教師の介入の実態、教師のふるまい方についてデータか
ら実証的に検討します。

1 | はじめに

　近年の日本語教育では、作文授業においてピア・レスポ
ンスを取り入れた授業実践が多く見られ、学習者のピア・
レスポンス内でのやり取りや学習者同士での推敲について
研究がなされている。同時に、ピア・レスポンスの中での
教師フィードバックや教師の役割についても検討がなさ
れ、学習者の主体性を尊重し、学習者の手に多くの役割を
ゆだねるピア・レスポンスにおいて、教師の役割がどのよ
うに果たされるべきなのかについて指摘されている。これ
らの先行研究は、教師フィードバックが作文の推敲にどの

ような影響を及ぼすかという観点が研究対象になっている場合が多い（影山2001, 原田2006, 広瀬2007, 黒田・松崎2008, 跡部2011）。

しかし、実際、教師はピア・レスポンスを行うグループ・ディスカッションの中で、どのように話し合いにかかわっているのか。教師のディスカッションへのかかわりを検討している研究は、影山（2003）や石田（2011）、中井（2015）以外には見られず、まだ検討の余地がある。また、グループ・ディスカッションの中で、教師がどのように行動し、学習者同士のピア・レスポンスにかかわっていたかを実証的に検討することは、教師の授業中のふるまい方についての示唆を作文教育の現場へ提示するために、意義があると思われる。そこで、本章では、次の二つのリサーチ・クエスチョン（RQ）を設定し、ディスカッション中の学習者とのかかわり方について、実証的に検討を行うことを研究目的とし、教育への提言を行うことを目指す。

　　・RQ1：担当教師は、学習者同士のピア・レスポンスに
　　　　　　対して、どのようにかかわっていたのか。
　　・RQ2：RQ1の結果から、教師は学習者同士のピア・レ
　　　　　　スポンスに対して、どのようにかかわっていく
　　　　　　べきか。

2 ｜ 先行研究と本研究の位置づけ

まず、グループ・ディスカッションへの教師のかかわりを扱った研究に影山（2003）がある。影山（2003）は、ピア・レスポンス中のインターアクションに対するフィードバックシートを材料に、そこに書かれた教師コメントを抜き出し、コーチングという観点から分析し、教師フィードバックの教育的意義を探っている。影山（2003）では、学

習者の日本語レベルが初中級から上級と幅広く、教師がメモしたフィードバックシート内のコメントを分析しているが、本研究は、上級学習者対象の学術的な論文執筆のクラスにおいて、教師が即時的に行ったグループ・ディスカッションへのコメントを録音・文字化したデータから検討する。

　つぎに、石田（2011）は、ピア・レスポンスの回数と方法、教師によるフィードバックの方法・回数・タイミングに違いをつけた四つの方法を比較し、それらの違いが学習者の推敲活動にどのように作用するかを明らかにしている。その中で、教師はピア・レスポンスの話し合いの中に入り、言語形式については教師が主導的に、内容については直接学習者と話し合って、推敲を促すことを提唱している。この指摘は我々に重要な示唆を与えるが、ピアの談話を重視する本研究では、推敲活動に対する教師のフィードバック方法の影響を検討するのではなく、コメントやふるまいといった、担当教師のピアの談話へのかかわり方に着目して分析を行いたい。

　さらに、中井（2015）では、教師のピア・レスポンスでの役割をスキャフォールディングであるとし、実践授業の成果物やピア・レスポンスにおけるやり取りなどを分析している。その結果、学習者の負担となっていた表面的な推敲を担い、推敲活動を進める上で障害となっていた口頭能力の不足を補い、思考の言語化と作文への反映を促し、推敲の手がかりを提示するといった教師による支援が、ピア・レスポンスにおける有効なスキャフォールディングとして機能していた可能性が指摘されている。この結果も興味深いが、こちらも、授業外での添削なども含め、推敲への影響が検討の中心である。ピアの談話を重視する本研究では、グループでの話し合いにおける教師の発言やふるまいの実態を明らかにし、授業中に教師が行うべきピア・レス

ポンスへの支援について提言を行いたい。

　以上より、本章は、学術的な論文執筆のためのクラスにおいて、教師が授業中に行ったグループ・ディスカッションへのコメントやふるまいについて分析し、教師はどのように授業中ピア・レスポンスにかかわっていくべきかについて考察する、新たな研究として進めることとする。

3 分析対象のデータ

　まず、本章において分析対象とした授業は表1の網掛け部分である。全14回中、学習者のディスカッションが授業の主な内容であった第3、4、5、6、7、11、14回の7回分について分析した。

　そして、グループ・ディスカッション中の様子を録音した音声を文字化したデータから、教師がグループ・ディスカッションに対してコメント、もしくはかかわりを示した箇所を抽出し、分析した。

　また、調査対象者となったのは、当該授業のデザインも行った担当教師と、ディスカッションに参加していた学習者17名である。

表1　本章の分析対象

回	授業内容	回	授業内容
1	オリエンテーション	9	分析結果を集計する
2	研究テーマを検討する	10	分析結果をまとめる
3	基本概念に親しむ		提出論文3
4	先行研究を読みあう	11	分析結果と考察を表現する
5	研究テーマを説明する	12	結論と要旨をまとめる
	提出論文1		提出論文4
6	「はじめに」と先行研究を表現する	13	論文を推敲する
	提出論文2		提出論文5
7	分析方法とデータを議論する	14	成果発表の準備をする
8	データベースを作成する	15	成果を発表する

4 | 分析結果

　グループ・ディスカッション中に教師はどのようにピア・レスポンス活動にかかわっていたかを分析したところ、ファシリテーターとしてのかかわり（4.1）と参加者としてのかかわり（4.2）の二つに大別された。

4.1　ファシリテーターとしてのかかわり

　第3、4、11、14回のディスカッションにおいて、教師は学習者がグループでアイデアを出し合ったり、推敲を行ったり、表現の確認をしている際、グループの中を机間巡視していた。その中で、グループ活動がうまくいくよう基本的には見守り、学習者からの呼びかけに応じて対応するという行動が見られた。具体的な例を以下に挙げる。なお、今回の談話例の文字化において、教師の発話が具体的に聞き取れない場合は、どんな行動かを表すために、[　]内に具体的な行動が示してある。また、本章において着目する話者は教師であるため、教師の発言や行動に網掛けをし、分析対象となった発話内容には下線を引いた。グループの詳細については、第1章の表2を参照されたい。以下、談話例のタイトルにある「G1」は「グループ1」を「-2」は「交替回数2回目」を示す。

4.1.1　活動の「潤滑油」としての介入

　まず、教室内を見回る中で教師は活動が順調に進むよう、「潤滑油」のような役割を担っていた。まず、談話例1を見ると、教師はグループ・ディスカッションが予定通り終わっているか確認し（①）、担当を分けるように2回指示をし（②、③）、その結果、担当を分ける方向へ導いている。

談話例1　第3回G1へのかかわり

話者	発話内容	備考
S02	[見回りに来た教師から話しかけられて] あ、すいません。[教師から、1人一つずつ決まったか聞かれ] えー、わたし、き、決めました。「S01名」さんは決め、決めたようです。	①
S01	わたしは決めました。	
S02	あと「S03あだ名」さん、「S03あだ名」さん。	
S03	わたしも、あ、2人はー、同じー、言葉ーじゃないですか? [教師から、できれば同じ言葉は避けてほしいと言われ] あーそうですか。えっと、さっき「S01名」さんは、あのースピーチレベル。	②
S01	あ、いやあの、ネガティブ・ポライトネス・ストラテジー。	
S03	あ今変え…。あーはい、じゃーじゃーわたしはーこれを…。[教師から、同じものだったら変えるように言われ] はい。	③

　ここから、教師は次の活動へつながるよう確認や指示を行うことで、各グループの活動がうまくいくよう促している。

　つぎの談話例2では、これからする活動がよくわかっていないグループに対して、個別にすべきことや次にすることの指示を行っている。

談話例2　第11回G2へのかかわり

話者	発話内容	備考
S09	[教師から、早く終わったら次の方に移ってよいと言われ]《少し間》じゃあ、次はどちらに。	①
{中略}		
S10	[教師から、読み終わっていない場合は別の2人から先に質問してもらってと言われ] なるほどなるほど。	②
	[教師から、他の人が質問している間に読みながら考えて効率化を図ってくださいと言われ] はい。	③

　①で教師は次に早く終わったらすることについて指示し、②と③では、読み終わっていない人がいるグループに、今できることを指示している。たしかに、活動内容や

どうすれば論文・レポートが書けるようになるか

学習者の能力によっては、ディスカッションのスピードについていけないメンバーも出てくる可能性がある中で、そのグループを支援する形で行動の指示を行っている。

そして、談話例3では、学習者からの質問に回答することに加えて、ディスカッションをうまく進めるためのアドバイスを行っている。

談話例3　第14回 G2-2 へのかかわり

話者	発話内容	備考
S17	せ、あの、先生、わたしのレポートの中でいろんないくつの、新しい定義が出てきましたので、なんかその説明の、説明が一必要、ですか？全部、す、し、説明、すれば、なんか、大変時間がかかりますので。 [教師から、できるだけ説明しないほうがいいと言われ] あ。 [教師から、長くなりそうなら、聞き手がある程度専門の人だからわかるという前提で話してよいというアドバイスを受け] そうですね。 [教師から、時間を大切にと言われ] はい、わかりました。	① ② ③
{中略}		
S03	《沈黙6秒》[教師から、いい感じだと褒められ] ありがとうございます、はい。	④

第14回は発表のための練習を行う授業であるが、どのように説明すればうまくいくかを学習者にコメントし（①、②）、中でも時間を重視するようにアドバイスする（③）。そして、再度このグループに巡回し、活動がうまくいっていることを見ると、そのグループメンバーを褒めている（④）。アドバイスをしたままで終わらず、褒めるという感想を述べることで、アドバイス後の活動が成功しており、このまま続けてよいという促しとなる。学習者もおそらく自分たちの活動が認められ、自信を持てるだろう。

以上から、担当教師は、グループ・ディスカッションへのかかわり方として、活動自体が大きく停滞していない場合、基本的には学習者の自主性にまかせるが、学習者からの呼びかけや学習者の様子を見ながら、適宜、活動を促進

させる「潤滑油」としての介入を行っていることがわかった。

4.1.2 活動の「起爆剤」としての介入

　つぎに、教室内を見回る中で、活動が停滞していたグループに対して積極的に入っていった場合が談話例4と談話例5である。分析対象とする教師A05の発話は本章ではTで表し、網掛けを施してある。

　まず、談話例4を見てみると、教師は学習者に呼び止められ、わからない言葉の意味を聞かれる。その後、質問への回答を提示する際、より詳しく説明したほうがよいと判断した教師は、グループ・ディスカッションへメンバーとして積極的に介入していく。

談話例4-1　第3回G3へのかかわり

話者	発話内容	備考
S13	［教師に対して］ちょっと質問があるんですけど、その、みんなで話し合いましたけど、あの、答えが、出てなくて…。「褒める」って書いてあるんじゃないですか。「褒める」っていうのがどうして、おどかす‘おびやかす’行為なのか、それがちょっとわかんなくて。	
T	あー、ちょっと待ってね、ちょっと待ってくださいね、そういう難しい…。どうしてなんだろ、どうしてなんでしょうね。それを。	
S13	どちらかと言うと…。	
T	わたしもじゃあ、仲間に入れて話しましょう。	①
S10	＜笑い＞。	

　その後、学習者へ意見を誘発するよう問いかけながら（②）、教師の実体験を話し始め、「褒める」という言葉の多様性のイメージが湧きやすいように具体例を提示する（③）。

談話例4-2　第3回G3へのかかわり

話者	発話内容	備考
S13	「ポジティブ」だと思います。	
T	はい。	
{中略}		
T	《沈黙7秒》どうしてだと思いますか？ わたしは実は最近、人を褒めて、あのー、非常に関係が悪くなったことが<少し笑いながら>実はあるんです。	② ③
S13	へー。	
S10	まじっすか？	
T	え、ほんとに。だから、すごい、すごいショック。	
S10	あの、外国の？	
T	いや、あのね。	
S10	[つぶやくように]日本の…。	
T	わたしの話しで恐縮なんですけど、フェイスブックで、あの友達がね、全然最近会ってない友達がいたんですよ、大学時代の。	③

　そして、体験談を話し終わった後、ほかの具体例を交え、最終的に学習者の質問への回答を導き出す（④、⑤）。学習者の想像力を十分にかき立てた後、教師はディスカッションの邪魔にならないよう席を離れる（⑥）。

談話例4-3　第3回G3へのかかわり

話者	発話内容	備考
T	褒めたつもり、だから、例えば、せ、この授業終わって、「先生の授業、おもしろかったです」って言ったときに。	④
S10	はい。	
T	それが、実は、こういうようなフェイスを侵害する行為になるかもしれないんですよ。	④
S13	んー。	
T	難しいですよね。	
S10	たしかに。	
T	「そのかばん、素敵ですね」、「え、ほしいの？あげるよ」、「あ、ほしいとか言ってません」とかね、そういうことだって、いろんなことが、言葉って怖くて、いろんなことが起きちゃうんですよね。	⑤

S10	はい、そうです。	
T	そういう、たぶん、そういうようなことじゃないかなーと思うんですけどね。	
S13	なるほど。	
T	<u>ちょっと、はい、ごめんなさい、わたしがあまり話しちゃうといけないのでね、<笑いながら>さようなら。</u>	⑥
S13	ありがとうございます。	

　学習者たちはこの状況をよく理解できたようで、このかかわりの後、積極的に教師が話した視点から、グループ・ディスカッションを始める。このグループにかかわる時間がかなり長かったのは問題かもしれないが（約5分）、具体例を提示してから、学習者にディスカッションを委ねており、ディスカッションに一石を投じ、働きかけている例だと考えられる。

　つぎに、談話例5を見てみると、学習者が全員中国人学習者であることから（①）、コメントの多様性を生み出すため、グループメンバーの一人として参加している。

談話例5-1　第11回G3へのかかわり

話者	発話内容	備考
T	[机を動かした後]なんか中国人ばかりだというから一応。	①
S04	はい。	
T	<u>日本人が来てみました。</u>	①
S04	はいはい<笑い>。	
T	はい<笑い>。<u>中国語がわからない人がいると。</u>	①

　実際、この後、学習者によるディスカッションは活発、かつすべて日本語で行われ、その様子をみた教師はしばらくしてこのグループから退席する。また、しばらくして教師は活動がうまくいっているか、見回りに来る。

談話例5-2　第11回G3へのかかわり

話者	発話内容	備考
S03	[見回りに来た教師から、後で直せるようにもらったコメントをメモしておいてくださいと言われ]ど、ど、スマフォンで、もしましたんで<笑い>。	②
T	あー。あ、そ、それでいいです、それでいいです。	
S03	はいはいはい。	
T	それでもいいです、大丈夫、大丈夫。	
S03	はいはいはい、ありがとうございます。	
S04	あー。	
T	なかなか賢いね。	③
S03	<笑い>。	

　教師からディスカッションの結果をメモしておくように言われたが（②）、すでに学習者はコメントをスマートフォンに録音して保存しており、それに対して教師はプラスの感想を述べた（③）。紙幅の関係上、談話例5-1と2の学習者同士のやり取りは省略するが、教師がグループに入ったことが刺激となり、自主的に有意義な活動が行われていた。

　以上から、担当教師は、グループ・ディスカッションへのかかわり方として、活動が停滞している場合、自らメンバーとしてディスカッションへ介入し、活動を活発にするための「起爆剤」としての介入を行っていることがわかった。

4.2　参加者としてのかかわり

　一方、第5、6、7回のディスカッションにおいて、教師は学習者のグループに完全に入り込み、参加者として学習者が書いた原稿にコメントしていた。以下、具体的な例について検討していく。

4.2.1　議論を活発にする「司会役」としての介入

　第5回は研究テーマを確定する回であり、学習者2名に

対して、各グループにTAが1名入る3名体制のディスカッションを行っていた。談話例6では、教師もTAの一人として、あるグループに入っていた。

談話例6-1　第5回G3へのかかわり

話者	発話内容	備考
S10	でー、しかし、こう、聞くー、聞くとすごい、不自然な感じ、全くなくて、むしろこうゼミ、で普通にこうしゃべってる人のほうが多い、イメージが、して。というの、は、たぶん、だ、日本語の上達者《少し間》上達すればするほどこういうのを使うんじゃないかなというふうに、思ったりはしました。	
T	あー、なるほど、そうですね。	
S10	はい。	
T	<u>それと、相互作用っていう視点もおもしろいですね。</u>	①
S10	はい、や。	
T	<u>こんなに相互作用、多いんですね。</u>	①
S10	こ、やっぱり、そのー、「ので」の後ろとか、「ですけど」の後ろ、必ずその発表者の「はい」がついたり、する。なんか、自分はあなたのペースについていけますよ、みたいな、確認、みたいな《少し間》のがあるんじゃないかなというふうに思いました。	
T	<u>うん、ちゃんとそこでね、節連鎖のところで切って、ちゃんと。</u>	②
S10	はい。	
T	<u>相づちを入れてるっていうのはすごいことですよね?</u>	②
S10	うん、そうですね。	
T	<u>これはおもしろい発見、ですし。</u> <u>というか、わたしがあんまり、わたしが話したら意味ないんですね。ごめんなさいね、<少し笑い>はい。わたしはもうちょっと静かに、してます<笑い>、はい。</u>	② ③

　教師は最初学習者の発表を聞きながら、感想を間に述べている（①、②）。一方、もう一人の学習者が置き去りになっていることに気づいて、発言を控える（③）。これ以降、できるだけ学習者2名のコメントをまんべんなく引き出そうとし、途中意見を投げかけつつ（以下、談話例6-2・④）、学習者のコメントを待って、意見を述べる（⑤）というス

タンスを取っていた。そして、学習者の意見を肯定する形で褒めていた（⑥）。

談話例6-2　第5回G3へのかかわり

話者	発話内容	備考
S07	なんか、結構、ここの、留学生がこういうふう、こういうふうに日本語を、で話すとき、この断定緩和表現を使うのは結構学習、されて、されたから、こういうふうに使っているんじゃないかな、って思い、ました。でも、なんか、それをどうやって研究、テーマを決めるのか<少し笑いながら>ちょっとわからなく…。	
T	《沈黙4秒》どうやって決めるんですか?<笑い>わたしがなんか言っちゃうとすべて答えになっちゃうのでね<笑い>、あんまり。	④ ⑤
S10	はい。	
T	言わないほうがいいかなーと思うんですけど。	⑤
S10	これ、聞いてすごいおもしろいと思ったのが、その、たしかに断定、緩和表現、すごい使われてるような気がします、し。	
T	あ、今、気がします。はい、断定緩和表現。	⑤
S10	<笑い>。	
S07	<笑い>。	
T	さすが<笑い>。	⑥
S10	<笑い>やーやー、あの、なんですけれども。	

　教師は自らも発言を述べつつ、2名の学習者の発言の機会を奪わないよう、そして、積極的に発言できるよう会話を促した。ファシリテーターというよりは胡（2018）で述べられている司会役の役割を果たしているようである。実際、教師は発話調整役として、意見交換の前提を保障するため、学習者から意見を引き出し、議論展開役として、論点を焦点化して深く検討させるため、疑問を投げかけている。その意味で、議論は活発に動き、途中中略した部分で、学習者だけで議論が展開するという場面が繰り広げられる。その意味で議論を活発にする「司会役」としての介入を行っていると考えられる。

4.2.2　知識を提供する「専門家」としての介入

　第6回と第7回は、ピア・レスポンスの成果物である学術論文の章立てのうち、「はじめに」と「研究方法」について検討する回であった。教師は、学習者とペアになり、学習者が書いてきた文章に対して、コメントを行う。その際、今まで述べたどのかかわり方よりも、積極的に学習者に対して発言し、知識を提供している。以下、その具体例を談話例7に挙げる。

談話例7　第7回G7-1へのかかわり

話者	発話内容	備考
T	そこのところはさっき言った、柱はしっかりしてあって、これは分析の観点としてはとてもいいのね。さっきの、そのスピーチレベルシフトの観点も間違ってないし、それからこの共話の観点もおもしろいと思うんです。ん、だから、いいんです。	①
	アイデアはいいんだけど、そこを詳しく説明するってことをこれから、ぜひやってほしいんです。	②
S11	共話のほうは入れたほうがいいんですか?	
T	《少し間》んーと、きょ、あのー《少し間》どうだろう。ちょっとまだはっきりわからないんだけど、おそらく、スピーチレベルシフトと関連するんだと思うんですよ。ここに書いてあるように。ま、「考慮すべき要因」って書いてあるんだけど。	③
S11	うーん。	
T	関連してるとわたしは思うので、関連してるのであれば、入れたほうがいい。	③
	〔中略〕	
T	だから、ここはすごく、おもしろい気づき、発見。	④
S11	おー。	
T	それはだから、「S11姓」さんのセンス、こういう調査に対するセンスがある、とこだなーと、わたしは、おもしろいと思いましたけど。	④

　教師は、学習者が調べてきた内容への感想やその着眼点のよさへの褒めも含めつつ（①、④）、この分野の専門家として、自身の持つ知識について具体例を交えながら提供し

ている（②、③）。学習者も専門家への質問として、自身が抱いた疑問点を教師に投げかけることができており、その意見に納得している。なお、第7回においては、ほかに2名の学習者、つまり計3名と、第6回においては2名の学習者と、同じような1対1の形式で、教師は専門家として自身の知識を提供し、原稿の内容に対してコメントしていた。一方、学習者は聞き手に回り、教師からの情報提供に耳を傾けていた。紙幅の関係で、談話例を挙げることは今回できないが、教師と学習者のグループの全体的な発話量は、学習者同士のグループとさほど変わっていなかった。しかし、学習者同士はお互いに考えながら意見を出し合う発話の展開であるのに対し、教師と学習者のグループは、教師から端的に意見が述べられ、それに対して学習者が質問や意見を述べる発話の展開が繰り広げられていた。ここから、教師は、司会役という議論をうまく回す役割よりも、専門家としての知識を提供する役割を担っていると考えられた。

5 ｜ 考察と教育への提言

　　上記の分析結果から本章の考察と日本語教育への二つ提言を行う。

5.1　授業ごとの教師のかかわり方の明示

　　まず、本研究においてどのように教師がディスカッションにかかわっていたかを検討すると、四つに大別された。ファシリテーターとしてグループ・ディスカッションを支援する「潤滑油」としての介入、活動を活発化させる「起爆剤」としての介入、参加者として深くグループ・ディスカッションに入り込んでいく「司会役」としての介入と、学習者へ知識を提供していく「専門家」としての介入であ

る。紙幅の都合で掲載は省略するが、授業全体の録音デー
タを確認してみると、グループ・ディスカッションに入る
前の導入部分で、教師がどのような形でディスカッション
にかかわるか説明しており、この点は学習者も理解したう
えで、参加していると考えられる。このように、ディスカ
ッションにどの程度教師がかかわるのかが明示されている
ことで、学習者は自分たちで考えることが主体の授業なの
か、アドバイスを受けることが主体の授業なのかを意識化
できるだろう。

　布施（2018）は、ピア・リーディングでの教師の介入に
対する学習者の評価について検討し、学習者は教師の役割
が全体的に専門家であることを期待し、専門家としての教
師のコメントを求める傾向にあるとしている。かかわり方
を明示しない場合、教師依存のディスカッションに陥り、
ピア・ラーニングの良さである学習者同士の考えの深まり
が見られなくなるおそれがある。その点で、ディスカッシ
ョンの前に教師が自身のかかわり方を明示しているのは、
教師が行うべき学習者への説明の一つであると推察され
る。

5.2　専門家としてのかかわり方の再考

　つぎに、どの程度ディスカッションへかかわっていたか
を見てみると、上掲した「潤滑油」としての介入や「起爆
剤」としての介入は、学習者主体のディスカッションを支
援している。一方、「司会役」としての介入も、参加者と
してグループに深くかかわっているものの、ディスカッシ
ョンをうまく回す効果が期待される。これらすべて、程度
としては、教師がディスカッションの脇役となっている。
しかし、「専門家」としての介入は、教師から適切にコメ
ントを学習者に与えることができる一方、教師が主役とな
るため、そのかかわり方に配慮しなければならないだろう。

今回教師が専門家としてかかわっていたディスカッションの裏では、学習者同士のみのグループでディスカッションが行われていた。第7回はディスカッションに参加した15名中、教師が専門家としてかかわったのは、3名のみであり、専門家からのコメントをもらえたのは一部の学習者であったことがわかる。上掲の布施（2018）は、専門家としてのコメントをもらえた学習者は満足度が高くなる一方、もらえなかった学習者は不満が生じると述べている。今回、学習者に教師のかかわり方に対する満足度のインタビューは行っていないが、行っていた場合、学習者の満足度に偏りがあったおそれがある。また、いくら学習者が知識を持っていたとしても、教師より知識の質や量が劣ることは否めず、また、ピアの学習者にその知識を適切に説明できるとは限らない。よって、教師がグループ・ディスカッションの中に専門家として加わることには、グループ間に偏りを生む点でデメリットが多いと思われる。

　ここから、教師が専門家としてすべての学習者に平等にコメントを行うためには、グループ・ディスカッションの中に入ってコメントを与えるのではなく、クラス全体もしくは学習者個人にコメントをすることが一案として考えられる。実際、教師は第10回と12回の授業で、学習者と個別に時間ごとに区切って面談する時間を設け、学習者が書いた論文の良い点と改善点をコメントしている。この形を取れば、公平さを保て、学習者は不満を抱かず、専門家からのコメントの質や量も担保できると推察される。

6 ｜ まとめ

　本章では、ピア・レスポンスのグループ・ディスカッションに対して、担当教師がどのようにかかわっていたかを、ディスカッションの文字化データから分析を行い、明

らかにした。また、教師のかかわり方について考察と提言を行った。以下、前掲のRQにこたえる形で本章のまとめとする。

・RQ1：担当教師は、学習者同士のピア・レスポンスに対して、どのようにかかわっていたのか。

　ファシリテーターの立場では、①潤滑油としての介入と②起爆剤としての介入を行い、参加者の立場では、③司会役としての介入と④専門家としての介入を行っていた。

・RQ2：RQ1の結果から、教師は学習者同士のピア・レスポンスに対して、どのようにかかわっていくべきか。

　教師は、ディスカッションを始める前に、教師のディスカッションへのかかわり方を学習者へ明示し、専門家として知識を提供するコメントは、学習者全体もしくは学習者個別に公平に行う必要がある。

参考文献　跡部千絵美（2011）「JFL環境のピア・レスポンスで日本人教師にできることとは—課題探究型アクション・リサーチによる台湾の作文授業の実践報告」『日本語教育』150, pp.131–145.

石田裕子（2011）「ピア・レスポンスの方法と教師の関わり方についての一考察」『同志社大学日本語・日本文化研究』9, pp.17–42.

影山陽子（2001）「上級学習者における推敲活動の実態—ピア・レスポンスと教師フィードバック」『お茶の水女子大学人文科学紀要』54, pp.107–119.

影山陽子（2003）「ピア・レスポンスのインターアクションに対する教師フィードバック」『お茶の水女子大学人文科学紀要』56, pp.103–113.

黒田志保・松崎寛（2008）「ピア・レスポンスにおける教師の役割」『広島大学日本語教育研究』18, pp.65–70.

胡方方（2018）「ピア・リーディング授業の話し合いにおける司会役の役割と存在意義」『一橋日本語教育研究』6, pp.31–40.　ココ出版

中井好男（2015）「日本語学習者によるピア・レスポンスにおける教師の支援とスキャフォールディングとしての可能性」『阪大日本語研究』27, pp.29–57.

原田三千代（2006）「中級学習者の作文推敲過程に与えるピア・レスポンスの影響―教師添削との比較」『日本語教育』131, pp.3–12.

広瀬和佳子（2007）「教師フィードバックが日本語学習者の作文に与える影響―コメントとカンファレンスの比較を中心に」『早稲田大学日本語教育研究センター紀要』20, pp.137–155.

布施悠子（2018）「第7章　教師の介入―学習者主体の授業に教師はどこまでどのように介入すべきなのか」石黒圭（編著）『どうすれば協働学習がうまくいくか―失敗から学ぶピア・リーディング授業の科学』pp.151–178.　ココ出版

おわりに

　本書を閉じるにあたり、本書の編者の1人である石黒が、これまで抱いてきた教室をめぐる四つの誤解をお示しし、今後の教室活動のあるべき姿について述べさせていただきます。

　誤解の第一。私は教室という場を誤解していました。教室というのは勉強をする場だと思いこんでいました。日本語教育の教室には、学習者が日本語を学ぶためにくるものだと思い違いをしていました。
　しかし、実際は違います。学生は「先生や仲間に逢う」ために来ます。教室は「学びの場」ではなく「出逢いの場」です。正確には、出逢いをとおして学びがあるのです。日本語教育の教室の場合、出逢いの場で交わされるコミュニケーション言語が日本語であるというだけです。
　日本語をとおして意思や気持ちを伝えあい、おたがいの世界観を交換し、新たな世界観を作る場、それが教室、とくにピア・ラーニングの教室だということに、今回の教室談話の分析をとおして気づきました。そんな当たり前のことに、日本語教師として大学の教壇に立って20年以上経ってからようやく気づくなんて、我ながら鈍感さにあきれています。

誤解の第二。私は、考えるということを誤解していました。考えるということは一人でする作業だと思ってきましたが、よほど強靭な知性を備えた人でないかぎり、一人で考えつづけることはできません。考えるということは、最低二人いないとできません。考えることは「独話 (monologue)」でなく「対話 (dialogue)」です。対話をとおして人は多くのことを学びます。相手からもらう言葉に学びのタネがあり、自分が発した言葉の不完全さに学びのヒントがあります。そして、言葉のやりとりをとおして、考える元気が生まれます。そうしたことが、今回の教室談話の分析をとおして見えてきたことです。

　優れた研究者は、自分のなかに「もう一人の自分」を置き、その「もう一人の自分」と自由に対話することができます。その場合、一人のなかで対話が完結しているように見えます。しかし、優れた研究者であっても、最初から自分のなかに「もう一人の自分」がいたわけではありません。「もう一人の自分」は、かつては指導教員であったり、研究仲間であったり、優れた著作を遺した研究者であったりしたはずです。優れた研究者は、そうした外部者との対話を繰り返すなかでその相手を徐々に自らのうちに取りこみ、「その人が自分の立場だったらどう考えるのか」という思考実験ができるようになっていったと考えられます。

　ヴィゴツキーは、乳幼児が言語を習得する場合、他者とのコミュニケーションを行う「外言」がまず発達し、それから発声を伴わない心のなかの言語である「内言」を使うようになると考え、現在では定説となっています。研究の言葉もそれと同じです。現実の対話相手が先に存在し、そうした相手とのコミュニケーションがあって初めて、考える力は育ちます。

　つまり、考えることは対話であり、対話である以上、バ

フチンが述べたように、かならず宛先が必要になります。誰に向かって話すかで考える内容が違ってきますし、そもそも考えようというエネルギーも生まれてきません。自分の話を真剣に聞いてくれる誰かが目の前にいて、初めて優れた考えは生まれてくるのです。優れた教師はそうした場を教室と呼び、教室がそうした場になるように、教室活動を設計・支援するように努めます。アカデミック・スキルの育成を目指す教室の場合、こうした傾向は一層強くなることでしょう。

　誤解の第三。私は、学習者を誤解していました。「学習者」という語は、学習という活動にフォーカスさせますが、学習者は「学習する人」である以前に「一人の人間」です。しかし、教師目線という教師特有のものの見方が、その大事なことを忘れさせてしまうのです。教師目線で見ると、教室は管理運営する場であり、教室のなかの学習者は教師の指示どおりに学ぶ対象になりがちです。
　しかし、「教室のなかの学習者」という教師目線から脱却し、「学習者のなかの教室」という学習者目線にならないと、教室の真の姿は見えてきません。学習者は授業に出ることにつねに葛藤を抱え、学びにたいするモチベーションも日々上下しています。教師にとっては、自分の担当する授業がすべてであり、目の前の授業に全力投球して最大限の成果を上げようとしますが、学習者にとっては、目の前の授業はたくさんあるうちの一つに過ぎず、時間が過ぎるのをひたすら待つ消化試合でしかないこともあります。役に立たない授業に出て、それが無駄だと知り、ときにはドロップアウトすることも、学習者にとっての学びです。
　教師には、そうした学習者の声が耳に届いていません。とくに、ピア・ラーニングの場合、学習者の声は、グループ・ディスカッションの対話や事後のインタビューなどを

とおして初めて可視化されます。今回は、調査のためにこうした学習者の声を積極的に収集しましたが、そうでなければ、そうした声にならない声は教師に聞かれずに終わってしまったでしょう。そうした学習者の声を掘り起こすために、学習者たちの学びの場で起きている現実の対話と、学生の心のなかで起きている心のなかの声を記録し、両者を結びつけていく研究がこれからは重要になるでしょう。

　誤解の第四。私は、ピア・ラーニングについて誤解していました。ピア・ラーニングはアクティブ・ラーニング。学習者の主体性をできるだけ尊重し、教師の介入はできるだけ控えるべきだと私は考えていました。「はじめに」で記したとおり、学習者が自分で気づくことが最高の学びであるというビリーフがあったからです。しかし、そうした姿勢にたいする学習者の否定的な評価が本書で散見されました。一方、教師が授業に関わらざるをえなかったしたケースもしばしばあり、その評価はおおむね肯定的なものでした。いったいなぜ、教師の介入が学習者に歓迎されたのでしょうか。

　そうした評価の背景には、ピア・ラーニングという授業方法の特異性があります。池田玲子・舘岡洋子『ピア・ラーニング入門―創造的な学びのデザインのために』（ひつじ書房）のなかで日本語教育のピア・レスポンスの第一人者である池田（2007）が適切に指摘しているように、ピア・ラーニングは他の技能学習よりも学習者にとってリスクが大きい教授法なのです。池田（2007）がそう指摘する理由は、とくにピア・レスポンスの場合、書かせた文章に書き手の内面が表れ、書き手の人格の一部になっているため、それにたいする軽率な批判は学習者を傷つけることになるからです。

　もちろん、そうした面も重要なのですが、本書のピア・

レスポンスの授業では別の要因が働いたようです。今回は、アカデミック・スキル能力の育成に主眼を置いていたため、学習者は専門家としての教師の支援を一層必要としていました。アカデミック・ライティングでは、個々の表現も文章構成もかなり特殊です。また、書く力だけでなく、考える力も要請されます。つまり、単純に日本語で専門的な文章が書ければよいという話ではなく、それぞれの学問分野における特殊な専門知識や特有の発想法・分析法を必要とするのも、アカデミック・スキル能力の特徴です。そうした能力を、非母語話者であり、非専門家である学習者どうしで補完しあうのは限界があったため、教師のサポートが必要になったと考えられます。

　今回、グループ・ディスカッションに、教師や大学院生がゲストとして参加するケースがあり、それがうまく機能していました。実際は、出席者の人数が足りなかったからなど、やむをえない事情からの補塡であったようなのですが、それがかえって怪我の功名となりました。

　教師の介入が少ないピア・レスポンス活動は、「教室にとても大きな落とし穴を作ってしまう」可能性があると池田（2007: 84）は説きます。とりわけ、アカデミック・スキル能力の育成を目的としたピア・レスポンスでは、教師の積極的な介入を心がけ、霍沁宇（2017）が「『三つの対話』を用いた読解授業に関する一考察―ある学習者の事例から見えるピア・ラーニングの盲点」（『一橋大学国際教育センター紀要』8, pp.41–55.）のなかで「盲点」と称した「落とし穴」を埋めるのも教師の役割であると心得ておくとよいでしょう。ピア・ラーニングという教授法の弱点を補強するのは、学習者にたいする教師の積極的な関わりです。

　ピア・ラーニングはけっして教師軽視の方法ではありません。今から60年以上前に出版された『授業分析の方法』（明治図書出版）の「まえがき」に重松鷹泰（1961）は

おわりに

こう記しています。

　　わたくしの最も嫌いなことは、現場の教師が軽視さ
　れることである。社会の人からはもちろん、教師の仲
　間からでも、教師その人からでも、教師を侮蔑した言
　葉を聞くと、心の中で煮えくりかえるものを感ずる。
　　「先生と言われるほどの馬鹿でなし」という表現の
　裏にある、教師侮蔑の実態と戦おうと思ってからもう
　三十年あまり経っている。それだけにまた逆に、どう
　いう点で、教師が軽視されるか、なぜ尊敬と軽蔑、力
　と無力とが交錯してくるか、ということについて、思
　い患ってきた。
　　わたくしにとって授業分析は、その戦いの一局面で
　ある。授業を、日々新たな営みとして、教師自身をみ
　がき、その若さを永遠に保たせるものにするのに、こ
　の本が役立つことを望んでいる。
　　記録の中にあらわれてくる先生方や子どもさんたち
　は、実在の人である。わたくしの非力の故にその姿を
　とらえようとして誤っていることが多くありはしない
　かと、恐れている。非礼の点について御寛恕を乞うと
　共に、生き生きとした動きによって、わたくしの眼を
　開いてくれた子どもさんたちに、感謝する。

　本書もまた、教師を大事にし、学習者を大事にし、両者
の出逢いの場である教室を大事にする授業分析の系譜につ
ながることを目標とし、丁寧に編んでまいりました。一つ
ひとつ名前を記すことは叶いませんが、本書のもとになっ
た本授業を受講し、調査に協力してくださった受講者各位、
本授業をサポートしてくださったTA・大学院生各位、そし
て、前著『どうすれば協働学習がうまくいくか──失敗から
学ぶピア・リーディング授業の科学』の姉妹編として、本

書の出版を支援してくださったココ出版の田中哲哉さんに心からの感謝を申し上げ、筆をおくことにします。

　本書は、国立国語研究所機関拠点型基幹研究プロジェクト「日本語学習者のコミュニケーションの多角的解明」（プロジェクトリーダー：石黒圭）の研究成果の一部であり、また、JSPS科研費17K02878（研究代表者：烏日哲）の助成を受けたものです。

　本書の記述を他山の石として読者諸賢がご自身の授業を見つめなおされる機会となり、ご自身の授業活動を対象化して分析・考察を深め、授業の質の改善に役立てられることを執筆者一同、心から願っています。

　2020年1月　執筆者を代表して

石黒 圭

［編者］

石黒圭　いしぐろ・けい　　　　　　　　はじめに、1章、おわりに担当
大阪府高槻市生まれ、神奈川県横浜市出身。早稲田大学大学院文学
研究科日本語日本文化専攻博士後期課程修了。博士（文学）。国立国
語研究所日本語教育研究領域代表・教授、一橋大学大学院言語社会
研究科連携教授。研究分野は文章論・読解研究・作文研究など。主
要著書に『文章は接続詞で決まる』、『段落論─日本語の「わかりや
すさ」の決め手』、『この1冊できちんと書ける論文・レポートの基
本』、『日本語教師のための実践・作文指導』、『どうすれば協働学習
がうまくいくか─失敗から学ぶピア・リーディング授業の科学』が
ある。

烏日哲　う・りじゃ（うりじゃ）　　　　　　　　2章担当
中国内モンゴル自治区フルンボイル市出身。一橋大学大学院言語社
会研究科博士後期課程修了。博士（学術）。国立国語研究所日本語教
育研究領域プロジェクト非常勤研究員、一橋大学国際交流教育セン
ター非常勤講師。研究分野は対照修辞学・文章理解・アカデミッ
ク・ライティング研究など。主要著書・論文に「中国語母語話者の
読解指導─漢字圏の学習者の困難点とその指導法」（『日本語教師のた
めの実践・読解指導』）がある。

どうすれば論文・レポートが書けるようになるか

［執筆者］（五十音順）

井伊菜穂子　いい・なほこ　　　　　　　　　　5章担当／編集協力
千葉県松戸市出身。一橋大学大学院言語社会研究科博士後期課程在
学中。修士（学術）。研究分野は文章論・接続詞研究など。主要著
書・論文に「接続詞による文脈理解の方法」（『文脈情報を用いた文章理
解過程の実証的研究—学習者の母語から捉えた日本語理解の姿』）がある。

鎌田美千子　かまだ・みちこ　　　　　　　　　　　3章担当
宮城県仙台市出身。東京工業大学大学院社会理工学研究科博士後期
課程修了。博士（学術）。宇都宮大学准教授。研究分野は応用言語
学・日本語教育学・教育方法論など。主要著書に『第二言語による
パラフレーズと日本語教育』、『大学と社会をつなぐライティング教
育』、主要論文に「第二言語としての日本語によるパラフレーズの
諸相—ライティングにおける引用を中心に」（『第二言語としての日本語
の習得研究』18号）がある。

胡芸(艺)群　こ・いちゅん　　　　　　　　　　7章、10章担当
中国河北省秦皇島市出身。12歳のときに来日。一橋大学大学院言
語社会研究科博士後期課程修了。博士（学術）。一橋大学国際交流教
育センター・桜美林大学日本言語文化学院非常勤講師等を経て、大
連外国語大学日本語学院講師。研究分野は大学院研究観・留学生日
本語教育研究など。主要論文に「大学院における中国人留学生の研
究に対する意識形成—日本語教育専攻生へのPAC分析を通して」
（『専門日本語教育研究』19号）がある。

胡方方　こ・ほうほう　　　　　　　　　　　　　6章担当

中国河南省洛陽市出身。一橋大学大学院言語社会研究科博士後期課程修了。博士（学術）。国立国語研究所日本語教育研究領域プロジェクト非常勤研究員等を経て、中国洛陽師範学院外国語学院日本語学科講師。研究分野はピア・ラーニング・談話分析など。主要著書・論文に「ピア・リーディングの教室活動—JFL環境で学ぶ中級学習者が学術的文章を読む試み」（『日本語教師のための実践・読解指導』）がある。

田佳月　でん・かげつ　　　　　　　　　　8章、10章担当

中国陝西省楡林市出身。一橋大学大学院言語社会研究科博士後期課程修了。博士（学術）。研究分野は第二言語不安研究・アカデミック・ライティング研究など。主要論文に「中国人留学生の学術レポート執筆不安とその変化—学習背景の違いに着目して」（『専門日本語教育研究』21号）がある。

黄均鈞　ふぁん・じゅんじゅん　　　　　　　9章、10章担当

中国福建省福州市出身。一橋大学大学院言語社会研究科博士後期課程修了。博士（学術）。華中科技大学外国語学院日本語学科専任講師。研究分野はコミュニティ参加、実践研究など。主要論文に「新参者が大学院ゼミの質疑応答活動にどのように参加しているか—ある中国人留学生への縦断的調査から見えてきたもの」（『言語文化教育研究』15号）、「合作学習活動参与者的語言社会化—基于一位"我敢发言了"学生的个案研究」（『外语教育研究前沿』2019（4）号）がある。

布施悠子　ふせ・ゆうこ　　　　　　　　　　　　　　11章担当

千葉県千葉市出身。一橋大学大学院言語社会研究科博士後期課程在学中。修士（学術）。国立国語研究所日本語教育研究領域プロジェクト非常勤研究員、首都大学東京・東京学芸大学非常勤講師。研究分野は日本語教育・教師教育など。主要著書に『どうすれば協働学習がうまくいくか―失敗から学ぶピア・リーディング授業の科学』、主要論文に「初任日本語教師キャリア形成過程の可視化の試み―複線径路・等至性アプローチを用いて」（『日本語教育』173号）、「母語話者日本語教師教育不安尺度作成の試み―日本語学校および専門学校に勤務する母語話者日本語教師を対象にして」（『日本語／日本語教育』10号）がある。

村岡貴子　むらおか・たかこ　　　　　　　　　　　　　4章担当

兵庫県神戸市出身。大阪外国語大学外国語学研究科修士課程日本語学専攻修了。博士（言語文化学）。大阪大学国際教育交流センター教授、大学院言語文化研究科兼任教授。研究分野はアカデミック・ライティング教育研究・専門日本語教育研究など。主要著書に『大学と社会をつなぐライティング教育』、『専門日本語ライティング教育―論文スキーマ形成に着目して』、『論文作成のための文章力向上プログラム―アカデミック・ライティングの核心をつかむ』がある。

どうすれば論文・レポートが書けるようになるか
学習者から学ぶピア・レスポンス授業の科学

2020年2月28日　初版第1刷発行

編著者 ──────── 石黒圭・烏日哲
著者 ─────────── 井伊菜穂子・鎌田美千子・胡芸(乞)群・胡方方・
　　　　　　　　　田佳月・黄均鈞・布施悠子・村岡貴子
発行者 ──────── 吉峰晃一朗・田中哲哉
発行所 ──────── 株式会社ココ出版
　　　　　　　　　〒162-0828　東京都新宿区袋町25-30-107
　　　　　　　　　電話　03-3269-5438　ファクス　03-3269-5438
装丁・組版設計 ──── 長田年伸
印刷・製本 ────── モリモト印刷株式会社